本书由嘉兴大学中国共同富裕研究院资助

中国共同富裕研究文库·学术研究

我国农村公共服务供给效率研究

范方志◎著

RESEARCH ON THE EFFICIENCY OF RURAL
PUBLIC SERVICE SUPPLY IN CHINA

ZHEJIANG UNIVERSITY PRESS
浙江大学出版社
·杭州·

图书在版编目（CIP）数据

我国农村公共服务供给效率研究 / 范方志著.
杭州：浙江大学出版社，2024. 6. -- ISBN 978-7-308
-25077-1

Ⅰ. D669. 3

中国国家版本馆 CIP 数据核字第 2024485YZ8 号

我国农村公共服务供给效率研究

范方志　著

策划编辑	吴伟伟
责任编辑	陈思佳(chensijia_ruc@163.com)
文字编辑	谢艳琴
责任校对	陈逸行
封面设计	雷建军
出版发行	浙江大学出版社
	（杭州市天目山路 148 号　邮政编码 310007）
	（网址：http://www.zjupress.com）
排　　版	杭州晨特广告有限公司
印　　刷	广东虎彩云印刷有限公司绍兴分公司
开　　本	710mm×1000mm　1/16
印　　张	18
字　　数	248 千
版 印 次	2024 年 6 月第 1 版　2024 年 6 月第 1 次印刷
书　　号	ISBN 978-7-308-25077-1
定　　价	78.00 元

序

该书研究的农村公共服务供给效率评价与支持系统是我国进入新发展阶段后实施乡村振兴战略的重要方面。

长期以来,我国农村基本公共服务供给严重短缺,而且质量不高、效率低下、地域分布不均衡、结构不合理,从而进一步加剧了城乡差距与贫富差距。因此,我国城乡基本公共服务供给差距是制约满足广大农村居民美好生活需要的重要因素,也是当前迫切需要解决的发展不平衡问题。

在基本公共服务供给领域,需要清晰地界定政府职能,科学划分各级政府之间的财权、事权与支出责任,其中,界定事权是基础,调整财权是关键,均衡财力是核心。城乡基本公共服务的均等化不是简单的平均化和无差异化,重点是机会和结果均等。由于提供基本公共服务能力取决于各个地方政府的财政能力,而地方政府的财政能力又和其经济发展水平密切相关,因此,实现城乡基本公共服务均等化必须解决基本公共服务能力的均等化问题。同时,城市基本公共服务要不断向农村延伸,如公共交通、公共文化服务、交通基础设施、供水、供电、供气、通信网络、污水处理、医疗服务等。

农业农村现代化是中国式现代化的重要方面。在全面建成小康社会基础上推进农业农村现代化的具体目标是:以农业高质高效为目标的农业现代化;以乡村宜居宜业为目标的乡村振兴;以农民富裕富足为目标的农民现代化。实现农业现代化的关键是发展范式的创新或转变:由非农发展的带动转向农业农村优先发展;由追求农业剩余范式转向品质加附加值模式;农业发展基本要素由土地和劳动力转向科技与人力资本等现代要素;城市化的内涵转变为在农村城镇提供相当于城市水准的现代生活条件。推进"三农"现代化需要外力推动,需要建立以工促农、以城带乡、工农互惠、城乡一体的新型工农、城乡关系。

为了缓解政府公共财政压力,提高农村基本公共服务质量和供给效率,在农村基本公共服务领域要大力引入市场主体和社会主体。一定要充分发挥政府、市场、社会在农村基本公共服务供给中的优势和作用,努力构建政府主导,市场主体和社会组织广泛参与的公共服务多元供给体系。

就该书来说,其创新主要体现在以下几个方面:第一,从静态和动态两个角度实证分析我国农村公共服务供给效率不仅呈现了静态的供给效率变化,还显示了动态的供给效率变化。第二,从宏观层面和微观层面同时对农村公共服务供给效率进行评价。第三,结合国际经验,构建农村公共服务有效供给支持系统。以往的研究往往侧重于国内分析,但忽视了国外经验。该书不仅剖析了农村公共服务供给过程中现存的问题,实证分析了供给效率影响因素,还借鉴了美国、日本、韩国和荷兰四个国家在农村公共服务供给方面的实践经验,进而提出一系列将农村公共服务改善与乡村振兴战略有机联动的措施。

洪银兴

2023 年 8 月于南京大学

目　录

第一章 导 论

第一节 研究背景与意义

近年来，随着我国经济的高速发展，公共服务供给与人民群众的需求之间的矛盾已经成为我国在新时代经济发展中的一个痛点，国家提出的乡村振兴战略在一定程度上也体现了推进农村服务供给发展的导向。我国的公共服务需求与供给之间存在矛盾，既有供求总量不匹配的矛盾，也有公共服务产品在结构、质量、分布均衡性等方面都与人民日益增长的需求之间存在差距的问题，因此从这个方面看，公共服务供给既是经济高质量发展过程中的关键问题，也是社会协调、可持续发展的重要制约。我国已全面建成小康社会，在继续向全面建成社会主义现代化强国的宏伟目标迈进的过程中，必须重点关注公共服务供给水平，如果不能补齐这个短板，则会影响经济的高质量发展。从总体上看，当前公共服务供给主要呈现出以下几个特征：供给总量不够、供给产品质量有待提高、供给分布不均，其中供给分布不均主要表现在城市和农村之间、中西部地区之间、不同群体之间的公共服务供给存在较大差异，尤其是农村地区的公共服务供给有效性不高，严重制约了当前我国农村地区的均衡和高质量发展。

从另一个角度看，公共服务供给也是与人民的生活、健康、教育、发展等密切相关的基本人权问题。与此同时，这也符合中国特色社会主义现代化建设的内涵。从经济发展的实践看，当前社会的主要矛盾是人民日益增长的美好生活需要和不平衡不充分的发展之间的矛盾。基础设施、医疗卫生、基础教育、社会保障等公共服务的供给现状与人民的需求之间存在各种差距,而且供给分布不均衡,尤其是在农村地区,不仅存在明显的量和质的供需矛盾,还存在上述问题与许多其他农村问题交织在一起的情况,如城乡统筹发展、农村扶贫减贫、农村人口数量和素质参差不齐、农村高质量发展问题等,农村在整个公共服务供给领域中居于弱势地位,解决此问题是公共服务实现有效供给的关键一环。因此,优先解决农村公共服务供给的不足可以有效缩小我国城乡经济和社会发展的差距,为经济高质量发展打下坚实基础,提高人民幸福指数,实现经济总体和谐与可持续发展,为实现共同富裕目标奠定良好的物质基础。

提高农村公共服务供给效率与实现乡村振兴密不可分。一方面,从长期来说,如果农村公共服务需求不能得到有效满足,就必然会阻碍乡村振兴战略宏伟目标的顺利实现。从供给方面来说,若供给效率得到改善,则会对战略目标的实现产生促进作用。从目前的基本国情来看,公共产品供给方面效率不高是影响农村地区高质量发展的重要因素,也是导致城市与农村发展出现两极分化现象的重要原因。另一方面,乡村振兴战略的提出为城乡之间的均衡发展、提高农村地区公共服务有效供给创造了有利条件。因此,在乡村振兴战略背景下,研究分析农村地区公共服务的有效供给状况既符合全面建成小康社会的内在要求,又符合以人为本的核心发展理念。但农村服务供给思想在我国的发展历史还比较短。在乡村振兴战略和"十四五"规划的背景下,本书重点从理论与现实层面研究农村公共服务供给效率,旨在构建农村地区公共服务高效供给机制,充实相关研究文献,为其注入新的时代特征,也为新时代背景下的农村公共服务高效供给方案提供了新方法和新思路。

第二节　国内外研究现状

基于乡村振兴背景下农村公共服务供给效率这一主要研究内容，本书分别从农村公共服务供给和乡村振兴战略的角度梳理文献，并进一步从农村公共服务供给效率的角度进行梳理。

一、关于农村公共服务供给的研究

(一)相关理论基础

随着资本主义制度的演变，公共产品的概念逐渐形成。公共产品指由政府等部门提供的产品或服务，目的是满足社会发展过程中居民的公共需要。公共服务理论的起源较早。早期阶段的公共服务理论多围绕政府展开。公共产品的内涵与范围划分有待丰富，此阶段并未形成系统的研究体系。到近代以后，关于公共服务理论的研究逐渐丰富。随着理论发展的不断深化，关于公共产品理论的研究逐渐进入公共产品理论百家争鸣的阶段，并形成了诸多流派。其主流是以萨缪尔森和马斯格雷夫为代表提出的公共产品理论。该理论认为，非竞争性、非排他性和正外部性是公共产品最明显的性质，因此要通过政府提供公共产品来促进经济发展。

新增长理论指出，市场的调节机制时常会出现失灵的状况，故公共服务或公共产品的供给应主要由政府部门提供，这为政府作为供给主体提供公共服务打下了理论基础。此后，有学者从公共产品与私人产品在消费方面具有较强关联性的角度，进一步深化公共服务供给的理论。农村各方面的发展明显滞后于城市，农村的人口密集度也小于城市，所以农村公共服务供给的商业价值也远低于城市，并且公共性更强，从而会表现出一定的非排他性及非竞争性等公益服务性质，基于这一点，现有的文献中关于农村公共服务供给的理论很多都是从公共产品理论视角出发的。

此后,社会组织逐渐参与公共服务的供给工作,学者们的研究兴致也愈加高昂。第三部门的概念与社会组织提供公共服务联系密切。由于公共服务的具体性以及非营利性等性质,政府或者私人部门并不愿意从事相关工作,此时第三部门补位供给。另外,在实际工作过程中,政府虽是公共服务的供给主体,但其并不具备供给所有公共服务的能力,市场也难以承担全部供给责任。

在2000年,公共选择和多中心治理理论为研究公共服务的供给情况提供了新的理论研究思路。公共选择是选举制度下的政府抉择。由于对政府部门关于公共服务的预算缺乏有效监督,公共服务供给的有效性不高,由此可见,公共选择进一步为研究多元化供给结构提供了理论基础。

(二)我国农村公共服务供给模式

从现有文献看,越来越多的研究强调在政府主导下通过多种形式促进农村公共服务供给。刘保平和秦国民(2003)提出,政府可以通过以下几种方式实现农村公共服务的有效供给:一是直接通过政策支持;二是通过购买私人或者其他社会组织提供的社会服务;三是通过对企业和私人提供相应补贴等方式实现供给。此外,陈朋和郭为力(2006)也进行了大量研究,强调应构建由政府、社会及农民和市场等多种主体参与的新型模式,在这种新型模式下,实现不同供给主体之间的优势耦合,引导构建农村公共服务供给过程中政府主导、社会与农民协同参与的新型发展格局。艾医卫和屈双湖(2008)持类似观点,他们指出,因为公众的公共需求日益增长,政府单一供给模式并不能有效解决这种具有增长性的需求,所以应建立政府、市场以及私人主体共同参与的多元供给机制,此外,对需求表达制度进行相应的完善,以形成多元化的农村公共服务供给机制。杨玉明(2014)从多中心治理理论出发,认为应该在确定政府供给主体地位的基础上形成多元供给方式,以提高农村公共服务供给的有效水平。陈怡俊和黄海峰(2019)则是从整体治理理论出发,以社会影响力债券的全新视角探讨社会公共服务的有效供给机制,最后得出多元主体供给可以更好地整合资源优势、拓宽资金来源渠道,从而提高供给有效性的结论。

(三)我国农村公共服务供给存在的问题

目前,关于我国农村公共服务供给存在的问题和不足,归纳起来大致有:供给主体以政府为主,缺乏社会力量;公共服务及产品的供求结构失衡;农村服务供给的效率低下;等等。从农村地区公共服务供给发展的实际过程来看,无论是中央还是地方政府,都在积极鼓励社会力量更多地参与到农村公共服务供给过程中。从供求结构来看,供给总量与结构性失衡是公共服务供求失衡的主要体现(盛荣,2004;崔冬梅,2009)。从供给绩效方面来看,我国农村地区公共服务供给效率不高主要是资金支持不到位、供求结构不匹配和供给整体有效水平不高等原因导致的(梁满艳,2006)。

(四)提升我国农村公共服务供给的主要措施

由于城乡发展不平衡,农村地区普遍存在供给主体结构失衡、供给效率不高等问题,并且不能显著促进基本公共服务均等化目标的实现。为消除"病因",国内学者拓宽了研究范围,积极寻求提高农村公共服务供给效率的措施,从而为实现基本公共服务均等化目标添砖加瓦。

就供给主体来看,针对农村公共服务供给效率不高问题,现有文献普遍认为需要调动政府、市场、社区等多元主体,取长补短,共同协作。罗定华(2013)指出,农村供给主体不仅包括政府,还包括市场和社会组织等其他主体,因此要根据不同主体供给过程中存在的差异化问题提出有针对性的解决办法。张旭(2016)则是将农民作为供给主体进行研究,认为有必要创新服务供给机制、转变政府职能、联合其他供应主体,建构各供给主体积极有效参与的供给机制,以提高有效供给程度。马井彪(2020)提出,要实现数量充足、质量达标的有效供给,需要拓展供给路径,同时社会和市场提供资金保障,以保证地方政府具有充足的供给能力。由此可以看出,学者们在以供给主体为对象进行研究时,会发现政府、社会组织和市场具有同样的重要性。魏涛(2007)对比了供给模式的优缺点之后,认为应该将此前以政府为单个中心的供给模式转变为多元主体(政府、社会组织、企业)参与的多个中心供给模式。近年来,对社会力量参与农村服务供给的研究越来越多,引入除政府之外的参与方加入农村公共服务供给活动中来就显得非常重要。王彦(2017)重点考察需求侧,从决策和监督机制的角度进行了研究,认为需要构建科学的决策机制、高效的公共服务供给财政投入机制,以及合理、完备的监督机制等来提高供给效率。随着研究的深入,有学者对供给机制和供给方式进行了更深入的研究,冷忠燕和靳永翥(2018)研究发现,虽然农村公共服务供给机制正逐渐走向多元化供给的道路,但是存在内生动力不足的问题,这也导致供给效益不高,所以需要通过拓宽村民参与渠道、开发更多本土人才资源,以提高供给农村公共服务的内生动力,继而提高供给效益。

二、关于乡村振兴战略背景下农村公共服务供给的研究

随着乡村振兴战略的深入推进,越来越多的学者以乡村振兴战略为研究背景,对农村公共服务进行了研究。卢阳春和石砥(2021)研究发现,乡村振兴有助于推动农村公共服务均等化,当前的农村公共服务供给还存在许多问题,应该加强乡村振兴与公共服务供给的协调性。刘红(2022)研究了农村公共文化,指出当前的农村公共文化还存在诸多问题,要想实现乡村振兴,必须加强农村公共文化供给机制的建设,培育公共文化供给的相关人才,提高相关的资金保障。周铭扬等(2022)研究了农村公共体育服务,发现当前的农村公共体育服务在资源整合、资源利用上还有较大的提升空间,要想实现农村公共体育服务的高效供给,必须坚持农民的主体地位,提高资源整合力度,精准定位政府与市场在公共服务供给中的位置。刘阳(2022)研究了城乡融合与农村公共服务供给的耦合,发现两者之间的耦合与经济水平在不同维度存在协调分异。侯慧丽(2022)研究了乡村振兴背景下农村

健康公共服务,认为应该加强农村基础设施供给,提高农民的健康状况,实现农民的全面发展。

三、关于农村公共服务供给效率研究

目前,国外针对农村公共服务供给问题研究的文献相对较少。但是由于农村公共服务与公共产品在本质上具有密切的联系,因此本节将对国外关于公共产品的文献进行梳理,以此来反映对农村公共服务供给问题的研究。

(一)公共服务效率的内涵

"公共服务效率"一词发轫于福利经济学,并被广泛用于公共管理学和社会学领域。福利经济学对公共服务效率的分析主要落脚于对公平和投入产出比以及两者关系的研究,并由单一取向演变为综合取向。Samuelson(1954)以帕累托最优标准和序数效用论为出发点,将公共服务效率界定为公私产品的边际转换率等于所有私产品边际替代率之和。其他诸如帕累托改进、西托夫斯基标准等均强调了以公共产品的投入产出比最大化来衡量效率,投入产出比分析成了公共服务效率研究的重要范式。

(二)公共服务供给效率评价研究

国外在研究公共产品供给效率方面多运用以数据包络分析(data envelopment analysis,简称 DEA)为基础的方法。Prior 和 Surroca(2010)运用超效率 DEA 方法研究西班牙公立医院的供给效率,并利用迭代过程决定公共产品的"合理前沿效率"。Worthington(1999)运用 DEA 方法分析发现,在澳大利亚新南威尔士州公共图书馆的供给中只有 9.5% 的地方政府为全部技术效率。Mallikarjun 等(2014)运用网络 DEA 方法进行研究,发现政府补助与公共轨道交通运行效率之间呈反向关系。Norton 和 Weber(2009)利用美国环保署社区饮用水系统调研数据结合 DEA 方法进行研究,发现政府供给的公用事业最有效率。Cherchye 等(2010)运用 DEA 方法比较了公立小学和私

立小学的效率与公平情况,结果发现,在控制学校环境这一外生变量和考虑公平的情况下,两种学校类型均不占优,并且具有稳定性。

国内关于农村公共服务供给效率的研究主要分为三类:第一,关于农村公共服务供给效率评价的研究。国内在研究农村公共服务供给效率方面主要有两种思路,一种思路是以农村公共服务需求为导向,以农民满意度为评价结果,认为农村公共服务供给的最终归宿在于农民,故应当以供需匹配为目标,从需求端评估农村公共服务供给效率。这类研究主要利用调查问卷的微观数据进行效率测度,在理论上是效率评估的最优路径,但在实践过程中具有一定的主观局限性。另一种研究思路主要从供给端评估农村公共服务供给效率,我国农村公共服务供给以政府为主导,因此提高政府供给效率、合理配置公共资源对农村公共服务供给有重要意义。供给导向的研究思路采用投入产出比范式来测度农村公共服务供给效率,即将农村公共服务供给视为"因"的投入端,并评价这种投入端对农村经济发展这种"果"的产出端的影响程度,以此来获得农村公共服务供给效率,此类研究多采用 DEA 方法。朱玉春等(2010)通过 DEA 模型测度,得出我国农村公共服务供给效率由东到西呈现梯度变化的结论。第二,关于农村公共服务供给效率影响机制的分析。张鸣鸣(2010)运用参与式方法进行研究,认为无差别的供给政策、政府投资的马太效应、社会排斥以及农村发展能力低下是导致农村公共服务效率低下的原因。朱玉春等(2011)采用有序 Probit 模型研究发现,农户参与满意度及其参与方式是影响农户评价农村公共服务供给效果的关键因素。刘天军等(2012)采用 DEA-Malmquist 指数法进行研究,认为人均 GDP、人口规模、公共产品供给政策等因素造成了陕西省农村公共服务供给效率的地区差异。张鸣鸣(2010)发现,我国农村公共服务供给的技术效率不稳定且规模效率低下,农村公共服务呈现出显著的供给无效率状态。第三,关于农村公共服务供给效率提升的实践研究。学术界发现供给质量不高、资源配置失衡、管理主体错位、约束机制缺失等是农村公共服务供给存在的主要问题,并对公共服务供给效率提升模式进行探索,提出了大量关于供给体制机制及管理模式的改革设想。学者们从制度建设、供给主体、技术应用等方面进行了多维度的研究。例如,贺雪峰和谭林丽(2015)研究认为,基层政府对农村公共服务供给统一格局的结构必然要进行相应的体制改革,对农村事务治理模式进行重构,从而形成多元化供给主体的模式。张新文和詹国辉(2016)提出,要建构以法治为基础、德治为辅助的保障机制,进而形成有效的农村公共服务供给体系。有学者认为财力与事权相匹配是基层公共服务供给的重要保障,甚至还提出了政府主导、自主供给与委托供给三类供给模式。

综上所述,已有研究为乡村振兴战略背景下我国农村公共服务供给效率评估奠定了重要基础,这些研究倾向于选择某一区域的案例进行评价,如西藏、湖北等,或选择农村公共服务的某一方面进行评价,如文化服务、卫生服务、电子政府服务等。整体而言,现有农村公共服务效率分析在技术方法上较为成熟,但较少涉及全国层面的评价分析,也鲜有文献从时空二维视角对农村公共服务供给效率时序动态演进规律和空间格局演变特征进行刻画与识别。一方面,上述研究多集中于效率测度层面,数据以绝对量为主,较少涉及比率数据及综合性质量评估;另一方面,相关研究较少基于空间相关关系的视角,利用空间计量模型探究其空间溢出效应。此外,已有研究的指标设计也未能全面反映《乡村振兴战略规划(2018—2022年)》对农村公共服务供给提出的总要求。与已有文献不同,本书从《乡村振兴战略规划(2018—2022年)》对农村公共服务供给提出的总要求着手,借鉴已有研究中关于农村公共服务供给评价的合理内容,从多维度构建农村公共服务供给评价指标体系,探究农村公共服务供给效率、空间相关关系和影响因素,为我国实现公共产品供给均等化和乡村振兴战略提供决策依据。

本书围绕乡村振兴战略背景下农村公共服务供给效率这一研究

主题进行了文献梳理。纵观国内外相关研究可以发现,在乡村振兴战略背景下对农村公共服务供给的研究主要来自国内文献,而国外文献主要是对农村公共服务供给的理论基础进行研究。首先,本书对乡村振兴战略相关的研究进行了梳理总结,发现有些学者对乡村振兴战略的内涵、机制和实现路径进行了深入探讨。其次,本书对农村公共服务供给的研究进行了梳理总结,包括相关理论基础、我国农村公共服务供给模式、我国农村公共服务供给存在的问题、提升我国农村公共服务供给的主要措施四个方面。最后,本书对关于乡村振兴战略背景下农村公共服务供给的研究进行了文献梳理,发现在乡村振兴战略背景下,我国农村公共服务供给存在不均衡性,但是地区间的发展差距逐渐缩小。

梳理上述相关文献一方面为本书的研究奠定了相关理论和实践基础,另一方面又可通过分析现有文献的不足之处,找到可行的研究思路。在当前的研究中,单独研究乡村振兴和农村公共服务的文献比较多,但以乡村振兴战略为研究背景,对农村公共服务进行研究的文献相对较少,其中研究农村公共服务供给效率的文献更是少见。在相关的研究中,大多数是基于该背景对农村公共服务的现状进行分析,然后提出相应的政策建议,鲜有文献对农村公共服务的供给进行理论分析和效率测算,更没有对相关支持系统进行构建的研究,这为本书的研究提供了可行的思路。

第二章 乡村振兴背景下推进我国农村公共服务有效供给的内在逻辑

第一节 乡村振兴战略的提出

对我国农村发展的探索主要分为三个阶段：一是初步探索阶段（20世纪20—40年代）。中国共产党在该阶段试图通过废除原有的旧制度以及建立新的制度来解放农村生产力。二是初步发展阶段（1949—1977年）。将土地分给广大农民极大地调动了广大农民的积极性，我国的农业得到了一定的发展。三是快速发展阶段（1978—2016年）。随着家庭联产承包责任制的推行，粮食产量快速提高，解决了温饱问题；外资的大量进入给农村剩余劳动力提供了大量的就业机会，农民收入快速增加；西部大开发、振兴东北老工业基地、中部地区崛起、建设社会主义新农村、全面取消农业税等一系列国家战略和政策的实施使我国农村发生了翻天覆地的变化，彩电、冰箱、互联网、电脑、手机、私家车等在我国农村全面普及。

韩国的新村运动、日本的造村运动和英国的圈地运动是乡村振兴的三种典型模式，并且这三种模式均取得了成功。农村对于我国的重要性不言而喻：一是可以为工业化提供粮食和工业原材料；二是可以为工业化提供源源不断的劳动力；三是可以提供生态屏障；四是可以传承中华民族的传统文化（陈锡文，2021）。我国幅员辽阔，农村占国土面积的绝大部分，即使城镇化率达到70%，也仍然有四五亿人生活在农村。

乡村振兴战略的提出既符合历史发展的主流,也符合新时代发展的基本要求。在追求共同富裕的过程中,乡村振兴有利于农村发展,也有助于缩小城乡差距,激发农村生产活力,推动我国经济持续健康发展。

第二节 推进农村公共服务有效供给与实现乡村振兴的内在关联

农村公共服务有效供给是乡村振兴的基础和前提,乡村振兴可以为农村公共服务供给提供坚实的物质基础。

一、助力实现产业兴旺

农村公共服务有效供给是实现产业兴旺的保障。国家要加强对农村产业的政策指导和支持,制定政策法规,提供资金和技术帮助,推动农村产业的快速发展;要大力发展农村主导产业,发展主导产业要因地制宜,充分利用当地特色资源,主导产业要创品牌、有特色、出精品、上规模,同时,农村主导产业的发展离不开政府财税政策的支持。

各级农业管理部门要向村民提供农业生产技术指导、农产品营销知识,加强对村民的专业技能培训以及现代农业经营理念的传播,大力推广农村产业互联网、物联网、大数据等技术的应用,还要建立完善的农业信息服务体系,为进行农产品生产、加工、销售等的经营主体提供充分的国内外市场信息。

二、助力建设美丽乡村

农村公共服务有效供给是建设美丽乡村的保障。与城市环境相比,农村的生态环境具有天然的优势,生态宜居要求保护农村原有的环境,建立生态保护制度体系。生态宜居意味着绿色发展,要求农村环境达到干净整洁、生态宜人的标准。要实现生态宜居，就必须保护绿水青山，将人与自然和谐发展的理念贯彻下去，将农村建设成人人向往的世外桃源。政府是生态宜居的倡导者，要想实现生态宜居的美好愿景，必须通过提高效率、降低成本、节能减耗、保护环境等手段，实现节能生产、高效生产、绿色生产，最终形成绿色发展，使农民吃上"生态饭"和"旅游饭"，从而达到建设美丽乡村的目标。政府作为农村公共服务的供给者，一方面要提供环保公共服务，比如建立环境保护制度、禁止破坏环境的行为、减少化肥等产品的使用、实行垃圾分类制度等；另一方面还应该提供科技类公共产品支持，促进农村生产效率的提高，减少能源消耗，走绿色发展道路。总之，政府作为公共服务的提供者和环境保护的提倡者，有权通过制度规范公众的环境保护行为，也有权监督与治理公众的环境破坏行为，只有有效提供与农村生态相关的公共服务，才能达到乡村振兴战略的总要求中生态宜居的目标。

三、助力提升乡风文明

农村公共服务有效供给是乡风文明的保障。一是净化农村治安环境，严厉打击各类刑事犯罪活动，严厉打击农村黑恶势力，严厉打击各类偷盗行为，严厉打击各类危害农业生产、侵害农民利益的违法犯罪活动。二是定期组织开展法律进乡镇、进社区、进学校等活动，为广大村民提供法律咨询与法律援助服务，普及法律知识，引导广大村民知法、守法和用法。三是加强和改进农村信访调解工作，不断健全行政村、社区人民调解组织网络，完善矛盾纠纷多元化化解机制，把农村的各类矛盾纠纷化解在萌芽状态。四是开展文明乡风创建活动，积极开展文明村镇、文明社区、文明家庭、文明村民等系列文明创建活动，开展道德讲堂，设置乡贤榜，评选文明家庭，以身边事感动身边人，传播正能量、弘扬主旋律。五是开展人居环境改善行动，加强农村环卫基础设施建设，完善村庄保洁制度，健全农村保洁员队伍，明确村民保洁义务；积极推行农村垃圾分类试点，实现垃圾源头减量；实施农村饮水巩固提质工程,不断提高农村饮用水质量;加强无害化卫生厕所改造工程,采取生态环保、成本较低的污水处理模式;建立健全常态化环境保护巡查机制,落实村民"门前三包"责任。六是定期评选道德模范。每年开展一次好公婆、好媳妇、好孝子(女)评选表彰活动,常态化开展身边好人推选活动。七是积极开展移风易俗行动,做好乡风文明促进会、村民议事会、道德评议会等群众性自治组织管理工作,倡导婚事新办,引导广大青年树立新型婚恋观,消除盲目攀比、大操大办、"天价"彩礼等不良现象。八是积极发挥乡贤的积极作用。九是关爱农村孤寡老人、留守儿童等弱势群体。

四、助力实现治理有效

农村公共服务有效供给是实现治理有效的保障。乡村自治是健全乡村治理体系的核心,要确保村民委员会的选举公正公平公开,要确保村务的公开透明,坚决打击扰乱基层村民自治选举的违法犯罪活动,特别是要彻底铲除黑恶势力的保护伞,做到斩草除根。

进一步健全自治、法治、德治相结合的乡村治理体系。法治是健全乡村治理体系的保障,要建立健全乡村调解、县市仲裁、司法保障的农村土地承包经营纠纷调处机制,加大农村普法力度,提高农民的法治素养,引导广大农民增强尊法学法守法用法的意识,健全农村公共法律服务体系,加强对农民的法律援助和司法救助。德治是健全乡村治理体系的情感支撑。在乡村治理中融入德治,发挥道德引领、规范、约束的内在作用,增强乡村自治和法治的道德底蕴。

五、助力实现生活富裕

农村公共服务有效供给是实现生活富裕的保障。我国许多农村地区的基础教育、就业服务、医疗卫生、社会保障、公共安全等农村公共服务供给效率都有待提升。

第一,完善农村基础设施。农村基础设施是实施乡村振兴战略和实现共同富裕的重要基础支撑。要逐渐建立全域覆盖、普惠共享、城乡一体的基础设施服务网络,重点抓好农村交通运输、农田水利、农村饮水、乡村物流、宽带网络等基础设施建设,关键是实现农村基础设施的互联互通。

　　第二,有效提供农村公共服务。一是均衡配置城乡义务教育资源;二是健全农村医疗卫生服务体系;三是健全城乡服务体系,实现文化资源向农村下沉,提高农村公共文化的覆盖面和适用性;四是完善城乡统一的社保制度,加快实现各类社会保险标准统一、制度并轨。五是要增强公共服务在城市、县城、小城镇和乡村之间的同步性,不断提高城乡基本公共服务均等化水平。

　　第三,想方设法增加农民收入。农民收入主要包括经营性收入、工资性收入及财产性收入等。经营性收入基本上来自种植和养殖,财产性收入主要来自土地增值收益和农村集体资产股份分红,而农村三产融合发展可以带动就地就近就业、返乡创业创新成为农民工资性收入增长的重要途径。因此,要让农业提质增效,要不断拓宽农民就业创业渠道,要加快城镇化和土地流转以实现农业规模经济。

第三章 农村公共服务有效供给的理论分析

第一节 农村公共服务有效供给的基本内涵与界定标准

一、公共服务的内涵

法国学者莱昂·狄骥是最早明确提出公共服务概念的学者,他认为国家拥有至高无上的权力,国家通过权力来指导和规范相关活动,并提供公共服务。关于公共服务的定义,国内主要有三种观点:一是指政府提供的服务;二是指提供给社会的公共产品;三是认为公共服务与公共产品等同。从广义上来说,公共服务是由国家主导,将资源投入社会,以满足社会有效需求的基本服务,主要分为三类:一是纯公共服务,只能由政府部门来提供用于满足公众和社会所需要的服务,例如司法、消防以及公安部门的服务等;二是社会类公共服务,主要是促进社会的发展,具有营利性质,例如电力、水利、通信和道路运输等,此类服务既可由市场提供也可由政府提供;三是公益类公共服务,由于多为公益性质,市场主体较少涉及,主要还是由政府提供,例如教育、医疗、娱乐、卫生等。从狭义上来说,公共服务即政府部门主导资源投入,为保障社会大众的基本生存与发展需求而提供的基本服务。通过梳理其他学者对公共服务的定义,结合研究目的,明确了本书所讨论的公共服务概念,即主要是由政府直接提供的,覆盖范围广、非营利性的,用于满足人民基本生活需要,并以此促进人民更好地生存和发展的服务、活动以及基础设施,具有非竞争性、非排他性和不可分割性。

二、农村公共服务的内涵

农村公共服务主要是指政府组织为了促进农业、农村和农民的发展而提供的具有非竞争性、非排他性及不可分割的服务,具有基础性、便利性、普适性,受益范围是农村地区,受益群体是农民。农村公共服务具有以下三个特点:一是市场可以提供,但不是供给主体;二是具有非竞争性和非排他性;三是主要提供给农村。徐小青(2002)认为,农村公共服务是主要由政府提供的促进农村地区发展、满足村民生活基本需求和提高人民生活质量的服务的统称,具有明显的非竞争性和非排他性特征。刘书明(2018)认为,农村公共服务主要是提供给农村居民的各项便利服务,既能促进当地发展,又能提升当地居民的生活质量。

本书认为农村公共服务指的是政府、市场及非营利组织为实现农村、农业、农民的全面发展,向农村地区提供的具有非竞争性、非排他性、不可分割性的服务的总称,具体内容包括农村教育、农村养老保险、农村医疗保险、农村基础设施、农业技术推广、农村职业技能培训、农村村庄规划及村民建筑、农村生态环境保护、农村基础电信服务、农村普惠金融服务、农村信息推广、农村公共文化、农村公共安全、农村社区管理、基层政府公共服务、农村人口与计划生育等,涵盖了农村生产生活的各个方面。

三、农村公共服务有效供给的基本内涵

农村公共服务供给是现代政府的主要职责之一,是由政府提供给农村居民享受的劳务的统称。由政府提供给农村居民无偿享受的公

共服务属于基本公共服务,如义务教育;而由政府提供的、需要政府与农村居民各自承担一部分成本的公共服务属于非基本公共服务,如高中教育。政府通常还委托事业单位、公用企业等其他公共部门主体或者私人部门进行公共服务的供给。

我国经济社会发展既不平衡也不充分,不充分主要是指农村地区的发展不充分。因此要提高农村地区公共服务供给水平,并有效推进农村地区高质量发展。农村基础设施供给不足,偏远地区物流建设较差、道路硬化率也低,“最后一公里”问题依然存在。所以,结合农村公共服务供给的内容和乡村振兴战略背景,本书主要阐述的是基础设施、养老、医疗以及教育这四个方面的公共服务供给。

“有效”一词指的是某种行为能产生预期的效果、实现预定的目标。马克思主义政治经济学中最早出现“有效”的思想,该理论认为在某一市场中,那些被人忽视的、可有可无的产品供给是无效的,反之那些被人们认为是有用的产品供给便是有效的。1820 年,马尔萨斯第一次提出有效需求的概念。在 1936 年凯恩斯的《就业、利息和货币通论》发表以后,有效需求理论的正统地位才开始建立。在现代西方经济学中,有效供给是指与消费者的消费能力和需求相匹配的供给。在国内,《中共中央关于制定国民经济和社会发展第十个五年计划的建议》中首次提到有效供给的概念。刘诗白(2000)从三个方面定义有效供给:一是产品具有使用价值,劣质产品由于质量不达标,既不能满足使用需求也不能用于生产;二是形成有效供给的社会使用价值(而非一般使用价值)使其能够在市场上有效流通,不会造成生产过剩现象;三是“有效供给”是经济学中的名词,即符合经济学上关于供给的定义。从宏观角度来看,有效供给是指与社会需求相适应的总供给,消费者的总需求与市场上各生产者的最大供应量和供给结构相匹配;而微观角度的有效供给则是指消费者的需求得到满足。本书对于有效供给的定义为:一是总量平衡,即各部门提供的具有使用价值的产品总量与社会总需求相平衡;二是结构平衡,即从投资到生产再到最后消费,产品类别供需匹配。

国内不乏对农村公共服务有效供给的研究。赵靖宜(2013)认为,乡镇政府作为供给主体要保证农村公共服务的数量和质量,要做到既无供给不足,也无供给过量。本书对农村公共服务有效供给的定义如下:政府部门作为主要供给主体,要结合市场和其他组织的实际情况,选择合适的供给方式,以振兴乡村、缓解农村公共服务结构性矛盾为目标,在数量、质量和结构上最大限度地满足农村经济发展、农业生产活动和农民日益增长的公共服务需求。由于本书主要研究农村教育、医疗、养老以及基础设施的有效供给,所以相关问题会在下文分别进行阐述。

我国民生问题的症结还是"三农"问题。发展农村教育既可以传承传统文化,又可以为乡村振兴积累人力资本,无疑是农村发展的基石,但一些农村地区仍存在教育资源匮乏的情况,教育结构有待进一步优化。农村教育服务有效供给是指在既定的时空条件下,政府以及其他供给主体向农村地区投入的教育资源能最大限度地满足广大农民的需求,实现农村教育资源效用的最大化。

农村养老保险是指以农村非城镇户籍的居民为保险对象的养老保险制度。农村养老保险的基本原则是:保障水平与农村生产力发展和各方面承受能力相适应;养老保险与家庭赡养、土地保障以及社会救助等形式相结合;权利与义务相对等;效率优先,兼顾公平;自我保障为主,集体(含乡镇企业、事业单位)调剂为辅,国家给予政策扶持;政府组织与农民自愿相结合。

农村医疗保险是我国社会保障的一部分,可以使农村居民享受到农村医疗保险的实惠,同时也是社会保障的一项重要内容。参加新型农村合作医疗保险的农民可以选择不同的医院就诊(一般采取就近原则),并且不同医院的报销比例也有所不同,一般对住院患者的报销比例比较大,此外,还会根据慢性病、特殊病种、意外伤害等具体情况采取不同的报销比例,这能在一定程度上防止因病致贫、因病返贫的情况发生。有效的农村医疗保险服务要确保农村居民都能享受医疗服务，即实现公平目标；还要降低服务供给过程中的道德风险，合理配置医疗资源，真正满足农村居民对于医疗服务的需求，即满足效率要求。

农村基础设施是对为发展农村生产和保障农民生活而提供的公共服务设施的总称。参照中国新农村建设的相关法规文件，农村基础设施包括农业生产性基础设施、农村生活基础设施、生态环境建设、农村社会发展基础设施四个大类。第一，农业生产性基础设施，主要指现代化农业基地及农田水利建设。第二，农村生活基础设施，主要指饮水安全、农村沼气、农村道路、农村电力等基础设施建设。第三，生态环境建设，主要指天然林资源保护、防护林体系、种苗工程建设等。第四，农村社会发展基础设施，主要指有益于农村社会事业发展的基础建设，包括农村义务教育、农村卫生、农村文化基础设施等。农村基础设施的有效供给主要有以下几个方面：一是扩大供应主体范围，协调供应，避免供给不足；二是加强后期维护；三是依据群体需求优化基础设施供给结构，有效缓解城乡存在的基础设施二元供给问题。

四、农村公共服务有效供给的界定标准

鉴于本章主要对农村公共服务的有效供给进行理论阐述，所以这里先阐述一下有效供给的界定标准。胡培兆（2004）认为，有效供给需要从数量、质量和价格三方面满足需求者的需求。刘诗白（2000）则是从产品总量、产品结构以及类别三方面出发，研究满足各类需求的有效供给。谢桂平（2015）主要是基于公平、效率与充足三大特性，分析农村教育资源的有效供给。周佳（2017）聚焦对供给数量、质量、结构和价格的分析，研究发现，我国少儿图书馆存在有效供给不足的问题。杨玉明（2014）从需求表达、供给主体、决策程序以及评估与监督平台四个方面厘清了当前农村公共供给服务中存在的问题，认为提高供给有效性的措施是创新供给模式。张新文和詹国辉（2016）研究发现，农村公共服务供给过程中还未形成整体治理框架，对治理路径进行创新

可以实现有效供给。通过总结文献和资料,我们发现有效供给的界定标准是多维度的,结合本书的研究主题,决定从数量、质量和结构三个角度判断农村公共服务是否达到有效供给,如图 3-1 所示。

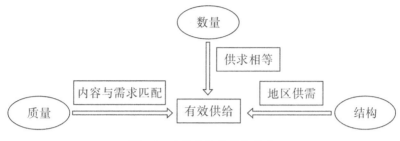

图 3-1　有效供给的衡量标准

第一,供给数量。农村公共服务需要实现供给量与需求量相匹配,若供过于求,将导致服务过剩,造成资源浪费;而若供小于求,则将无法实现效率目标。这两种情况都属于无效供给。

第二,供给质量。供给质量就是供给侧所具有的特性满足需求侧要求的程度,也就是说,供给质量决定了供给对需求的适应程度。

第三,供给结构。供给结构是指在一定价格条件下作为生产要素的资本、劳动力、技术、自然资源等在农村各产业间可以供应的比例,以及以这种供给关系为联接纽带的产业关联关系。

在有效供给过程中,除要满足以上标准外,还要兼顾效率和公平目标。

第二节　农村公共服务有效供给的相关理论基础

一、马克思主义政治经济学基本原理对分析农村公共服务有效供给的启示

(一)马克思主义政治经济学对于公共服务的分析

马克思主义政治经济学中并没有明确公共服务的概念,但其从国家起源和职能、社会分配等方面出发,系统性地解释了公共服务的供给范围以及供给对象。

马克思主义政治经济学认为,在社会总产品进入个人消费前需要按照顺序依次进行六次扣除:第一,用于补偿生产时所消耗的生产资料;第二,补偿扩大生产时追加的生产要素;第三,用于应对突发情况的保险基金;第四,用于支付非生产活动中的管理费用;第五,用于满足社会共同需求;第六,设立专门基金,补偿丧失劳动力的公民。这些扣除项的数额会随着社会生产力的增加而增大,分类也会更加丰富。在这六次扣除中,用于社会所共同需求的部分就是理论界普遍认同的公共产品的范畴,而其中的保险基金、丧失行动者基金等就属于公共服务的范畴。教育、医疗、社会保障以及公共就业是公共服务的基本组成部分。

公共服务具有特殊性,能带来的直接利益很少,所以应主要由政府供给,少部分由私人联合供给。政府的收入主要来源于税收。恩格斯认为税收可以使国家稳定其公共权力,但随着生产力的提高,公民的意识普遍增强,公民缴税逐渐无法维持国家公共权力的稳定,所以国家利用发行公债等方式筹集资金。因此,从马克思主义政治经济学的角度来看,公共服务的筹资方式是灵活多样的。

(二)马克思主义政治经济学为中国农村公共服务供给提供了理论指导

以人为本是马克思主义政治经济学一以贯之的重要价值取向,这一理念立足于群众,坚持以社会每个成员都能够自由全面发展作为社会发展的目标,社会的发展需要体现对人民的关怀。

马克思主义政治经济学揭示了农村公共服务供给中以人为本的核心思想。以人为本的概念凸显了人的主体地位,提醒我们在社会长期发展中不能只关注社会经济的发展而忽视最为关键的人的需求,否则会带来发展不均衡甚至社会动荡等严重后果。此外,还明确了农村公共服务供给中的政府职能。资本市场的自由竞争必将导致市场失灵,因此需要政府发挥主导作用,履行公共职能。为了实现社会均衡发展,政府需要参与资源再分配,保护弱势群体。

(三)马克思主义政治经济学为中国农村公共服务供给提供了科学方法论

马克思主义政治经济学坚持唯物史观的基本思想,倡导从不同角度辩证地看待问题,为我国农村公共服务供给提供了科学方法论。

马克思主义政治经济学提供了唯物辩证法的方法论。在分析我国农村公共服务供给中所存在的问题时,需要从我国国情出发,立足于当代中国的发展水平并结合农村的实际情况做出相应的改变。根据马克思主义政治经济学的观点,应从各地区的实际情况出发,结合自然条件、文化历史、制度环境等因素,满足各地农村居民对于公共服务的个性化需求,反对采取"一刀切"的做法。

二、中国特色社会主义政治经济学中分析农村公共服务有效供给的相关理论

(一)协调发展理论

党的十八届五中全会提出了创新、协调、绿色、开放、共享的发展

理念。协调发展主要强调三方面的内容：一是促进区域间的协调发展；二是促进城市和农村之间的协调发展；三是促进经济建设与社会建设的协调发展。

社会发展的本质是要人人都能享受社会进步带来的好处，实现全体人民共同富裕，实现这一目标的内在要求是确保实现基本公共服务均等化，公共服务均等化同时也是协调发展理念在保障民生、改善民生方面的具体体现。由于历史环境和资源禀赋差异，我国城乡发展之间存在差距，公共服务供给水平的空间差异显著；优先发展城市的政策导致出现城乡二元结构，使得农村地区公共服务供给难以满足效率目标，不利于促进农村发展、农业增收、农民福祉提高。综合来看，要素自由流动受限、主体功能发挥程度不高，导致城乡、区域之间不能协调发展，不能实现基本公共服务均等化。因此，只有坚持促进基本公共服务均等化的协调发展理念，才能确保社会公众公平享受社会发展成果，才能缩小城乡差距，才能实现全体人民共同富裕。

(二)共享发展理念

党的十八届五中全会首次提出共享发展理念，共享发展理念的四个内涵是全民共享、全面共享、共建共享和渐进共享。共享发展理念以推进社会公平正义为前提，以缩小收入差距为抓手，以推进区域、城乡基本公共服务均等化为保障，以实现共同富裕为目标。共享发展理念体现了逐步实现共同富裕的要求，深化了中华传统文化中的均贫富思想，为世界减贫理论提供了新理念，为人类共同发展提供了新思路。

(三)政府治理相关理论

我国的政府治理是指政府坚持中国共产党的领导原则，不断完善治理理念，构建与社会、企业和公民间的多元合作关系，运用多样化的方式管理公共事务，供给公共产品，确保公共安全，维护良好的社会秩序，保障个人与社会公共利益。21世纪初，我国加入WTO(世界贸易组织)，走向世界舞台，政府面临的挑战增加，传统的政府职能亟须转变，以提升应对复杂情况的能力。政府治理主要包括两方面的内容：

一是"自我"治理,随着公众需求变化而相应转变政府职能,优化政府内部结构;二是加强与其他组织的协商、合作以及共同治理,这样既能体现国家要求的民主性,又能确保权力合法合规。

我国是人民民主专政的社会主义国家,因此必须从党和人民的根本利益出发,管理公共事务,制定供给规则,维护社会秩序。公众对公共服务具有基本需求偏好,希望通过政府供给公共产品和服务来解决发展需要与结构失衡问题。公众的需求偏好类似于一个调整信号,当政府在治理过程中所作的决策与公众实际偏好契合度高时,政府治理无须做出大幅度调整;而当契合度不高时,会促使政府调整治理政策,在充分调整以后,信号作用也随之消失。

制度不同,政府治理的模式也就不同。随着制度发生变化,政府、社会主体以及市场之间的权力大小也会相应地变化。随着市场开放程度的提高,公众需求表达意愿也有所提高,催生了投诉等表达方式,以激励政府及时调整治理方式与治理政策,弥补了"用手投票"和"用脚投票"机制没有保障的缺点。私人主体社会地位的提高使得公众拥有更多发言权。虽然我国市场化程度还不高,但政府依旧是国家发展和维护公共秩序的主导者,随着时代的发展,政府要提供更多机会,让市场和其他主体参与公共产品供给、公共事务管理,加强协同,共同应对公众对于公共事务的需求变化。由于管理公共事务和供给公共产品是政府治理职能转变的重要内容,所以为回应公众需求偏好变化而进行的政府治理体系的构建与完善为农村公共服务有效供给提供了理论依据。

三、西方经济学中分析农村公共服务有效供给的相关理论

(一)西方经济学经典理论与假设

第一,理性人假设。从新古典经济学的视角来看,人类社会中的经济现象都是个人行为相互作用的结果。新古典经济学家在研究过程中为便于对经济现象进行解释,探索了个人目标、个人能力、个人行

为的相互作用等一系列标准与假设。他们强调个人行为的最优化，即经济行为人是理性的；理性人会考虑与经济活动相关的一切信息并作出相应的决策，以此满足自身利益最大化。在亚当·斯密提出理性人思想并进行经济学分析后，约翰·穆勒又进一步加以丰富。理性人假设是指消费者会基于理性而作出选择。理性人假设是研究农村公共服务有效供给的基础性假设。第二，新公共服务理论。简·莱恩的大作《新公共管理》于20世纪初问世，这宣告了新公共管理理论的诞生。新公共管理理论把新公共管理和公共管理、行政模型融为一体，分析了公共部门的适用性。20世纪70年代，在完善新公共管理理论的基础上，诞生了新公共服务理论，该理论主要介绍公民与公共治理和行政之间的关系，公民是该理论研究的中心，其所强调的是人本主义。

以公民为核心的新公共服务理论在20世纪80年代末由登哈特夫妇首次提出。该理论以公共服务为主要研究内容，以公众为主要研究对象，这是对占据传统行政理论重要位置的新公共管理理论的进一步丰富和发展。新公共服务理论的主要内容如下：一是政府不再是掌管者，而是参与者，以为公民提供所需服务为重点，在提供公共服务的过程中注意提高服务意识，实现彼此间良性互动；二是公民是所有者，享有所有权，政府为其提供相关服务并且承担了不同于以往的管理与监督责任；三是将民主放到重要位置，注重提高公众的参与性与参与意愿，故在供给公共服务时，要搭建平台供公众有效表达需求，提高政府开放性，使公众能够积极参与到项目中来。颜佳华和何植民（2007）总结的新公共服务理论主要包括以下内容：首要考虑民主价值，追求公共利益，在权衡各方利益后才制订政策计划；在为公民提供服务时需要考虑公平与公正；此外，需更加关注与公民之间的信任与合作关系。由此视角出发，发现可以有效改善新农村公共产品供给缺乏状况的途径。郭晋（2020）认为，新公共服务理论将民主价值和公共利益放在更加重要的位置，在研究现代社会公共服务问题时，理论与实际有更高的契合度。

由此可见,新公共服务理论强调政府管理者和服务者的双重身份,不仅重视民主,还注重公共利益,更加符合本书研究的重点,理论性更强。乡村振兴战略背景下,农村有着举足轻重的位置,农民主体地位上升,政府应该转变角色定位以维护农民的权益,更多地承担为民服务的职责,提升基层组织有效供给公共服务的能力,解决更多公共服务供给过程中遇到的结构性问题。

(二)西方经济学对公共服务的相关模型

1. 标准公共服务模型

假设一个社会群体中有 N 个成员,每个成员对于私人产品 x^i 与公共服务都有真实的显示偏好 G,他们的效用函数用 $U^i(x^i, G)$ 表示。在这个模型中,生产一单位的公共服务需要支付一单位的私人产品。每个成员初始被赋予 w^i 个单位的私人产品,他们将提供 g^i 个单位的私人产品用于生产公共服务。模型中的每个成员还需支付 T^i 的税额,政府将全部的税收用于提供公共服务,即 $G = (g^1 + T^1) + (g^2 + T^2) + \cdots + (g^N + T^N)$。每个成员会在分析所有人支付的纳税总额后确定各自的支付额。最终,在纳什均衡的稳态中,每个成员将投入 g^i 个单位的支付额(包括私人产品与税收),此时公共服务的总量为 $G = g^{1'} + g^{2'} + \cdots + g^{N'}$。

该模型的核心假设在于:第一,社会成员只在乎自身所消费的私人产品与享受到的公共服务数量。他们不会在为公共服务支付中得到满足,也不关心其他成员的支付数额与享受的公共服务数量;第二,社会成员不会关心社会资源配置的具体过程。

2. 林达尔模型

1919 年林达尔提出了林达尔模型,1968 年布坎南推动了该模型的进一步发展。模型假设谈判双方的交易费用为零,因为当谈判没有交易费用时,市场是有效率的,但只要存在交易费用,交易双方就会缺乏达成帕累托最优公共服务数量的动机,任何一方都不会愿意承担这些成本。模型的主要内容是:市场中的两个参与者都希望可以实现自身利益最大化,并且可以通过协商联合提供公共服务使他们的集体利益达到最大化,即帕累托最优水平。但是因为"搭便车"问题的存在,这种最优并非一定会出现,并且很有可能出现显示偏好的问题。

林达尔模型说明,当参与人数很少时,有一方自愿出资的模式可以保证双方得到高效的公共服务,且参与人数很少也可以保证互相协作的交易成本足够低,若有一方故意隐瞒其实际边际收益也会很快被发现。小规模群体比大规模群体更容易出现互相约束的情况,大规模群体由于人数过多容易发生"搭便车"现象,导致公共服务供给无法达到最优状态。林达尔模型以纳什均衡为核心,这意味着如果任何一个成员改变自己的配置都会使得集体处境变坏,那么阻止这种结果发生便能够达到帕累托最优状态。

3. 萨缪尔森规则

萨缪尔森对于纯公共服务有效供给进行了理论解释与图形描述,这种有效规则被称为萨缪尔森规则。该规则假定市场中仅存在一种公共服务,所有成员都没有自由处置权,即成员消费的数量总额等于公共服务的供给量。此假定也可以推广到多种公共服务,在存在多种公共服务的情况下,额外一单位公共服务的增加会导致所有成员效用的上升,而这一单位公共服务增加导致社会收益的增加额可以由各成员的边际收益加总得到。对比而言,额外一单位私人服务的增加只会导致该成员个体效用的上升,当边际收益与边际成本相等时,便达到了帕累托最优。

萨缪尔森规则的不足之处在于:第一,纯公共服务的非排他性特征没有在萨缪尔森规则的推导过程中发挥作用,因为社会帕累托最优水平的推导并不依赖非排他性。第二,因为萨缪尔森规则的假设过于严格,现实中难以得到实施。推导萨缪尔森规则时包含以下几点假设:第一,假定政府有完全控制资源配置的能力,可以将公共服务顺利分配,而私人服务的供给需分散进行。纳税额不会对社会产品的相对价格产生影响,即不改变人们对于私人服务与公共服务的相对需求。

政府的税收不会造成社会资源的损失,每个成员不能通过自己的行为改变纳税的额度,所以每一次纳税都不会导致社会中任何无效率的情况发生,但是在实际过程中这种假定基本不可能实现。政府不可能完全通过每个成员的实际偏好与持有的禀赋确定税基,而往往得通过成员的申报,但是申报中难免会出现与实际不符的情况。第二,假定政府完全了解每一个成员愿意为公共服务支付的心理价格以及每一个成员的效用函数,这在现实中不可能做到。第三,假定每一个成员都会将自身的情况、显示偏好、能力等要素完全坦诚地披露给政府,但在现实中,成员往往都会隐瞒自身的信息,使得政府难以获取公共服务的价格信息。

　　总体而言,虽然因为假定过于严格,公共服务的政府供给与市场供给都难以达到最优水平,但萨缪尔森规则仍具有一定的理论与实践意义。

　　西方经济学大多从纯公共服务角度出发研究农村公共服务,但在现实生活中,农村公共服务更多是处于纯公共服务和私人服务的中间地带。农村居民对于公共服务存在"搭便车"的可能,政府机构在市场供给不能有效运转的情况下只能利用强制手段供给公共服务。现实中农村公共服务不仅仅依赖于政府供给,还存在市场供给甚至私人供给的模式。西方经济学为农村公共服务有效供给的研究提供了理论基础和模型假设,在此基础上继续研究政府对公共服务的有效供给具有理论意义和现实指导意义。

第三节　我国农村公共服务有效供给机制选择

　　前文对农村公共服务有效供给的衡量标准和影响因素进行了系统阐述,本节则是根据前文的结论提出适合我国国情的农村公共服务供给机制。

一、有效供给导向的决策机制

首先从上层建筑出发,建立有效供给导向的决策机制,提高农村地区公共服务的有效供给水平。从新中国成立初的统收统支阶段到现在的分税制阶段,决策机制在农村公共服务供给过程中或多或少暴露出了一些问题,所以要完善决策机制,建立有效供给导向的决策机制。

建立有效供给导向的决策机制首先要明确农村公共服务供给机制中各供给主体的具体事权。现阶段我国主要是制度内供给农村公共服务,因此有必要明确农村教育、养老保险、医疗保险和基础设施供给工作中各供给主体的具体事权,以提高供给有效性。第一,基本决策权交予政府,由省级或者中央政府作出决策,定准基调,确保公平。基本决策权交给政府是因为政府宏观调控能力强,会在充分考虑全社会利益的基础上进行权衡,可以在确保公平的基础上提高供给有效性,而市场以及私人组织缺乏这种宏观统筹调控能力。农村地区高等教育和职业教育服务供给不足,政府应该制定相关措施以丰富农村地区教育种类,配置更多师资力量,如制定政策吸引优秀人才返乡参与教育服务等。对于农村养老保险和医疗保险,则需要更细致化的决策,为执行者提供行为规范,也需要逐渐统一补贴标准,减少地区间的不平衡。养老保险方面应更加关注特殊群体的利益诉求,改善其劣势地位,优化补贴和缴费标准,调整计算方法,提高农村居民参与积极性;医疗保险方面应增强对特殊卫生事件的应对能力;基础设施方面应成立专门组织,了解本辖区的资源优势和居民实际所需,因地制宜地制定政策以提高资源利用率,提供真正能够满足居民实际需求的基础设施。第二,具体执行权有选择地交给市场和个人,因为市场和个人可以分别凭借市场机制优势与信息资源优势弥补政府执行效率低下的缺陷。此外,加强对供给过程中参与主体的监管,确保合规性。

建立有效供给导向的决策机制还要从与村民切身利益相关的问

题出发,提高私人组织、农民协会等在公共服务决策方面的参与性。需要提高基层群众在公共服务供给中的决策权,以提高有效供给水平。由于教育、医疗、养老和基础设施公共服务与村民生活密切相关,因此需要村民直接参与方案的制定。随着生活水平提高,村民对基础设施的需求不再是修建道路、改善厕所等基本需求,而是逐渐转向文娱、健康设施等更高层次的需求,对教育的需求也逐渐转向丰富教育内容和形式等方面,目前政府还难以做到面面俱到。医疗和养老保险具有个性化的特点,不同个体具有不同的状况,所以在政府作出相关决策时应及时公开决策内容、公示决策结果,保证群众能够及时了解并对存在的问题做出反应,即通过决策公开提高民主参与度。强调民主参与性是因为:一方面,其可以弥补政府垄断决策导致的低效率;另一方面,其可以提高公共服务的供需适配度,优化供给结构。

　　建立有效供给导向的决策机制还要确保决策的科学性。针对农村公共服务,政府要高度重视专家的意见,对影响范围广的政策方案,要组织权威专家进行论证,确保政府决策的科学性,保证公共服务供给质量。

二、资金来源与使用机制

　　深化分税制改革,加强资金筹集,确保资金来源与使用机制是建立农村公共服务有效供给机制的前提条件。目前我国还处于分税制改革的财政分权阶段。从短期来看,财政分权会减少政府用于供给农村公共服务的财政资金,不利于有效供给;从长期来看,由于整个国民经济快速发展,农村公共服务的资金供给更具有可持续性。但财政分权有效作用的发挥需要前提条件,即进一步深化分税制改革,完善资金支持。

　　调动民间主体积极性,充分利用民间资本,广泛吸收社会资金,确保资金来源。由于农村地区对农村公共服务的需求日渐多样化,这也导致政府预决算偏离,无法实现有效供给,所以需要充分整合各方资金优势,实现功能互补,为农村公共服务的有效供给提供财力支持。此外,政府还应创造有序、公平的外部环境,从而有效吸引私人组织和市场等多元主体参与农村公共服务的有效供给,构建政府主导、其他主体协同参与的多元财力投入机制,间接减少供给过程中的财政压力。

建立基本财政兜底制度,确保公共服务资金供给。从资金使用方面来看,农村义务教育、养老保险和基础设施服务都是由政府承担主要供给责任,对财政资金要求较高,所以政府需要建立基本兜底保障机制以应对对于资金的高需求,避免出现供给基本量不足的问题。从资金来源方面来看,市场和私人组织承担协同供给责任,通过市场竞争和按使用情况付费等方式弥补供给成本,提高供给意愿,降低政府供给主体责任,进一步强化财政兜底制度,从而提高供给质量并缓解有效供给水平低下的问题。故建立基本财政兜底保障机制既可以保障对突发情况的应对,也可以缓解资金不足等问题。

完善转移支付制度,提高资金使用效率。农业税取消以后,地方政府的财政收入受到了一定程度的影响,为应对此问题,中央政府加大了对地方政府的转移支付力度。转移支付的最初目标是缓解地方政府的财政压力,提供更加均等化的公共服务。但是从实践来看,我国的转移支付制度并不完善,所以需要深化转移支付制度改革。第一,确保资金使用到位,在确保对资金规范化使用的同时加强法治化管理。一般转移支付没有用途限制,可以做到多样化使用,这可从根本上解决资金不足问题。但是需要确保资金真正为民所用。第二,依据相应事权和支出责任合理量化财政支出,提高专项转移支付资金的使用效率。养老保险支出中的政府补贴,医疗保险中的资源配置、建立医疗档案、公共卫生安全的支出,基础设施支出中的水利灌溉基础设施建设、供水供电设施建设、公共图书馆建设等都需要专项资金支持,同时依据事权范围合理确定资金供应,避免资金错位,减少由资金不足导致的供给质量不达标和供需不匹配问题。第三,为市场和私人组织成立专门的监督平台,监督资金使用状况,制定奖惩制度,提高资金使用透明度。政府是资金规划者,其他供给主体是资金监督者,协同合作,提高转移支付资金使用的合规性,解决有效供给数量不足的问题。

三、农民需求表达与回应机制

虽然现在我国农民的民主意识、法律意识和政策参与度均有所提高,但还远未达到具有足够发言权的水平。首先,农村公共服务供给更多是上级政府直接下达政策性文件,居民处于被动接受的状态;其次,由于在农村公共服务供给方面缺乏畅通的需求表达渠道,致使群众参与的积极性降低;最后,群众还具有消极情绪,认为参与的效能低,因而大多关注与自身利益关系密切的建设,对关系不甚密切的建设则漠不关心。农村公共服务供给主要是为了促进"三农"的发展,农民是直接利益相关者,只有明确农民群体的有效需求,才能更加精准地提供公共服务。农村地区的农民参与度不够,究其原因还是文化素质不高导致的参与意识低下,这也从侧面反映了农村地区教育缺失造成的不良后果。

良好的需求表达机制是有效供给机制的重要一环。具体问题具体分析,要完善"一事一议"制度,以建立良好的需求表达机制。农村教育、养老保险、医疗保险和基础设施服务虽然都具有准公共产品性质,但也有其特殊性,不能一概而论。农村教育要注重形式多样化、提高覆盖范围,养老保险和医疗保险要提高村民参保率、加大资源配置,基础设施要依据具体性质确定供给主体,所以需要具体问题具体分析,帮助政府对需求偏好有更好的了解,实现自下而上的供给机制转变,提供供需匹配的公共服务,增加有效供给。

"一事一议"制度强调公平负担与权责一致,在农村基础设施公共服务的供给过程中取得了一定的成效,所以要充分发挥"一事一议"制度在养老保险和医疗保险供给方面的作用。养老保险和医疗保险有一部分需要群众自己缴费,通过这种制度可以确保投保人的利益,提高群众参与积极性,促使群众积极表达需求意愿,帮助供给主体更好地了解需求者的真实需求,从而提高供给主体的回应效果。

建立更加完善的动态民主表达机制,确保需求得到有效回应。随着农民生活质量的不断提高,其对公共服务的需求呈现出动态变化的特征。以前追求量,目标是让贫困家庭的孩子有学可上、弱势老人有人可养、生病以后有药可治;现在追求质和多样性,市场可以通过竞争和价格机制提供所需公共服务,但这只解决了部分需求变化问题,重点还是需要政府把握。通过更加完善的动态民主表达机制,可使自下而上的需求意愿表达有正常的发挥空间,能有效向上传递,促进供给系统的高效运转。政府可以通过动态表达机制更好地把握村民的实际需求信息,及时对农村地区关于教育、社会保障和基础设施的需求动态变化做出回应,进而提高供给质量。

提高非政府组织代表群众行使表达权的权利,确保政府及时回应群众的有效需求。一方面,相较于其他群体,农民更加弱势,在政治领域内,只有较少的组织可以真正代表其行使利益表达权。与权威的政府组织不同,由于没有政治约束,非政府组织可以有效聚集分散的农户,带给村民的归属感更高,村民更愿意畅所欲言,表达真实需求的参与效能也更高。也就是说,非政府组织的存在能提高农民的需求表达意愿,从而为政府供给提供更有价值的参考信息。另一方面,政府建立与非政府组织之间的良好沟通机制与奖惩机制,确保政府部门能了解农民群众的真实需求偏好,从而提供供需匹配的公共服务。非政府组织的存在主要是在政府和群众之间架起沟通桥梁,确保政府等供给主体及时回应群众的需求变化,从而供给质量更高、结构更加优化的公共服务。奖惩机制则是根据非政府组织的工作落实情况进行相应的奖惩,类似于一种委托代理协议,避免出现信息不对称导致的道德风险问题,提高其积极性,有效表达群众需求信息,为政府有效回应创造有利条件。

四、多元供给主体协同机制

根据不同农村教育服务类型选择不同的供给主体协同供给。农村义务教育准公共产品性质明显,但存在资源投入不足、教学质量较低等问题,所以对资金保障要求高。市场与私人供给都是追求利益最大化的,在这种情况下很难让其提供足量的教育服务,而且由于义务教育免除费用范围扩大,更难满足市场和私人追求的目标,故应让政府成为农村义务教育公共服务的供给主体。对于农村学前教育,由于入学前需要缴纳一定费用,所以政府可以让出供给主体位置,由市场或者私人供给。因为市场供给公共服务时可以通过受益农民内部筹资分摊或者向使用者收取费用以补偿供给成本,而私人供给公共服务时可通过个体或组织的无偿或部分无偿捐赠弥补供给成本,从而提高了市场供给或者私人供给的积极性。政府此时可通过税收优惠政策等激励市场和私人供给公共服务,补偿成本消耗,从而提高供给数量。

政府作为供给主体提供农村养老保险服务,同时市场协同供给补位。在现实意义上,农村养老保险服务是一种准公共产品,由市场或者私人供给会出现供应数量不足的问题,即有效供给的数量不达标。农村养老保险服务能否实现有效供给还与政府和村民的积极性有关:政府积极性高可以促进养老保险服务工作及时顺利展开,减少供给时滞;村民积极性高可以推进供给工作有序进行,而且群众的及时反馈可以帮助及时纠正供给过程中的工作偏差。此外,从市场和私人供给角度来看,首先,其并没有充足资金确保养老保险体系正常运转;其次,养老保险服务供给过程中的相关制度是事关民生、国家整体利益的制度,市场和私人组织没有足够权力决定,故需要政府承担供给主体责任;最后,由于农村地区遭受市场冲击的可能性较大,而老年群体的身体状况以及消费需求与年轻群体存在较大差异,使得基本养老保险服务需求的特殊性与多样性并存。所以,仅靠政府供给无法满足有效供给的结构性要求,此时需要市场供给补位,通过市场有效性提高村民参与积极性,提高参保意愿,进而满足多样性的需求。

狭义上的医疗保险主要由市场供给,而广义上的医疗保险则由政府和市场协同供给。村民的健康水平得到保障会提高整个社会的健康水平,即农村医疗保险正外部性高,正外部性的存在不仅会使市场供给量低于最优水平,还会造成常见的"搭便车"现象。所以政府应作为供给第一责任人,通过财政制度支撑医疗保险服务,提供惠及全体村民的医疗保险服务。具体来看,对于狭义上的医疗保险,在给予经济困难家庭成员医疗救助服务的过程中,政府是行政单位,只能制定相关制度政策,无法操作具体规程,所以需要市场发挥作用,或者由私人部门建立救助机构,提供服务,提高供给数量。广义上的医疗保险还包括健康教育、公共卫生等内容,对于教育类服务,市场或私人供给难以达到预期效果,所以应由政府借助自身优势,通过开展讲座等在农村地区普及健康教育、公共卫生知识。建立规范的居民健康档案、提供针对特定群体的公共卫生服务需要消耗大量人力物力,这会降低私人供给和市场供给的意愿,故还是应由政府承担供给责任,提供满足基本需求量的公共服务。

政府和市场协同供给不同性质的农村基础设施。农村基础设施主要是为解决"三农"问题而提供的包括农田灌溉、水电供应、交通通信等在内的基本设备和服务保障。由于这些设备前期投入的固定成本较高,而且公益性质明显,农村居民易产生"搭便车"心理,因此无法提供能够满足有效需求的基础设施。例如,交通设施、水电供应以及农田灌溉设施和大坝对前期投入要求较高,所以此类基础设施主要由政府整合资源供给。农村地区对于基础设施公共服务的需求多样,对于一些特色明显且分散的文化娱乐设施等,由私人供给效率会更高,因为私人的供给决策依赖于供给主体的主观选择,可以较好地匹配群众需求,提高供给质量。同时,市场应根据运行规律供给交易成本低的基础设施及服务,优化供给结构,提高供给有效性。

所以,需要构建由政府、市场、私人组织组成的多元供给结构,发挥主体间的协同供给作用,实现优势耦合,共同提高供给有效性。

第四节　乡村振兴背景下农村公共服务有效供给的理论分析

一、农村公共服务有效供给的要素

(一)我国农村公共服务有效供给的主体

乡村振兴战略的目标是要从经济、社会、政治、文化、环境等各个方面实现农村的全面发展,我国农村的市场经济发展水平偏低,要想促进其全面发展,仅凭自身是难以实现的,各主体必须紧密协作、共同推进。公共产品理论指出,社会产品可分为私人产品和公共产品,公共产品具有与私人产品截然相反的特性,无法由私人部门提供。农村公共服务是公共服务的一种类型,从理论上讲,农村公共服务也应该由政府来提供。随着多中心供给理论的提出,可以发现,仅由政府来提供农村公共服务会给政府造成沉重的财政负担,在我国当前公共服务供给水平不足的情况下,完全由政府提供农村公共服务可能达不到理想的效果,因此,在乡村振兴战略背景下,要想实现农村公共服务的有效供给,就应当结合政府、市场和其他组织等多元供给主体的力量。

(二)我国农村公共服务有效供给的客体

农村公共服务与城市公共服务的内涵有所不同,农村公共服务更加侧重于与"三农"问题相关的公共服务领域,包括农村教育、农村养老保险、农村医疗保险、农村基础设施、农业技术推广、农村职业技能培训、农村村庄规划及村民建筑、农村生态环境保护、农村基础电信服务、农村普惠金融服务、农村信息推广、农村公共文化、农村公共安全、农村社区管理、基层政府公共服务、农村人口与计划生育等,这些都是农村公共服务有效供给的客体。

(三)我国农村公共服务有效供给的目标

全面振兴农村、缩小城乡差距的实现离不开更高质量的农村公共服务的提供。我国农村公共服务有效供给的目标就是在提供农村公共服务时能够以较少的付出得到较高的回报,即实现高效性。对我国而言,要想实现农村公共服务供给的有效性绝非易事。

二、农村公共服务有效供给的特征

(一)高效性

众所周知,我国地方政府财权与事权高度不匹配,财权远不足以支撑规模较大的事权。对于地方政府而言,提供农村公共服务是十分重要的事权,该项事权也会要求地方提供大量的财政支持,因此在地方政府财政资金比较紧张的情况下,提供的农村公共服务应当具有高效性。只有高效地提供农村公共服务,才能弥补地方政府财力紧张的缺陷。

(二)科学性

农村公共服务供给应该具备科学性。对于农村地区而言,公共服务范围较广,既包括与城市相同的公共服务,比如教育、养老、医疗、基础设施、生态环境保护、基础电信服务、普惠金融服务、信息推广、公共文化、公共安全、社区管理、基层政府公共服务,也包括与城市不同的公共服务,比如农业技术推广、农村职业技能培训、农村村庄规划及村民建筑等,这就要求政府在提供农村公共服务时既要做到"雨露均沾",又要做到资金的合理分配,有些公共服务要重点提供,而有些公共服务则不必重点提供,因此农村公共服务供给应该具备科学性。只有科学地提供农村公共服务,才能更加有效地实现农村全面振兴,从而助推乡村振兴战略。

(三)可持续性

农村公共服务供给应该具备可持续性。农村的振兴是一个持续性的过程,要将提供农村公共服务贯穿现代化发展的始终。我国应该进一步完善农村公共服务可持续发展的资金保障机制,明确各级政府分担比重,建立基层政府人才队伍,加强对现代化技术的应用,建立农村公共服务财政投入长效机制,维护好设施建设,提高农村公共服务供给能力。只有持续地提供农村公共服务,才能更加有效地实现农村全面振兴,从而助推乡村振兴战略。

(四)平等性

农村公共服务是面向农村地区的全体农村居民的,应该要使所有可享受农村公共服务的对象都平等地获得公共服务,不应该出现因个人地位的不同而区别对待的现象。使所有农村地区都有农村公共服务的供给,保障农村地区发展的水平和质量,供给方式直接关乎农村居民的民生,虽然现实当中每个农村居民的情况各不相同,但是为了实现社会效益最大化,应该让每一位农村居民都有平等地享受农村公共服务的权利。

三、农村公共服务有效供给的作用

(一)化解社会矛盾

我国之所以实施乡村振兴等一系列重大战略,原因在于我国的社会矛盾比较尖锐,且存在根深蒂固的特点,其中发展不平衡问题尤为明显,这种不平衡特征不仅表现在地区之间,还表现在城乡之间,甚至表现在不同领域、不同层次之间,可谓是交叉重叠、纷繁复杂,其中与农村公共服务相关的社会问题在于,公共服务的供求之间存在较大的矛盾——农村公共服务需求量的扩张与供给总量不足,这一方面给地方政府造成了巨大的财政压力,另一方面还阻碍了农村地区的有序发展。要在乡村振兴战略背景下提高农村公共服务的供给效率,这要求政府做到以人为本,切实关心农村居民的实际需求,尽最大可能提供充足的公共服务,以化解当前的社会矛盾,推动和谐社会的建设。

（二）保障农村居民权益

随着乡村振兴战略的持续推进,农村对于公共服务的需求无论是在数量上还是在质量上都与日俱增;政府也在不断地转型,尽最大可能满足农村地区的需求,旨在消除地区之间的不平等。为更好地保障农村居民的合法权益,政府要不断优化农村居民与政府之间的沟通渠道,听取农村居民的意见和建议,赋予农村居民一定的监督权和决定权,尽力满足农村居民对公共服务数量和质量的要求,使更多的农村居民平等地享有农村公共服务。

（三）缩小城乡差距

以前政府在提供农村公共服务时,既不注重数量也不注重质量,导致城市与农村发展不协调,而城乡差距也进一步造成了政府供给偏向城市,拉大了城乡差距。在实施乡村振兴战略的时代背景下,政府不断改变公共服务供给策略,虽然仍然是采用城乡有别的方式,但更多的是偏向农村地区,以农村建设为重心,优先解决农村发展问题,将更多的财政资金用于农村地区,拉动农村地区的发展,进而缩小城乡差距。

第四章 我国农村公共服务供需现状分析

第一节 我国农村公共服务需求现状分析

我国农村地区对基础教育、医疗卫生、社会保障、交通运输、农业技术推广、职业技能培训、生态环境保护、普惠金融服务、公共安全、公共文化和基础电信等公共服务的需求存在需求量大、多元化等特点。

一、农村教育服务需求现状分析

(一)农村教育服务总体需求较大

一方面,根据 2021 年公布的第七次全国人口普查的主要数据指标,我国人口数量仍然排名世界第一,总人口超过 14 亿人。另一方面,2020 年底居住在农村的人口约为 5.1 亿人,占我国人口的 36% 左右,说明农村教育需求依然较大。

虽然我国城镇化水平不断提高(见表 4-1),但是农村人口受教育水平和文化层次仍然不高。农村受高等教育人口比例之所以不断下降,是因为农村的高学历人口不断迁移到城镇,同时,好的初中集中在县城,而中等职业学校分布在农村。

表 4-1　我国户籍人口(市、县、镇)中的农村人口比重

单位:%

年份	户籍农业人口(市)	户籍农业人口(县)	户籍农业人口(镇)
2005	51.89	83.07	78.88
2006	50.91	82.88	78.41
2007	50.52	82.01	77.69
2008	48.98	81.96	77.51
2009	48.67	81.20	77.05
2010	48.11	80.89	76.98
2011	47.96	80.67	76.44
2012	47.55	80.49	76.01
2013	46.24	80.47	75.99
2014	45.67	80.47	75.06
2015	43.50	79.87	74.68
2016	42.63	79.43	74.30
2017	41.76	78.99	73.92
2018	40.89	78.55	73.54
2019	39.46	78.43	73.04
2020	40.32	78.51	73.24

资料来源:2005—2020 年《中国农村统计年鉴》及《中国统计年鉴》。

注:户籍农业人口(市)比重是指户籍人口统计中户籍性质为农业的人口在城市总户籍人口中所占的比例,其他指标以此类推。

(二)农村留守儿童地域分布不均衡

随着户籍制度的放松,越来越多农村留守儿童跟随父母外出,让很多农村学生有机会到城市上学。随着务工条件的逐渐改善,留守儿童随父母外出的数量也在逐渐增加。

虽然义务教育阶段的农村留守儿童数量呈逐年下降趋势,但数量仍然非常庞大。从区域分布来看,西部地区留守儿童比重下降幅度最大。总体来看,经济发展较为落后的省份的农村留守儿童数量依旧较

大,其中四川省农村留守儿童数量最多。

此外,农村地区留守儿童的实际情况也体现了对教育服务的不同需求。虽然近年来农村留守儿童数量呈下降趋势,但是总体基数仍然偏高。农村留守儿童地域分布不均衡等问题对于农村教育,特别是对义务教育提出了更高的要求,要在满足其文化教育服务需求的同时,满足其心理教育服务需求。

(三)农村多元化教育需求不断增长

我国农村人均受教育年限一直处于较低水平,随着社会经济结构变迁以及大数据、人工智能等产业的发展,农村劳动力素质亟待提升。

从教育支出构成来看,随着父母对子女教育越来越重视,家庭课外辅导费支出占家庭开支的比例越来越高。随着农村学龄前儿童数量增加,农村居民对幼儿园的需求增加。农村幼儿园的开办主体具有多样化特征。公立幼儿园相对规范,但入园名额有限;集体办幼儿园和民办幼儿园形式多样、入园便利,在农村受到普遍欢迎,但是民办幼儿园收费远高于公办幼儿园,这大大增加了农村居民的经济负担。

(四)农民工培训教育需求明显增加

一方面,自 2008 年以来,农民工数量一直保持增长态势,2019 年农民工数量接近 2.91 亿人;另一方面,农民工学历层次有了一定程度的提升,大专以上文化程度的农民工数量不断增加,2012 年大专以上文化程度的农民工数量约为 1497 万人,占农民工总数的 5.7%,到 2020 年已经增加到了约 3484 万人,占农民工总数的 12.2%。以往农民工主要从事体力劳动,年轻一代的农民工大多从事物流、出租车、外卖、超市、保安、家政、汽车修理、代驾、网约车等服务业。随着我国经济社会的快速发展,新兴产业不断发展壮大并对从业人员提出了更高的技能和学历要求,农村居民也越来越清楚学历对就业的重要性。

二、农村养老保险服务需求现状分析

我国从 2009 年起开始试点推行新型农村社会养老保险(简称新

农保)制度。如表 4-2、表 4-3 所示,在集资渠道方面,和前期的养老保险相比,新农保采用了多维度主体参与的方式,其中国家和集体支付占据主要地位,弥补了传统养老保险主要依靠个人的缺陷,减轻了个人压力。新农保提高了养老保险的覆盖范围,弥补了传统养老保险覆盖面窄、难以持续发展的缺陷。在参保要求及领取条件方面,新农保降低了参与养老保险的门槛。此外,对于超过 60 岁的农村老年人口,在享受新农保的前提下,还能享受政府发放的养老金(图 4-1 反映了农村领取养老金人数的变化),进一步提升了农村老年人口的抗风险能力。在缴费标准方面,新农保设置了多个档次,可供不同收入水平的老年人口进行选择。综上所述,新型农村社会养老保险在上述几个方面对传统养老保险进行改革,极大地增强了养老保险对农村老年人口的吸引力,扩大了养老保险的覆盖面。

表 4-2　新农保的特点

类别	特点
集资渠道	与前期的养老保险相比,该制度采用了个人缴费、集体补助和政府补贴三者相结合的方式
基本原则	提高覆盖面,保证可持续性,保持政策弹性
参保要求	只要是年龄满 16 周岁、不是在读学生、没有参与城镇职工基本养老保险的农民,都可以参加新农保
领取条件	年满 60 周岁、未享受城镇职工基本养老保险待遇的农村有户籍的老年人可以按月领取养老金。在新农保制度实施时,已年满 60 周岁、未享受城镇职工基本养老保险待遇的,不用缴费,可以按月领取基础养老金,但其符合参保条件的子女应当参保缴费;距领取年龄不足 15 年的,应按年缴费,也允许补缴,累计缴费不超过 15 年;距领取年龄超过 15 年的,应按年缴费,累计缴费不少于 15 年
缴费标准	根据我国政策规定,参加新农保可选择的缴费等级分为八个档次,分别为每年 100 元、200 元、300 元、400 元、500 元、600 元、700 元、800 元,居民可以依据自身的条件选择适合自己的缴费等级,并且每年一次性缴清
计算公式	(养老保险金缴纳总额＋养老金利息＋财政补贴)/139＋55

表 4-3　新农保与传统农村养老保险的区别

项目名称	传统农村养老保险	新农保
财政补贴	政府补贴几乎没有	国家财政直接支付基础养老金,省、县两级财政对参加养老保险的居民给予一定的补贴
保险模式	个人账户积累总额	统账结合式,将基础养老金与个人账户相结合
筹资方式	自我存储模式	由个人缴费、集体补助和政府补贴共同组成

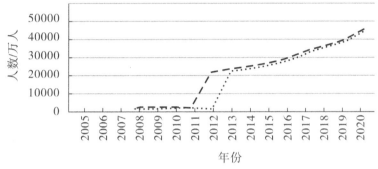

图 4-1　农村领取养老金人数

资料来源:中国劳动经济数据库、减贫研究数据库、中国三农数据库。

从表 4-4 可以看出,农村老龄人口数量逐年增加,农村地区人口老龄化已经成了一个严重的社会问题,造成这个问题的主要原因有两个:一是随着生活条件的改善和医疗水平的上升,农村地区人口的平均年龄延长,人口死亡率下降;二是由于农村地区就业机会少、工资收入水平低等,年轻劳动力正在流出,农村地区人口处于净流出状态。

表 4-4　农村不同年龄段人口分布情况

单位:万人

年份	0—14 岁	15—59 岁	60 岁及以上
2005	26504	94197	10055
2006	25961	95068	10419
2007	25660	95833	10636
2008	25166	96680	10956
2009	24659	97484	11307
2010	22259	99938	11894
2011	22164	100283	12288
2012	22287	100403	12714
2013	22329	100582	13161
2014	22558	100469	13755
2015	22715	100361	14386
2016	23008	100260	15003
2017	23348	99829	15831
2018	23523	99357	16658
2019	23492	98910	17603
2020	22471	100742	18745

资料来源:2005—2020 年《中国统计年鉴》。

三、农村医疗保险服务需求现状分析

2002 年我国提出了建立新型农村合作医疗(简称新农合)制度的任务,2003 年开始在农村试点,2008 年新农合参与率达 90%以上,实现了我国农村地区的大面积覆盖,2020 年这一数据达到了 96%。新农合在提高农村居民医疗状况、促进农村居民生活水平提高以及减少因病致贫方面作出了重要贡献。

（一）农村居民医保基金收支增长不平衡

新中国成立后，我国开始建立农村医疗保障体系，农村合作医疗保险制度日趋完善，主要经历了"传统农合阶段""二次农合阶段"和"新农合阶段"。

从表4-5可以看出，传统农村合作医疗制度（简称传统农合）不完善。从责任主体来看，主要依靠政府导向性支持，缺乏专项资金支持；从保障范围来看，传统农合主要覆盖基本医疗保险，范围窄；从医疗机构来看，以乡村诊所和卫生院为主。新型农村合作医疗制度建立后，大病统筹被纳入农村合作医疗保险，此外，还将城市规模较大的医院纳入了医保合作范围。

表 4-5　我国农村合作医疗不同发展阶段的比较

	项目名称	传统农合阶段	二次农合阶段	新农合阶段
责任定位	政府	导向性支持		资金支持和组织保证
	集体经济组织	物质支持和组织管理		适当扶持与资助
筹资	统筹层次	乡和村		县和市
	监管力度	极弱		各级政府直接监管，力度较大
	主要来源	集体经济组织	参保个人	政府
	透明程度	较低		较高
保障	保障重点	基本医疗服务		以大病统筹为主
	医疗提供	乡村诊所和卫生院		省市医院、乡镇卫生院

由图4-2可以看出，2005—2016年，城镇和农村参保人数显著增长，且参加城镇医保的人数大于农村医保的参加人数，2017年农村参保人数开始反超城镇参保人数。

图 4-2 城镇和农村基本医疗保险期末参保人数

资料来源:中国宏观经济数据库。

由图 4-3 可以看出,农村基本医保收支并不匹配,2013 年以来基本处于收小于支的状态,并且支出增长速度与收入增长速度相比有加速的趋势,两者的增长率在 2017 年达到高峰,其中农村医保基金收入增长率达到 34.93%,而支出增长率达到 35.55%,到了 2019 年,农村医保基本收支赤字达 1.08 万亿元。

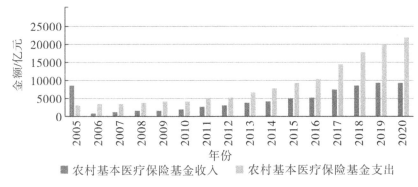

图 4-3 农村基本医疗保险基金收支情况

资料来源:中国劳动经济数据库。

(二)农村医疗保险服务覆盖面需要扩大

由表 4-6 可以看出,自 2010 年以来,死亡率呈现出前期波动、后期平稳的态势。导致农民死亡的疾病主要是恶性肿瘤、心脏病和脑血管病,因为上述三类疾病的治疗需要先进的医疗条件以及支付高昂的费用。相比之下,寄生虫病,血液、造血器官及免疫疾病,以及妊娠、分娩和产褥期并发症在农村的发病死亡率较低。

表 4-6　农村主要疾病死亡率及死因构成

单位：1/10 万

疾病类型	2005 年	2006 年	2007 年	2008 年	2009 年	2010 年	2011 年	2012 年	2013 年	2014 年	2015 年	2016 年	2017 年	2018 年	2019 年
传染病（含呼吸道结核）	12.50	11.46	10.20	9.45	8.46	7.90	6.62	7.77	7.94	7.90	7.72	7.76	7.43	7.26	6.94
寄生虫病	0.22	0.19	0.15	0.14	0.13	0.03	0.13	0.05	0.06	0.05	0.07	0.07	0.08	0.08	0.07
恶性肿瘤	198.52	194.21	190.78	186.45	187.05	169.53	150.83	151.47	146.65	152.59	153.94	155.83	156.70	158.61	160.96
血液,造血器官及免疫疾病	1.95	1.85	1.45	1.64	1.23	1.17	0.88	0.99	1.16	1.10	1.16	1.15	1.21	1.19	1.32
内分泌,营养和代谢疾病	15.32	15.10	14.95	14.20	13.55	12.90	10.56	10.66	11.76	13.13	14.28	15.72	16.34	17.01	17.80
精神障碍	4.45	4.21	4.18	4.11	4.09	4.69	3.15	3.10	2.72	2.70	2.83	2.85	2.78	2.81	2.86
神经系统疾病	7.45	7.32	6.95	6.45	6.55	5.53	4.86	6.26	6.81	6.66	6.51	7.54	7.57	8.39	8.60
心脏病	159.64	157.23	156.41	153.12	150.16	163.08	123.69	119.50	143.52	143.72	144.79	151.18	154.40	162.12	164.66
脑血管疾病	210.32	208.52	205.17	200.74	197.03	203.30	138.68	135.95	150.17	151.91	153.63	158.15	157.48	160.19	158.63
呼吸系统疾病	147.52	145.21	141.32	134.12	134.21	137.98	84.97	103.90	75.32	80.02	79.96	81.72	78.57	77.67	74.61
消化系统疾病	19.32	18.98	18.45	18.00	17.77	18.42	13.84	16.79	15.19	14.51	14.16	14.31	14.41	14.57	14.49
肌肉骨骼和结缔组织疾病	2.12	2.01	1.85	1.74	1.61	1.11	1.32	1.40	1.60	1.63	1.54	1.68	1.77	1.96	2.04
泌尿生殖系统疾病	9.45	9.10	8.96	8.86	8.49	7.73	6.50	6.62	6.96	7.09	7.20	7.38	7.56	7.44	7.28

续表

疾病类型	2005年	2006年	2007年	2008年	2009年	2010年	2011年	2012年	2013年	2014年	2015年	2016年	2017年	2018年	2019年
妊娠、分娩和产褥期并发症	0.21	0.19	0.17	0.19	0.18	0.14	0.18	0.15	0.15	0.14	0.10	0.12	0.11	0.07	0.07
围产期疾病	6.30	6.00	5.32	4.96	4.00	5.91	2.27	2.72	2.50	2.44	2.19	2.12	1.88	1.58	1.35
先天畸形、变形和染色体异常	4.95	4.65	4.00	3.25	3.09	4.03	1.89	2.11	2.13	2.10	1.78	1.74	1.70	1.48	1.36

资料来源:2005—2019年《中国统计年鉴》《中国卫生健康统计年鉴》及《中国民政统计年鉴》。

注:死亡率为年内每10万人中的死亡人数。

(三)农村医疗保险空间分布不均衡

我国东中西部地区农村居民收入与消费支出的巨大差异是造成各地居民对新农合需求差异的重要原因。如图 4-4 所示,我国东中西部地区新型农村合作医疗保险的参保人数呈现出地域分布不均衡的状况。总体而言,东部地区新型农村合作医疗保险参保人数呈现出逐渐下降的趋势,年均增长率大约为－12.06%,这可能是因为东部地区农村居民数量呈逐渐下降的趋势;中部地区参保人数增长率和西部地区参保人数增长率仍然保持正增长,这可能是因为中西部地区城镇化率相对较低。此外,从图 4-4 中还可以发现,西部地区新农合参与人数增长比较缓慢,可能的原因是西部地区农村居民收入较低。

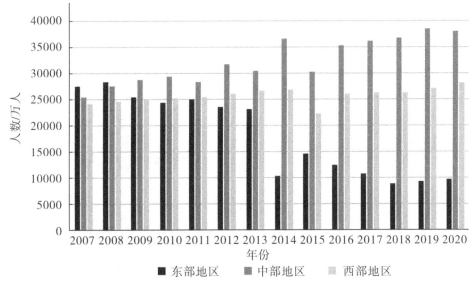

图 4-4　东中西部地区新型农村合作医疗保险期末参保人数

资料来源:中国劳动经济数据库。

四、农村基础设施需求的现状分析

基础设施和直接生产部门之间存在紧密关系,农村基础设施建设为农村经济发展之基础,其质量和数量会对农村地区生产部门的投入与产出产生重要影响,完善的基础设施可以降低农村生产部门成本。

我国大部分农村位于山区,自然灾害比较频繁,每年受到自然灾害影响的人口高达 4 亿人,经济损失超千亿元,因此加强基础设施建设是推进乡村振兴战略的重要基石。

五、农业技术推广需求现状分析

农业技术推广需要由政府牵头,与技术部门紧密结合,将与农业技术推广相关的各环节、各要素规范、有序地组织和运转起来,切实保障农业技术推广的效果。此处以一项研究中关于种植农户对农业技术服务的需求分析为例,其研究中的数据如表 4-7 所示。

表 4-7　种植农户对农业技术服务的需求排序

农业技术类型	第一位	第二位	第三位	占比/%
栽培管理技术	140	64	5	65.1
新品种技术	104	10	9	38.3
病虫害防治技术	41	70	25	42.4
施肥技术	30	11	50	28.3
农机技术(机耕、机插、机烘干)	15	0	0	4.7
技术培训	6	3	0	2.8
供销信息	6	3	0	2.8
产后加工储存技术	0	0	0	0

资料来源:王瑜,应瑞瑶,张耀钢.江苏省种植业农户的农技服务需求优先序研究[J].中国科技论坛,2007(11):123-126。

六、农村职业技能培训需求现状分析

当前,我国农村劳动者对职业技能培训的了解程度不高,需求也明显不足。农民对职业技能培训的需求不足并非农民劳动者的本意,对绝大多数农村劳动力而言,参加职业技能培训的意义不大:一方面,这会浪费大量的时间和精力;另一方面,其会因自身定位不准确而无

法精准掌握所需技能。因此,大多数农村劳动力无法通过参加职业技能培训获得相应的技能,也无法提高自身的劳动收入。

由政府提供农村职业技能培训虽然能够面向大多数农村劳动力,解决大多数农民的培训需求,但是政府提供的农村职业技能培训项目与就业岗位可能存在偏差,农民更希望由就职单位来组织职业技能培训,这样可以有针对性地提高职业技能。培训对象到就职单位进行培训可以有效化解因培训而产生的误工问题,培训单位对自身岗位的技能需求较为熟悉,能够合理安排培训课程,有效提高职工的职业技能水平,从而更好地履行相应岗位的职责。对于培训方式而言,大多数农村劳动者希望是面对面的互动式教学,而不是仅限于线上或线下课堂教授理论知识,对于培训时间而言,大多数农村劳动者希望培训时长不要超过一个月,甚至一周,以最大限度地降低培训的沉没成本,减少误工时间,提高自身收入。

七、农村村庄规划及村民建筑需求现状分析

国家相关部门针对农村规划已经出台了多个政策文件,但是成效不是特别显著,原因在于,经济发展水平影响着资金投入规模,经济实力越强则投入力度越大,反之则越小;经济发展水平还影响着农民的需求层次,经济实力越强则对村庄规划和建筑规划的要求越高。除此之外,村庄规划和建筑规划还应该根据农村当地的自然条件来布局,村庄规划和建筑规划应有利于村民的农业生产和日常生活。然而,当前基层政府在进行村庄规划和建筑规划时,一味追求标准化,忽视了村庄原有的地理和经济因素,并且村庄规划和建筑规划管理人员的整体素质不高,严重缺乏建筑设计方面的专业素养,难以对村庄规划和建筑规划提出建设性的指导意见。

八、农村生态环境保护需求现状分析

由表 4-8 可以看出,我国是农业大国,农业生产造成了较为严重

的环境污染,在农作物种植过程中,农药和化肥是必不可少的,化肥、农药的不合理使用会造成土壤和水质污染,甚至还会减少生物多样性,以及影响气候变化;在畜禽养殖过程中,极易出现传染病暴发,此外,废弃物会加重土壤和水质的污染;在我国城镇化发展过程中,围湖造田、焚烧秸秆等行为是农村生产过程中会用到的手段,虽然在短时间内节约了生活成本,但是破坏了生态,加重了二氧化碳、二氧化硫等气体的排放,无形间加重了环境污染,长期来看会导致农村生产力降低。

表 4-8　农业产生的污染问题

类别	污染问题描述	污染损害
化肥引起的污染	地表水富营养化;地下水硝酸盐污染;增加温室气体排放	污染饮用水;损害人类和生物健康;增加水净化成本;损害下游渔业;降低水系娱乐价值;加剧温室效应;生物多样性减少
农药使用引起的污染	农药中毒风险;土壤农药残留污染;农产品农药残留污染;使害虫产生抗药性;误杀益虫;水污染与农药富集	损害人类和生物健康;影响未来农作物产量或带来不可预见的损失;损害下游渔业;污染饮用水;提高水净化成本;生物多样性减少
畜禽养殖废弃物引起的污染	地表水富营养化;地下水污染;病原体传播;土地负荷加重	污染水体,散发有害异味和有害气体;损害人类和生物健康;增加水净化成本;损害下游渔业;降低水系娱乐价值;生物多样性减少
其他类型的农业污染:水土流失、围湖造田、秸秆焚烧	养分流失;湿地减少;地力下降;泥沙淤积;大气污染;温室气体排放增加	污染水源;损害人类和生物健康;增加水净化成本;损害下游渔业;降低水系娱乐价值;土壤侵蚀;生产力下降;加剧温室效应

农业生产过程中需要使用大量的电力或者柴油来完成一系列农业活动,包括浇水、施肥、播种、收割等,在天气寒冷时还需要使用农用塑料薄膜来给农作物保温,我国农村用电量、农用柴油使用量以及农用塑料薄膜使用量均呈上升趋势。

在许多农村地区,多数乡镇企业从事的是高污染行业,由于其一味追求经济效益,导致环境污染比较严重。

生活垃圾和生活污水是农村居民生活会产生的两大污染物。农村生活垃圾的种类与城市不同,除了常见的厨余垃圾、废旧电池、塑料、快递包装等,还有在城市里不太常见的化肥、农药包装物。农村生活垃圾处理方式简单粗暴,有的是采取填埋的方式处理,有的是通过焚烧的方式处理。

农村生活垃圾的掩埋也对附近的水源产生了不良影响,农村的生活废水也正在逐渐侵蚀农村的生态环境,有的农村用水仍然以井水为主,但因农村对污水的处理技术较差,对农村的水质造成了污染。农村生活污水并未经过统一规划的管道排放,而是随意泼洒在自家门前或院子里,这就使得污水的收集和处理十分困难,同时也扩大了污水的污染面积,从而使得农村水质变差,细菌和病毒滋生,进而引发一系列疾病。

九、农村基础电信服务需求现状分析

2000 年以前,我国农村对电信服务的需求量较小。但随着互联网和大数据的不断发展,城乡一体化程度加深,农村居民与城市居民一样,越来越依赖电信通信,如今基础电信几乎在所有农村地区都扮演着重要角色。电话和计算机是农村居民通信的基本手段,最初,固定电话的使用率是最高的,随后移动电话(手机等)逐渐普及。2007年以后,农村的移动电话使用数量逐渐大于固定电话使用数量。此外,2010 年之后,农村居民拥有的计算机数量显著增加,从而成了联系千家万户的重要通信工具。2021 年,我国农村宽带用户达 1.58亿户。

十、农村普惠金融服务需求现状分析

普惠金融旨在为收入水平低的弱势群体提供金融服务,我国农民收入水平低,相对而言更符合普惠金融的目标对象要求。金融业常见的贷款业务利率较高,这对农民而言是一笔不小的支出,为了缓解农

民的财务压力,促进农村农业的发展,有必要根据农民的群体特质开发有针对性的金融产品,满足其对普惠金融的需求。

农村居民对普惠金融的需求以小额信贷为主,越来越多的村民对涉农基金、农业产业投资基金有着较大的需求。针对农业生产受天气影响的特性,如今越来越多的农户开始对农业保险产生兴趣,希望能够将保险应用于农业领域,降低农业的风险。

十一、农村信息推广需求现状分析

在当前的发展阶段,农村居民对信息化的需求还停留在初级应用阶段,尚未完全将其应用于生产和生活当中。对农村居民而言,其信息需求基本上可分为农业生产信息、农产品行情信息、生活消费信息。其中:农业生产信息主要包括产业政策、天气预报、灾害信息、养殖技术、种植技术等,这些信息对农民生产具有重要影响,是农民时刻关注的重点信息;农产品行情信息主要包括农产品价格、农产品采购、农产品销售渠道、农产品市场、农产品交易等,这些信息关系到农民的生产收入,这是农民总收入的重要组成部分;生活消费信息主要包括教育信息、医疗保险、时事新闻、消费品价格等,这些信息关系到农村居民的支出,并会对农村居民的生活质量产生重要影响。赵继海等(2000)调研发现,约72%的人认为信息对于农村生产、经营管理和生活具有重要作用。可见,信息对于"三农"的发展十分重要。农村居民对于国家政策法规的信息了解需求最多,其次是农业科技信息以及农产品市场信息。

农村居民获得信息的渠道有多种,包括电视、手机、电脑、报纸、政府公告、周围人的口头传达等。如今政府联合村委会加大了对农村信息传达和政策宣传力度,让老百姓能够时刻了解政策的变化,紧跟社会发展的潮流。赵继海等(2000)的研究显示,农村信息来源于农技部门、专业协会、图书馆情报所、大学研究机构、供销社等,其中最主要的是农技部门。对于经常看报的居民来讲,党报党刊、综合性报刊、经济类报刊、农业类报刊是他们经常阅读的刊物，报刊往往会传递重要的农业和政策信息。总体而言，我国农村居民的信息技术水平相对较低，但是伴随着时代的发展和互联网的普及，农村居民开始学会使用手机等工具获取农业、技术、政策、价格等相关信息，并且对信息的需求量越来越大。

十二、农村公共文化需求现状分析

随着社会的发展进步，农村居民的文化水平在日益提高，对公共文化的需求也逐渐增多。农村文化生活日益丰富，大多数农村居民通过电视、电脑、广播、文艺演出等丰富自己的生活。如今电视几乎是每家都有，电脑、手机的普及率也非常高，这为农民的文娱生活提供了极大的便利。由于网络能够实现随时观看的效果，网络已成为深受广大农村居民喜爱的传播途径。此外，许多乡镇组织当地居民开展文化节，举办文艺汇演、歌舞表演、运动竞技等活动，为农民生活增添了许多风采。

十三、农村公共安全需求现状分析

要想农村居民安居乐业，农村公共安全必不可少。由于农村居民对法治的了解程度偏低，所以农村时常会出现打架斗殴、非法赌博等事件，因此农村居民对公共安全的需求较高。许多农村学生早早辍学，又因年龄太小无法参加劳动，所以经常出现打架斗殴现象。许多农民在田间劳作时间之外的闲暇时间会以赌博的形式消遣，这严重影响了农村社会治安。农村经常出现政府与农村居民无法互相传递信息的情况，这会导致农村居民对一些事情产生抵抗情绪，进而引发一系列群体性抵制活动。因此，农村公共安全对于农村居民以及农业发展来说是必不可少的。

十四、农村社区管理需求现状分析

农村社区是指具有广阔地域、居民聚居程度不高、以村或镇为活动中心、以从事农业为主的社会区域共同体。农村社区是人类社会最早出现的社区,形成于原始农业的产生时期。原始农业的出现使人们可以在相对固定的土地上通过种植农作物取得较为可靠的生活资料,为人类创造了比较稳定的居住条件,人们开始定居并形成了最原始的村落,从而产生了最早的农村社区。农村社区从产生到现在,大体经历了原始农村社区、传统农村社区和现代农村社区三个发展阶段。新型农村社区既有别于传统的行政村,又不同于城市社区,它是由若干个行政村合并在一起,统一规划、统一建设,或者是由一个行政村建设而成的。农村社区主体是农村居民,以农业生产为主,村民居住分散,血缘、地缘关系密切,生活节奏较慢,社区基础设施缺乏。

目前,我国农村社区建设还处于探索阶段,从国外现有的模式和经验来看,结合我国农村的实际,农村社区建设具有广阔的发展前景,也有极大的推广价值。

第二节　我国农村公共服务供给现状分析

面对我国农村地区日益增长的对基础教育、医疗卫生、社会保障、交通运输、农业技术推广、职业技能培训、生态环境保护、普惠金融服务、公共安全、公共文化和基础电信等公共服务的需求,如何满足广大村民的公共服务需求就成了当前我国政府急需解决的难题。

一、农村教育服务的供给现状分析

基础教育在现代经济发展中发挥着非常关键的作用。处于工业化初期的发展中国家过渡到发达国家的基本条件就是增加教育和基础设施的投资。乡村振兴战略的五个目标均需要农村居民不断提高自身文化水平,其中教育对于乡风文明建设的重要性不言而喻,产业兴旺、生活富裕、治理有效等要求的满足需要农村居民具有一定的文化水平,而美丽乡村的建设也需要农村居民具有一定的文化素养。在哈罗德-多马模型中，K 仅仅被设定为物质资本（或者说有形资本），而在内生增长模型中，K 的含义更宽泛，既包含有形资本，也包含无形资本，并且假设有形资本和无形资本之间是相互补充的关系。由于正式教育对经济增长的贡献非常大，并且对社会的回报率非常高，因此致力于加强学校教育体系建设无疑是发展中国家追赶发达国家最有效的途径。

（一）农村基础教育供给政策逐步优化

教育的社会收益大于个人所得到的收益，即教育存在很大的正外部性，整个社会会因个体受教育水平提高而得到更高的生产率、更多的高收入群体以及高素质公民。教育不仅能提高人们的阅读能力，还能塑造更多有责任感的公民，这有助于实现乡风文明和社会有效治理。教育也是人类生活质量提高、社会稳定和经济发展的基础，在发展中国家向现代化国家迈进的过程中，教育起着关键的作用。

我国农村地区各方面还比较落后，如基础设施不完善、基础教育发展滞后等。一方面，农村教师数量不足，而且学历普遍不高；另一方面，农村学生中很多都是留守儿童，父母长期不在身边，学习成绩可想而知，而那些优秀的农村学生陆续迁往城镇学习，使得农村学校的生源质量越来越差。为改变农村教育的落后面貌，我国政府出台了一系列政策和文件支持农村基础教育的发展（见表 4-9），初步建立了比较完善的农村基础教育体系[1]。

---

① 详见《国务院关于基础教育改革与发展的决定》，网址是 http://www.gov.cn/gongbao/content/2001/content_60920.htm。

表 4-9　我国农村基础教育公共服务政策

时间	方针和政策	主要内容
2005 年 12 月	《国务院关于深化农村义务教育经费保障机制改革的通知》	逐步将农村义务教育全面纳入公共财政保障范围,建立中央和地方分项目、按比例分担的农村义务教育经费保障机制;全部免除农村义务教育阶段学生的学杂费;提高农村义务教育阶段中小学公用经费保障水平;建立校舍维修改造长效机制;巩固和完善农村中小学教师工资保障机制
2006 年 5 月	《农村义务教育阶段学校教师特设岗位计划实施方案》	公开招聘高校毕业生到西部"两基"攻坚县县以下农村学校任教,引导和鼓励高校毕业生从事农村义务教育工作,创新农村学校教师的补充机制,逐步解决农村学校师资总量不足和结构不合理等问题,提高农村教师队伍的整体素质
2010 年 7 月	《国家中长期教育改革和发展规划纲要(2010—2020 年)》	建立城乡一体化义务教育发展机制,在财政拨款、学校建设、教师配置等方面向农村倾斜。率先在县(区)域内实现城乡均衡发展,逐步在更大范围内推进
2014 年 12 月	《国家贫困地区儿童发展规划(2014—2020 年)》	以贫困家庭为主要扶持对象,多措并举,切实保障贫困地区儿童的生存和发展权益;实施范围是集中连片特殊困难地区的儿童
2015 年 6 月	《乡村教师支持计划(2015—2020 年)》	加强老少边穷岛等边远贫困地区乡村教师队伍建设,明显缩小城乡师资水平差距,让每个乡村孩子都能接受公平、有质量的教育
2016 年 7 月	《国务院关于统筹推进县域内城乡义务教育一体化改革发展的若干意见》	加快推进县域内城乡义务教育学校建设标准统一、教师编制标准统一、生均公用经费基准定额统一、基本装备配置标准统一和"两免一补"政策城乡全覆盖
2018 年 4 月	《国务院办公厅关于全面加强乡村小规模学校和乡镇寄宿制学校建设的指导意见》	两类学校布局更加合理,办学条件达到所在省份确定的基本办学标准,经费投入与使用制度更加健全,教育教学管理制度更加完善,城乡师资配置基本均衡,满足两类学校教育教学和提高教育质量实际需要,乡村教育质量明显提升,基本实现县域内城乡义务教育一体化发展,为乡村学生提供公平而有质量的教育

时间	方针和政策	主要内容
2018 年 9 月	《乡村振兴战略规划（2018—2022 年)》	优先发展农村教育事业。统筹规划布局农村基础教育学校,保障学生就近享有有质量的教育。科学推进义务教育公办学校标准化建设。发展农村学前教育。实施高中阶段教育普及攻坚计划,提高高中阶段教育普及水平。大力发展面向农村的职业教育
2019 年 5 月	《教育领域中央与地方财政事权和支出责任划分改革方案》	义务教育总体为中央与地方共同财政事权,并按具体事项细化,所需经费一般根据国家基础标准,明确中央与地方财政分档负担比例,中央财政承担的部分通过共同财政事权转移支付安排;将国家制定分地区生均公用经费基准定额调整为制定全国统一的基准定额

乡村振兴战略实施以后,国家陆续出台了几项加强农村基础教育的政策文件,说明国家对农村基础教育越来越重视。我国农村基础教育改革大致可以划分为以下两个阶段:一是努力实现农村基础教育公平、公正、公开,从教育经费保障机制的建设着手,将我国农村基础教育全面纳入公共财政,农村基础教育阶段的学杂费得以逐步免除,大大减轻了农村学生家庭的经济负担。二是不断提高农村基础教育的教学质量,随着撤村并镇工作的推进,各行政村举办的小学被撤销,并被并入乡镇小学。此外,《国务院办公厅关于全面加强乡村小规模学校和乡镇寄宿制学校建设的指导意见》的出台使农村学生的安全得到了进一步的保障。

(二)财政投入生均教育经费城乡差距逐步缩小

表 4-10 汇总了 2009—2019 年财政在教育领域支出的统计数据。从总体情况来看,2009—2019 年,教育经费的支出情况呈现稳步上升的趋势,但投入增速放缓。以地方财政教育支出为例,教育支出从 2009 年的 9869.92 亿元上升到 2019 年的 32961.06 亿元,增长了近 2.34 倍;但在 2009 年到 2014 年间,地方教育支出实现了 1.2 倍的增长,而在 2014 年到 2019 年间,虽然依旧呈现正向增长趋势,但仅实现

了 0.51 倍的增长,说明地方财政在教育方面的投入增速放缓。农村生均教育经费是农村教育投入的衡量指标之一,全国农村(无论是初中阶段还是小学阶段)的生均教育经费在 2009—2019 年均呈现逐年递增趋势。其中,农村初中生均教育经费从 2009 年的 4005.78 元/人上升到 2019 年的 16239.47 元/人,实现了超 3 倍的增长。自乡村振兴战略实施以来,农村初中生均教育经费提高了 1000 元/人以上。2009—2019 年,农村小学生均教育经费的增长将近 2.8 倍。

表 4-10　2009—2019 年财政对教育领域的投入情况

年份	国家财政教育支出/亿元	中央财政教育支出/亿元	地方财政教育支出/亿元	农村生均教育经费(初中)/(元/人)	农村生均教育经费(小学)/(元/人)
2009	10437.54	567.62	9869.92	4005.78	3116.83
2010	12550.02	720.96	11829.06	5023.51	3842.26
2011	16497.33	999.05	15498.28	5874.05	4560.31
2012	21242.10	1101.46	20140.64	7439.40	5718.96
2013	22001.76	1106.65	20895.11	9581.89	7132.70
2014	23041.70	1253.62	21788.09	10996.02	8152.16
2015	26271.88	1358.17	24913.71	11499.04	8845.37
2016	28072.80	1447.72	26625.06	13082.53	9909.21
2017	30153.18	1548.39	28604.79	14391.64	10766.04
2018	32169.47	1731.23	30438.24	15514.66	11365.24
2019	34796.94	1835.88	32961.06	16239.47	11826.85

资料来源:国家统计局。

注:农村生均教育经费的计算公式为农村生均教育经费=农村中(小)学教育支出/农村中(小)学在校生。

(三)小学、初中教育供给规模下降

根据本书收集的 1995—2019 年农村教育数据,农村教育整体规模呈下降趋势,但小学、初中和高中呈现出不同的特点。从小学教育情况来看,由表 4-11 和表 4-12 可以看出,在我国农村小学教育阶段,无论是学校数量、招生数量、班级数量、班级规模,还是在校生数量,均呈现出持续下降的趋势。从小学招生数、毕业生数以及在校生数来看,这三项指标在 2000 年分别有 1253.7 万人、1567.6 万人和 8503.7 万人,到 2013 年则分别减少了 661.9 万人、1007.3 万人以及 5286.7 万人,下降幅度分别为 64%、53%和 62%,而在 2019 年更是分别下降到了 439.9 万人、410.1 万人和 2557.5 万人。1995 年共有小学 55.9 万所,而 2013 年仅有 14.0 万所小学,减少了 41.9 万所,下降了 75%,到 2019 年仅剩 8.9 万所小学。农村小学生数量下降的主要原因是,随着我国城镇化的不断推进,大量农村学生跟随父母进入城市就读。一方面,大量农村人口进入城镇;另一方面,县域范围内城乡义务教育一体化的发展也使得很多农村学生进入城镇学校就读,导致农村学校学生数量下降得更快。从 2000 年到 2010 年,我国农村学校进行了大范围的撤并,从表 4-11 可以看出,农村学校数量在 2000 年到 2013 年间显著减少,只有专任教师的数量在 2019 年有较为明显的回升。从初中教育情况来看,初中教育的数据与小学教育的数据呈现出相同的趋势,学校数量和招生数量都在下降,这反映出农村基础教育的规模,无论是小学还是初中,都在缩减。从高中教育情况来看,整体规模先增后降,但近年来又开始缓慢上升。具体而言,2000 年的高中招生数和毕业生数显著增加,2010 年后呈现逐步下降趋势,但从 2017 年开始有所回升。

表 4-11 全国农村教育情况汇总

教育情况	年份	学校数/万所	班级数/万个	毕业生数/万人	招生数/万人	在校生数/万人	专任教师数/万人
小学教育	1995	55.9	309.4	1328.7	1791.1	9306.2	382.7
	2000	44.0	274.6	1567.6	1253.7	8503.7	367.8
	2013	14.0	113.9	560.3	591.8	3217.0	219.9
	2014	12.9	109.7	474.3	534.7	3049.9	211.6
	2015	11.8	106.9	440.9	539.1	2965.9	203.6
	2016	10.6	104.8	432.3	517.2	2891.7	197.5
	2017	9.6	101.4	430.8	486.9	2775.4	177.2
	2018	9.1	98.4	428.6	470.8	2666.4	171.7
	2019	8.9	95.3	410.1	439.9	2557.5	182.6
初中教育	1995	4.6	50.9	684.6	1017.3	2659.8	149.9
	2000	3.9	60.1	903.8	1265.9	3428.5	168.2
	2013	1.8	17.8	313.9	274.5	814.5	73.1
	2014	1.8	16.6	251.1	249.7	748.5	68.5
	2015	1.7	15.7	235.3	232.3	702.5	64.5
	2016	1.6	15.1	224.7	227.1	667.0	60.8
	2017	1.5	14.7	207.9	224.0	643.4	57.5
	2018	1.5	14.9	198.0	224.2	648.4	56.3
	2019	1.4	15.0	201.8	216.4	650.4	55.8
高中教育	1995	0.3	2.3	33.1	44.7	113.2	9.4
	2000	0.3	2.9	39.2	64.4	157.8	10.4
	2013	0.07	1.5	26.0	28.1	81.5	5.5
	2014	0.07	1.5	25.2	27.0	78.6	5.5
	2015	0.07	1.5	24.7	27.0	77.0	5.5
	2016	0.07	1.5	23.3	27.0	75.7	5.5
	2017	0.07	1.5	23.1	27.8	77.9	5.7
	2018	0.07	1.7	24.1	28.5	82.1	6.1
	2019	0.07	1.7	24.9	30.8	82.9	6.4

资料来源:《中国农村统计年鉴》。

注:2011 年因城乡划分口径发生了变化,故该年城乡数据不与往年进行比较,仅提供 1995 年和 2000 年的数据用于参考。

表 4-12　全国农村教育办学情况

年份	生师比 （学生数/教师数）			平均班级规模 （在校生数/班级数）			平均学校规模 （在校生数/学校数）		
	高中	初中	小学	高中	初中	小学	高中	初中	小学
1995	12.0	17.7	24.3	49.2	52.3	30.1	363.8	583.0	166.5
2000	15.2	20.4	23.1	54.4	57.0	31.0	600.2	872.1	193.3
2013	14.8	11.1	14.6	54.3	45.8	28.2	1151.1	440.6	229.8
2014	14.3	10.9	14.4	52.4	45.1	27.8	1178.4	422.7	236.4
2015	14.0	10.9	14.6	51.3	44.7	27.7	1152.7	413.5	251.3
2016	13.8	11.0	14.6	50.5	44.2	27.6	1161.0	412.5	272.8
2017	13.7	11.2	15.7	51.9	43.8	27.4	1154.1	420.9	289.1
2018	13.5	11.5	15.5	48.3	43.5	27.1	1156.3	438.3	293.0
2019	13.0	11.7	14.0	48.8	43.4	26.8	1120.3	449.3	287.4

（四）班级规模、生师比持续下降

进一步考察农村教育的办学质量，从表 4-12 中可以看出，2013 年以来，农村教育的学校规模基本上是在扩大，班级规模（在校生数/班数）不断缩小，生师比持续下降，办学条件整体提升，虽然撤并学校降低了初中规模，但是其提高了农村小学和高中的规模。在班级规模上，平均班级规模均有所下降。小班教学可以有效提高教学质量，这在很大程度上有助于提升农村基础教育质量。在生师比上，撤并学校迅速降低了初中和小学的生师比，而高中的生师比是持续下降的。

综合来看，我国农村基础教育供给质量稳步提升，农村小学、初中或九年一贯制学校、寄宿制学校的标准化建设成效显著；农村基础教育班级规模和生师比下降，农村教育质量明显提高；农民整体受教育水平持续提高；城乡基本公共教育服务基本实现均等化。在乡村振兴战略背景下，随着以人工智能为代表的技术革命的到来，农村基础教育供给中要提供更多适应时代发展的课程，增加人工智能方面的教学内容。

二、农村养老保险服务的供给现状分析

第一,农村养老保险服务供给政策逐步优化。从改革开放初期对养老模式的探索,到最新的公平、统一、规范的城乡居民养老保险制度,以及对个体、家庭和政府共同供给的未来养老模式的探讨,我国农村养老保险供给政策一直在改进和优化。

第二,社会保障财政投入不断加大。近年来,国务院多次提高城乡居民基础养老金最低标准,图 4-5 为 2020 年我国 31 个省份城乡居民基础养老金的最低标准。2013—2020 年六个代表省份城乡居民基础养老金最低标准变化情况如表 4-13 所示。

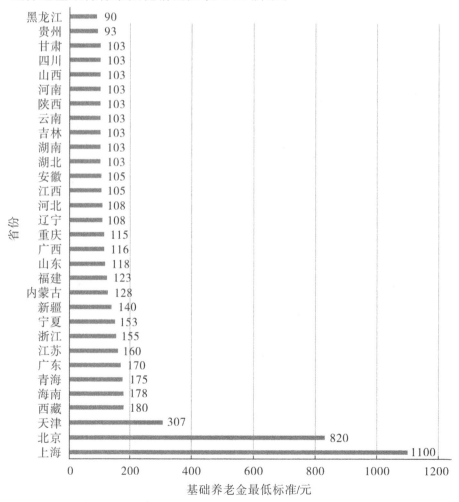

图 4-5 2020 年我国 31 个省份城乡居民基础养老金最低标准

表 4-13　2013—2020 年六个代表省份城乡居民基础养老金最低标准变化情况

单位:元

省份	2013 年	2014 年	2015 年	2016 年	2017 年	2018 年	2019 年	2020 年
上海	—	540	645	750	850	930	1010	1100
北京	390	430	470	510	610	710	800	830
西藏	—	120	140	140	140	170	180	180
广东	65	95	100	110	120	148	170	170
河南	68	73	76	78	80	98	103	103
贵州	—	55	70	70	70	93	93	93

第三,参保人数稳步提升。如图 4-6 所示,2012 年我国农村养老保险的参保人数为 48369.5 万人,2014 年我国农村养老保险的参保人数为 50107.5 万人,2018 年我国农村养老保险的参保人数为 52391.7 万人,2020 年我国农村养老保险的参保人数为 54253.8 万人。

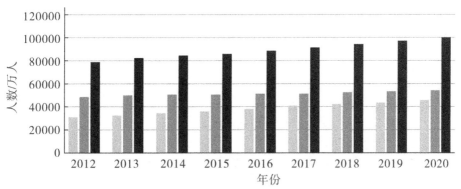

图 4-6　2012—2020 年社会养老保险参保人数

第四,由表 4-14 可知,从 2012 年到 2018 年,农村养老服务机构数量呈下降趋势。2009—2012 年,农村养老服务机构从 2009 年的 31286 个增加到 2012 年的 32787 个,随后农村养老服务机构数量开始大幅减少,其中 2014 年和 2015 年的下降幅度最大,分别减少了 9986 个、4674 个,比上年分别下降了 33% 和 23%。养老机构大幅减少的原因可能是农村地区老年人口收入较低,养老金也较低,无法支付高额的入院费,进而农村地区养老机构数量日趋减少。该下降趋势一直保持到 2017 年,农村养老服务机构自 2017 年起呈现缓慢增长的态势,2019 年机构数量达到 15356 个,仍远小于 2012 年的机构数量。

表 4-14 2009—2019 年农村养老服务机构情况

年份	农村养老服务机构数/个	农村养老服务机构年末在院人数/人	农村养老服务机构康复和医疗门诊人次数/人次
2009	31286	1456894	1824546
2010	31472	1824854	1942319
2011	32140	1924820	2397548
2012	32787	1999980	2432284
2013	30247	2012116	2480670
2014	20261	1556517	2100503
2015	15587	1151825	1810007
2016	15398	1132253	1918357
2017	15006	1013356	1880491
2018	15107	1124863	1854632
2019	15356	1198258	1835275

三、农村医疗服务的供给现状分析

卫生事关人类福祉。卫生健康是生产力增长的先决条件之一,成功的公民教育也包含对健康体魄的要求。除了会对一国的健康水平起直接的、积极的作用外,基本医疗也是一种减少贫困的有效手段。健康的体魄意味着更有利于自身发展,从而更有利于乡村振兴战略的实施,因此农村医疗服务的供给对于乡村振兴战略而言至关重要。

(一)农村医疗服务供给制度逐步优化

由表 4-15 可知,从 20 世纪 90 年代末至今,农村医疗服务的供给制度大体经历了三个阶段的变化:第一个阶段是从农村合作医疗制度向新型农村合作医疗制度转变;第二个阶段是从新农合制度向城乡居民基本医疗保险制度转变;第三个阶段则是城乡医疗保险服务的全面融合。目前处于第三个阶段,虽然 2019 年国家将新农合与城镇居民医疗保险整合为城乡居民基本医疗保险,并在全国所有省份完成了制度上的整合,但城乡、地区之间在投保水平上还是存在很大差距的。

表 4-15　我国农村医疗保险制度

时期	阶段	主要内容
20 世纪 90 年代末至 21 世纪初	农村合作医疗制度瓦解	建立在人民公社体制下,保障程度低,农民自费看病,看病难、看病贵
2002 年 10 月	提出新型农村合作医疗制度	发布《中共中央 国务院关于进一步加强农村卫生工作的决定》,提出以大病统筹为主,重点解决农民因病返贫问题
2003 年 1 月	明确新农合的基本制度	国务院转发卫生部(2018 年改为国家卫生健康委员会)等部门《关于建立新型农村合作医疗制度的意见》,规定基本制度为实行个人缴费、集体扶持和政府资助相结合的筹资机制,农民个人每年的缴费标准不应低于 10 元,地方财政每年对参加新型农村合作医疗农民的资助不低于人均 10 元
2006 年 1 月	明确新农合全覆盖时间表	卫生部等发布《关于加快推进新型农村合作医疗试点工作的通知》,要求扩大新型农村合作医疗试点,2007 扩大到 60% 左右,2008 年在全国基本推行,2010 年实现基本覆盖农村居民的目标。此后,各级财政补助和农民个人缴费的额度不断增加
2016 年 1 月	提出整合城乡居民基本医疗保险制度	国务院印发《关于整合城乡居民基本医疗保险制度的意见》,提出"六统一"的要求,即统一覆盖范围、统一筹资政策、统一保障待遇、统一医保目录、统一定点管理、统一基金管理

续表

时期	阶段	主要内容
2017 年 4 月	统一城乡居民缴费标准	发布《关于做好 2017 年新型农村合作医疗工作的通知》，要求农村居民的财政补助标准和个人缴费标准与城镇居民达到一致，同时要求各地完成城乡居民基本医疗保险制度整合，在制度整合过程中实行分档筹资、参保人自愿选择缴费档次办法的统筹地区，个人缴费最低档不得低于国家规定标准
2018 年	开始统计城乡居民基本医疗保险数据	发布《关于做好 2018 年城乡居民基本医疗保险工作的通知》，不再区分城镇居民、农村居民，要求各级财政人均补助标准在 2017 年的基础上新增 40 元，达到每人每年不低于 490 元；城乡居民医保人均个人缴费标准同步新增 40 元，达到每人每年 220 元。这就在制度和资金额度（个人缴费、财政补助）上实现了城乡并轨。国家医疗保障局开始统计城乡居民基本医疗保险数据，并且不再单独统计新农合数据
2019 年	所有省份实现了城乡居民医疗保险的整合	2019 年所有省份全部实现了整合

随着我国经济实力的不断增强，政府财政资金在保持增长的同时，对医疗卫生领域的财政投入水平也在提高。从表 4-16 可知，2010—2020 年我国财政医疗卫生支出保持明显的增长趋势，从 2010 年的 4804.18 亿元到 2020 年的 19216.19 亿元，实现了近 3 倍的增长。另外，从医疗卫生支出占国家财政总支出的比例来看，该比重在 2010—2020 年总体呈现增长趋势，2016 年医疗卫生支出占国家财政总支出的比例首次超过 7%，虽然在 2018 年和 2019 年有所下降，但是在 2020 年该比例再次回归之前的增长趋势，达到 7.82%。可见，我国对医疗卫生领域的重视程度在不断提高，但相比财政在社会保障领域的投入，还是稍逊一筹（见表 4-17）。而且相比其他国家，我国财政在医疗卫生方面的投入占国家财政总支出的比例仍较低，还需要持续加大对医疗卫生支出的财政支持，为其发展提供良好的保障。

表 4-16　2010—2020 年全国医疗卫生的财政支出情况

年份	国家财政医疗卫生支出/亿元	中央财政医疗卫生支出/亿元	地方财政医疗卫生支出/亿元	国家财政总支出/亿元	医疗卫生支出占国家财政总支出的比例/%
2010	4804.18	73.56	4730.62	89874.16	5.35
2011	6429.51	71.32	6358.19	109247.79	5.89
2012	7245.11	74.29	7170.82	125952.97	5.75
2013	8279.90	76.70	8203.20	140212.10	5.91
2014	10176.80	90.25	10086.56	151785.56	6.70
2015	11953.18	84.51	11868.67	175877.77	6.80
2016	13158.80	91.16	13067.61	187755.21	7.01
2017	14450.63	107.60	14343.03	203085.49	7.12
2018	15623.55	210.65	15412.90	220904.13	7.07
2019	16665.34	247.72	16417.62	238858.37	6.98
2020	19216.19	342.78	18873.41	245679.03	7.82

表 4-17　2010—2020 年全国社会保障和就业的财政投入情况

年份	国家财政社会保障和就业支出/亿元	中央财政社会保障和就业支出/亿元	地方财政社会保障和就业支出/亿元	国家财政总支出/亿元	社会保障和就业支出占国家财政总支出的比例/%
2010	9130.62	450.30	8680.32	89874.16	10.16
2011	11109.40	502.48	10606.92	109247.79	10.17
2012	12585.52	585.67	11999.85	125952.97	9.99
2013	14490.54	640.82	13849.72	140212.10	10.33
2014	15968.90	699.91	15268.94	151785.56	10.52
2015	19018.69	723.07	18295.62	175877.77	10.81
2016	21591.50	890.58	20700.87	187755.21	11.50
2017	24611.68	1001.11	23610.57	203085.49	12.12
2018	27012.09	1184.55	25827.54	220904.13	12.23
2019	29379.08	1231.53	28147.55	238858.37	12.30
2020	32568.51	1119.98	31448.53	245679.03	13.26

（二）基本医疗保障覆盖面加大

由表 4-18 可知,从基本医疗保险覆盖人数来看,居民医保和新农合的此长彼消与农村医疗保障制度的改革阶段是完全吻合的。在 2009—2019 年,职工医保参加人数从 2.194 亿人增长到 3.293 亿人,职工医保参保人数新增 1.099 亿人,增长幅度达到 50%;而城乡居民医保的参保人数从 10.152 亿人增长到 10.251 亿人,仅增加了 0.099 亿人。2016 年提出整合城乡居民基本医疗保险制度的目标后,新农合覆盖人数大量转向居民医保,2016 年的居民医保覆盖人数从 2015 年的 3.769 亿人增加到 7.908 亿人,直到 2019 年完成整合,城乡居民医保覆盖人数达到 10.251 亿人,加上职工医保覆盖人数的 3.293 亿人,参保人数合计达到 13.544 亿人,基本上实现了基本医疗保障全面覆盖的发展目标。

表 4-18　我国城乡居民基本医疗保障覆盖人数

单位:亿人

年份	合计	职工医保	城乡居民医保		
			小计	居民医保	新农合
2009	12.346	2.194	10.152	1.821	8.331
2010	12.682	2.374	10.309	1.953	8.356
2011	13.054	2.523	10.532	2.212	8.320
2012	13.414	2.649	10.766	2.716	8.050
2013	13.727	2.744	10.983	2.963	8.020
2014	13.335	2.830	10.505	3.145	7.360
2015	13.358	2.889	10.469	3.769	6.700
2016	13.613	2.953	10.660	7.908	2.752
2017	13.570	3.032	10.538	8.907	1.631
2018	13.446	3.168	10.278	8.974	1.304
2019	13.544	3.293	10.251	—	—

资料来源:2009—2013 年的数据来自《中国保险年鉴》,2014—2016 年的数据来自《中国社会保险发展年度报告》,2017 年的数据来自《2017 年度人力资源和社会保障事业发展统计公报》,2018 年的数据来自《2018 中国卫生健康统计提要》。其中,2016 年和 2017 年

居民医保数据包括城镇居民医保和城乡居民医保数据,2018 年的该项数据来自《2018 年全国基本医疗保障事业发展统计公报》。2019 年的数据来自《2019 年全国医疗保障事业发展统计公报》。

典型的农村医疗保险服务目前主要采取农村居民参加城乡居民基本医疗保险的形式,由个人每年在缴费期内缴费一次,可在不同层级的政府公共服务部门办理,也可使用微信小程序等进行线上缴纳,国家财政给予一定的补贴,在农村三级医疗服务系统下,为农村居民提供医疗服务。

由表 4-19 可知,在 2016 年以前,农村执行新农合标准,保费(相对于城市居民医疗保险保费来说)较低;从 2016 年到 2020 年,在城乡居民基本医疗保险中,无论是个人缴费部分,还是财政补贴部分,其标准都在连年提高。值得注意的是,财政补贴部分从 2016 年的 420 元上升到 2020 年的 550 元,提高了约 31%,并且个人缴费部分的占比也随之增加,从 2016 年支付缴费总额的 26.3% 上升到 2020 年的 33.7%。从逐年提高的最低缴费标准来看,虽然财政补贴在增长,但是个人缴费比重加大在一定程度上增加了城乡居民的保费负担,特别是对于农村居民来说。

表 4-19 城乡居民基本医疗保险最低缴费标准

单位:元

年份	总计	个人缴费标准	财政补贴标准
2016	570	150	420
2017	630	180	450
2018	710	220	490
2019	770	250	520
2020	830	280	550

如表 4-20 所示,整体上来看农村和城市的医疗保健支出在绝对数量上相差较大,从 2008 年的相差 230.5 元到 2019 年的相差 862.0 元,但是从相对数量上来看,农村居民的医疗保健支出的增长速度比

城市居民更快,两者的相对差距在缩小。这在一定程度上反映了农村医疗服务供给质量的提升,这对于提升农村居民生活质量和水平,进而推动农村发展具有重要意义。

表 4-20　我国城乡居民医疗保健支出与消费支出

年份	人均医疗保健支出			人均年消费支出	医疗保健支出占消费支出的比重/%	
	城镇居民/元	农村居民/元	城镇居民/农村居民	城镇居民/农村居民	城镇居民	农村居民
2008	318.1	87.6	3.6	3.0	6.4	5.2
2009	600.9	168.1	3.6	3.1	7.6	6.6
2010	871.8	326.0	2.7	3.1	6.5	7.4
2011	969.0	436.8	2.2	2.9	6.4	8.4
2012	1063.7	513.8	2.1	2.8	6.4	8.7
2013	1136.1	668.2	1.7	2.5	6.1	8.9
2014	1305.6	753.9	1.7	2.4	6.5	9.0
2015	1443.4	846.0	1.7	2.3	6.7	9.2
2016	1630.8	929.2	1.8	2.3	7.1	9.2
2017	1777.4	1058.7	1.7	2.2	7.3	9.7
2018	2045.7	1240.1	1.7	2.2	7.8	10.2
2019	2283.0	1421.0	1.6	2.1	8.1	10.7

(三)农村卫生医疗资源供给水平稳步提高

表 4-21 显示了农村卫生医疗资源的统计信息,包含村卫生室、卫生人员数和床位数等。虽然随着城镇化进程的不断推进,行政村数量下降,村庄数量减少,村卫生室、乡村医生和卫生人员的数量下降,乡镇卫生院的数量也在下降,但是乡镇卫生院的床位数和卫生人员数都在稳步增长。具体来看,村卫生室数从 1990 年的 803956 个减少到 2019 年的 616094 个;乡镇卫生院数量在 2014—2019 年逐年下降,从 36902 个下降到 36112 个,累计减少了 790 个。与此同时,乡村医生和卫生人员数虽然偶有增加,但是总体呈波动下降趋势,从 2014 年的

105.82 万人下降至 2019 年的 84.23 万人,累计下降 21.59 万人,下降幅度达 20.4%。此外,2019 年乡镇卫生院的床位数达到 169.99 万张,其卫生人员数达到 144.50 万人,从整体数据来看,都呈现出稳步上升的趋势,乡镇卫生院的床位数从 1990 年的 72.29 万张增加至 2019 年的 169.99 万张,增长超 135%;虽然其卫生人员数的增长幅度不及床位数,但是在 2014—2019 年也实现了将近 16% 的增长。农村卫生资源集中程度提升,资源供给水平稳步提高。

表 4-21　我国农村卫生医疗资源

年份	村卫生室/个	行政村数/个	乡镇卫生院/个	乡镇卫生院卫生人员数/万人	乡镇卫生院床位数/万张	乡村医生和卫生人员数/万人
1990	803956	743278	47749	—	72.29	123.15
1995	804352	740150	51797	105.18	73.31	133.10
2000	709458	734715	49229	116.98	73.48	131.94
2005	583209	629079	40907	—	67.82	91.65
2010	648424	594658	37836	—	99.43	109.19
2014	645470	585451	36902	124.73	116.72	105.82
2015	640536	580575	36817	127.77	119.61	103.15
2016	638763	559166	36795	132.08	122.39	100.03
2017	632057	554202	36551	136.03	129.21	96.86
2018	622001	542238	36461	139.13	133.39	90.71
2019	616094	—	36112	144.50	169.99	84.23

资料来源:《中国卫生健康统计年鉴》。

表 4-22 汇总了 2009—2019 年农村和城市每万人拥有的卫生资源情况。在每万人拥有的卫生资源中,农村居民每万人所拥有的卫生技术人员数、执业(助理)医师数、注册护士数以及医疗机构床位数等指标均低于城市居民每万人所拥有的。总体而言,城乡卫生资源差距呈逐渐缩小趋势。

表 4-22　2009—2019 年农村和城市每万人拥有的卫生资源情况

年份	卫生技术人员数/人		执业(助理)医师数/人		注册护士数/人		医疗机构床位数/个	
	农村	城市	农村	城市	农村	城市	农村	城市
2009	29	72	13	28	8	28	24.10	55.40
2010	30	76	13	30	9	31	26.00	59.40
2011	32	79	13	30	10	33	28.00	62.40
2012	34	85	14	32	11	36	31.10	68.80
2013	36	92	15	34	12	40	33.50	73.60
2014	38	97	15	35	13	43	35.40	78.37
2015	39	102	16	37	14	46	37.10	82.70
2016	41	104	16	38	15	48	39.09	84.13
2017	43	109	17	40	16	50	41.87	87.54
2018	46	109	18	40	18	51	45.60	87.00
2019	50	111	20	41	20	52	48.09	87.81

资料来源:国家统计局公布的数据。

四、农村基础设施供给的现状分析

(一)国家财政的农村专项资金增长迅猛

表 4-23 汇总了 2008—2019 年国家财政用于农林水事务各项支出的详细情况,国家财政用于农业、林业、水利和农村综合改革的支出在 2008—2019 年呈上升趋势,虽然用于农业的支出在 2017 年和 2018 年没能顺应之前的上升趋势出现了下降,但 2019 年国家财政用于农业的支出维持了之前上涨的趋势,达 6554.7 亿元。关于国家财政用于农业综合开发的支出,虽然在 2008—2016 年逐年增长,但是在 2019 年用于农业综合开发的支出仅为 288.8 亿元,相比 2016 年减少了 327.8 亿元,减少幅度约为 53%。

表 4-23 国家财政用于农林水事务的各项支出

单位:亿元

年份	农业	林业	水利	南水北调	扶贫	农业综合开发	农村综合改革
2008	2278.9	424.0	1122.7	—	320.4	251.6	—
2009	3826.9	532.1	1519.6	—	374.8	286.8	—
2010	3949.4	667.3	1856.5	78.4	423.5	337.8	607.9
2011	4291.2	876.5	2602.8	68.9	545.3	386.5	887.6
2012	5077.4	1019.2	3271.2	45.9	690.8	462.5	987.3
2013	5561.6	1204.3	3338.9	95.6	841.0	521.1	1148.0
2014	5816.6	1348.8	3478.7	69.6	949.0	560.7	1265.7
2015	6436.2	1613.4	4807.9	81.8	1227.2	600.1	1418.8
2016	6458.6	1696.6	4433.7	65.7	2285.9	616.6	1508.8
2017	6194.6	1724.9	4424.8	116.2	3249.6	571.2	1486.9
2018	6156.1	1931.3	4523.0	130.5	4863.8	575.3	1530.3
2019	6554.7	2007.7	4584.4	88.6	5561.5	288.8	1644.3

资料来源:2008—2019 年《中国农村统计年鉴》。

(二)农村基础设施条件不断改善

随着乡村振兴战略的实施,财政资金对农业的支持力度加大,我国农村基础设施条件也有了较大的改善。表 4-24 汇总了全国农村 2009—2019 年农业及农业基础设施的部分数据,2009—2019 年的农业有效灌溉面积逐年递增,2019 年的有效灌溉面积为 68678.61 千公顷,比 2009 年增长了约 15.9%;从人均结果来看,2019 年的人均有效灌溉面积为 0.131 公顷,比 2009 年增长了约 52.3%。我国农业机械总动力在 2015 年达到最高值,为 111728.07 万千瓦,2016 年突然降低至 97245.59 万千瓦,下降幅度达 13.0%,虽然之后开始回升,但增速缓慢,到 2019 年回升至 102758.26 万千瓦,仍然低于 2015 年。2019 年全国农用大中型拖拉机数量为 4438619 台,较 2009 年增长了 26.2%。2019 年农用小型拖拉机数量为 17804249 台,与 2009 年相比,增幅仅为 1.7%,波动较不明显。

表 4-24　2009—2019 年全国农村农业及农业基础设施情况

年份	有效灌溉面积/千公顷	农业机械总动力/万千瓦	人均有效灌溉面积/公顷	人均农业机械总动力/千瓦	农用大中型拖拉机数量/台	农用小型拖拉机数量/台
2009	59261.45	87496.10	0.086	1.269	3515757	17509031
2010	60347.70	92780.48	0.090	1.383	3921723	17857921
2011	61681.56	97734.66	0.095	1.504	4406471	18112663
2012	62490.52	102558.96	0.098	1.609	4852400	17972300
2013	63473.30	103906.75	0.102	1.670	5270200	17522800
2014	64539.53	108056.58	0.106	1.774	5679500	17297700
2015	65872.64	111728.07	0.112	1.893	6072900	17030400
2016	67140.62	97245.59	0.117	1.697	6453546	16716149
2017	67815.57	98783.35	0.122	1.775	6700800	16342400
2018	68271.64	100371.74	0.126	1.855	4219893	18182601
2019	68678.61	102758.26	0.131	1.954	4438619	17804249

资料来源：国家统计局公布的数据。

注：人均有效灌溉面积＝有效灌溉面积/农村人口，单位为公顷；人均农业机械总动力＝农业机械总动力/农村人口，单位为千瓦。

全国历年村庄市政公用设施投入基本情况如表 4-25 所示。从表中可以看出，我国村庄市政公用设施投入基本上是在逐年增长的。

表 4-25　全国历年村庄市政公用设施投入基本情况

年份	村庄个数/万个	村庄户籍人口/亿人	村庄市政公用设施投入/亿元	道路长度/万公里	桥梁数/万座
1990	377.3	7.92	33	262.1	—
1991	376.2	8.00	26	240.0	37.7
1992	375.5	8.06	32	262.9	40.2
1993	372.1	8.13	57	268.7	43.0
1994	371.3	8.15	65	263.2	43.0
1995	369.5	8.29	104	275.0	44.7
1996	367.6	8.18	106	279.3	44.1
1997	365.9	8.18	136	283.2	44.7

年份	村庄个数/万个	村庄户籍人口/亿人	村庄市政公用设施投入/亿元	道路长度/万公里	桥梁数/万座
1998	355.8	8.15	139	290.3	43.4
1999	359.0	8.13	152	287.3	45.7
2000	353.7	8.12	139	287.0	46.3
2001	345.9	8.06	160	283.6	46.7
2002	339.6	8.08	368	287.3	47.1
2003	—	—	—	—	—
2004	320.7	7.95	342	285.1	57.8
2005	313.7	7.87	380	304.0	58.0
2006	270.9	7.14	501	221.9	50.7
2007	264.7	7.63	616	—	—
2008	266.6	7.72	793	—	—
2009	271.4	7.70	863	—	—
2010	273.0	7.69	1105	—	—
2011	266.9	7.64	1216	—	—
2012	267.0	7.63	1660	—	—
2013	265.0	7.62	1850	228.0	—
2014	270.2	7.63	1707	234.1	—
2015	264.5	7.65	1919	239.3	—
2016	261.7	7.63	2120	246.3	—
2017	244.9	7.56	2529	285.3	—
2018	245.2	7.71	3053	304.8	—
2019	251.3	7.76	3100	320.6	—

资料来源:1990—2019 年《中国城乡建设统计年鉴》。

五、农业技术推广供给现状分析

2012 年 12 月,我国颁布了《中央财政农业技术推广与服务补助资金管理办法》。自此之后,我国农业技术推广财政投入总额逐年增加,财政投资力度也不断提高,财政支农支出所占比重逐渐提高,这反映出国家财政对农业技术推广的重视程度不断提高。我国为了鼓励高校毕业生参与农业技术推广,实施公费农科生定向培养计划,对参与者实行特岗培训,逐步提高农业技术推广相关人员队伍的技能和素质。对于已经在岗的人员实行在岗培训,提升专业人员的能力,并对业余人员进行技能培训,吸引更多人员参与农业技术推广。政府对农业技术推广相关人员的培训方式多种多样,包括脱产学习、工厂实习、线上教学等,满足了不同人群的岗位需求,极大地提高了相关人员的能力。2001—2018 年我国农业、林业、渔业技术推广人员数量如表4-26所示。

表 4-26 我国农业、林业、渔业技术推广人员数量

单位:人

年份	农业技术推广人员	林业技术推广人员	渔业技术推广人员
2001	—	7706	29344
2002	—	7359	27177
2003	—	8888	26122
2004	—	9946	26153
2005	—	10392	24801
2006	—	10747	28548
2007	—	11630	25951
2008	146450	12873	26542
2009	149588	12541	26435
2010	159861	13835	26572
2011	—	14893	26751
2012	—	14828	30851
2013	—	16485	30878
2014	—	16767	30748
2015	—	17514	29589
2016	—	17147	—

年份	农业技术推广人员	林业技术推广人员	渔业技术推广人员
2017	—	16310	—
2018	—	14620	—

注：农业技术推广人员相关数据存在较为严重的缺失，渔业技术推广人员相关数据仅公布至 2015 年。

六、农村职业技能培训供给现状分析

随着国家对农村劳动力的重视程度不断加深，已有大量的农村劳动力接受了职业技能培训，提高了自身的职业技能。根据《2020 年度人力资源和社会保障事业发展统计公报》，2020 年，全国共有技工院校 2423 所，较上年增加 31 所，同比增长 1.3％。根据《2021 年度人力资源和社会保障事业发展统计公报》，2021 年，全国共有技工院校 2492 所，较上年增加 69 所，同比增长 2.8％。

七、农村村庄规划及村民建筑供给现状分析

地方政府在进行村庄规划和建筑规划时，往往会将村庄设计成集中化的格局，但是大多数村庄都是零散的，尤其是在高原或者丘陵地区的村庄，地广人稀，不利于村委会管理，但是大多数村民都习惯了这种村庄格局，于是对政府提出的集约化村庄规划和建筑规划格局产生抵抗情绪，这给村庄规划和建筑规划工作造成了较大的困扰。为了改善村庄规划和建筑规划混乱的现象，政府投入了大量的物力和人力，不但加大了对村庄规划和建筑规划的资金投入，还成立了专业的规划队伍，加强对规划人员的培训，提高规划人员的职业素养，使之能够根据村庄的现实情况，因地制宜地制定村庄规划和建筑规划。

村庄是农村居民生活和生产的聚居点。根据《中华人民共和国城乡规划法》，村庄规划应当从农村实际出发，尊重村民意愿，体现地方和农村特色。村庄规划的内容应当包括：规划区范围，住宅、道路、供水、排水、供电、垃圾收集、畜禽养殖场所等农村生产、生活服务设施、

公益事业等各项建设的用地布局、建设要求,以及对耕地等自然资源和历史文化遗产保护、防灾减灾等的具体安排。

八、农村生态环境保护供给现状分析

(一)财政环保支出稳步增长

为了加强环境保护,我国每年都从政府财政支出中划拨一部分资金专门用于环境保护,国家对环境保护的财力支持逐年增加,无论是中央政府还是地方政府,均不断增加环保支出。由于环境治理的属地性较强,我国将该项支出责任划归为地方政府承担。

2011年至2014年间我国污染治理总额不断增加,工业污染治理项目投资额和"三同时"制度下的环保投资额也均处于增长状态,2015年各项投资额相对有所减少。污水处理费每年都有着较为明显的增长。除了废水,我国还在废气处理上加大了力度,废气处理力度逐年增加,环境质量正逐渐提高。

(二)政府不断为农村提供优质的环保公共产品

为了提高农村与城市的生态环境质量,我国出台了一系列相关法律,包括《中华人民共和国环境保护法》《中华人民共和国环境影响评价法》等,针对农村生态环境治理中的土壤污染、生活垃圾、生产污染、水污染等方面进行了规定。近年来,我国不断提高环境治理能力,畅通农民参与机制,提高全民环保的覆盖率,有的村委会在当地政府的带领下,开展美化环境的文化活动、农业科技入乡活动,并通过社区和学校对农村居民进行环保宣传与普法教育,采取以案说法及发放手册等方式提高农村居民对《中华人民共和国农业法》和《中华人民共和国环境保护法》的认知程度。随着农村生活的迅速变化,对环保公共产品的需求也越来越多,生态环境良好成为农村居民更好地生活和生产的前提条件。政府除了对农民进行普法宣传,还扩大了环保公共产品的供给规模,加强对环保公共产品的审计,注重专业人才队伍的培养,提高环境治理的专业水平,带领农村居民参与环保事业,形成良性互

动的环境治理体系。表 4-27 为我国 2001 年至 2020 年农村自然环境保护情况。

表 4-27　我国农村自然环境保护情况

单位：千公顷

年份	林业重点工程完成的造林面积	天然林保护工程	退耕还林工程	京津风沙源治理工程	速生丰产用材林基地工程	三北及长江流域等防护林工程
2001	3160.18	948.08	870.99	217.32	88.87	1034.92
2002	6777.38	856.08	4423.61	676.38	45.68	775.63
2003	8262.78	688.26	6196.13	824.43	20.43	533.54
2004	4802.85	641.45	3217.54	473.27	22.27	448.32
2005	3109.10	424.81	1898.36	408.25	9.49	368.20
2006	2810.80	774.82	1050.53	409.54	9.10	566.82
2007	2681.65	732.88	1056.02	315.13	3.39	574.22
2008	3437.50	1009.02	1189.70	469.04	3.98	765.77
2009	4596.24	1360.91	886.67	434.82	20.77	1893.08
2010	3669.65	885.48	982.62	439.13	1.78	1360.65
2011	3093.87	553.56	730.18	545.19	0.91	1264.03
2012	2753.93	485.20	655.27	541.69	—	1071.77
2013	2568.95	460.30	628.93	626.08	—	853.64
2014	1927.88	410.51	379.59	239.11	—	898.68
2015	2840.40	644.80	636.00	223.30	—	1336.30
2016	2505.50	487.30	683.30	230.00	—	1105.00
2017	2991.20	390.30	1213.30	207.20	—	947.90
2018	2443.10	400.60	723.50	177.80	—	893.90
2019	2307.30	503.70	478.00	230.80	—	868.20
2020	2418.60	477.70	668.90	204.60	—	—

注：速生丰产用材林基地工程相关数据仅公布到 2011 年。

九、农村基础电信服务供给现状分析

1994 年,中国正式接入国际互联网,开启中国互联网元年。2000 年,我国颁布了《中华人民共和国电信条例》。2013 年,国务院发布了《"宽带中国"战略及实施方案》,提出将宽带纳入电信普遍服务范围,重点解决宽带村村通问题。为了推动"宽带中国"战略顺利实施,让农民也能享受到互联网带来的便利,2015 年 5 月,国务院办公厅发布了《国务院办公厅关于加快高速宽带网络建设推进网络提速降费的指导意见》,提出了加快高速宽带网络建设推进网络提速降费的目标和举措,该意见的出台对于加快基础设施建设、大幅提高网络速率、有效降低网络资费、持续提升服务水平具有重大意义。2016 年,《中华人民共和国网络安全法》的颁布为居民安全使用互联网保驾护航。表 4-28 为我国农村投递路线建设情况,从表中可以看出,2012 年至 2021 年间我国农村投递路线长度整体上在不断增长。

表 4-28　我国农村投递路线建设情况

单位:千米

年份	农村投递路线长度
2012	3731657
2013	3744733
2014	3775875
2015	3756043
2016	3767660
2017	3805332
2018	4030582
2019	4198813
2020	4104128
2021	4155500

资料来源:2012—2021 年《中国统计年鉴》。

十、农村普惠金融服务供给现状分析

(一)农村普惠金融供给体系逐渐完善

研究表明,大部分村民都从非正规金融机构进行贷款,从贷款笔数上进行划分,可以发现大多数贷款来自非正规金融机构。农户之所以不愿从正规渠道进行金融贷款,原因很可能是对正规金融贷款不了解,或者贷款门槛太高。

国家在林业重点工程、退耕还林工程、三北及长江流域等重点防护林体系建设工程以及速生丰产用材林基地建设工程上都提供了贷款。从总体贷款额来看,每年的贷款额度存在不确定性。

我国当前的农村普惠金融供给体系主要分为正规与非正规两个部分,两者相互竞争、相互制衡、共同发展,我国农村曾经主要依赖于非正规金融业务,可以说非正规金融填补了正规金融覆盖不到、完成不了的空白,使得农村普惠金融更加完整。相对而言,正规金融机构覆盖面较广,业务类型也比较丰富,非正规金融机构主要是针对农村发展提供必要的资金支持。

随着乡村振兴战略的实施,农村普惠金融也在加速发展。2018年,各个金融机构均在积极响应扶贫工作,加大扶贫小额信贷的供给规模,提高对"三农"问题的扶持力度,增加农村地区运营机构,提高农村地区普惠金融的覆盖率。非正规金融机构主要以民间借贷的方式开展业务,基于借贷双方的具体需求完成借贷交易,填补了农村金融市场的空白,能在一定程度上替代正规金融机构的业务。

(二)农村普惠金融基础设施建设逐渐完善

支付结算是全国金融机构的基础业务,也是农村地区金融机构的主要业务。相对于城市而言,农村的普惠金融基础设施建设和支付结算体系还不够健全,农村金融机构甚至在某些年份出现了缩减。因此,中国人民银行和国家金融监督管理总局相继推出了多项指导意见,旨在推动农村支付结算体系的构建。

　　农村金融机构的征信体系建设是短板之一,由于征信体系的构建较为复杂,再加上农村居民的征信意识不够强,并且很难保证相关的信息公开透明,这就给农村征信体系的构建增加了难度,不利于资金的合理配置。为了改善征信体系建设问题,中国人民银行颁布政策文件,旨在加强农村信用体系建设,推动提升农村金融普惠性,如今,农村征信体系的构建已经取得了阶段性胜利。

　　表 4-29 展示了 2008 年至 2019 年间的农村银行业从业人员数量,从表中可以看出,前期农村银行业的从业人员主要就职于农村信用社,而后期随着农村商业银行的不断增加,其就职人数也反超了信用社就职人数,新型农村金融机构和邮政储蓄银行的就职人数也在不断增加,2012 年与农村商业银行的就职人数几乎持平。

表 4-29　农村银行业从业人数

单位:人

年份	农村信用社	农村商业银行	农村合作银行	新型农村金融机构 和邮政储蓄银行
2008	583767	38526	63370	—
2009	570366	66317	74776	—
2010	550859	96721	81076	152820
2011	533999	155476	70115	177856
2012	502829	220042	55822	200769
2013	473874	284294	48578	—
2014	423992	373635	32614	—
2015	369369	464055	25824	—
2016	297083	558172	13561	—
2017	254973	602849	11580	—
2018	210383	645492	9369	—
2019	180415	671828	8198	—

　　注:新型农村金融机构和邮政储蓄银行的相关数据缺失较多,表格中的横线表示此项无数据。

十一、农村信息推广供给现状分析

表 4-30 为我国农业信息化相关政策。目前,随着我国政府大力推动农村农业信息化建设,手机、电脑、宽带在农村全面普及,广大农民群众通过手机、电脑和广播等媒介掌握新的农业技术、获取农业信息。在农业生产过程中,利用信息化技术可以规避很多市场风险和自然风险,加快各类农产品的流通速度,减少农业资源损失。随着信息技术的不断发展,无线电、计算机和互联网等逐渐被应用于农业领域,大大缩短了农产品的流通时间,提高了生产效率,降低了农业生产成本,从而给广大农民群众带来了更高的收益。农业信息化使行业内的信息交流更加顺畅,有利于农业资源的合理配置。如图 4-7 所示,2016 年我国农业信息化投资规模约为 548.24 亿元,2022 年我国农业信息化投资规模约为 1141.95 亿元,五年时间内增加了一倍以上,说明农业信息化建设发展迅猛。

表 4-30 我国农业信息化相关政策

发布时间	发布单位	政策名称	主要内容
2022 年 8 月	农业农村部办公厅	《农业现代化示范区数字化建设指南》	力争用三到五年,示范区数字化发展取得显著成效,大数据应用场景丰富拓展,建成一批智慧农业先行样板。农业生产智能化水平明显提高,示范区农牧渔、种养加各行业与数字技术加快融合,农业生产信息化率普遍高于全国平均水平
2022 年 2 月	农业农村部	《"十四五"全国农业农村信息化发展规划》	到 2025 年,农业农村信息化发展水平明显提升,现代信息技术与农业农村各领域各环节深度融合,支撑农业农村现代化的能力显著增强

续表

发布时间	发布单位	政策名称	主要内容
2022 年 1 月	中共中央、国务院	《中共中央 国务院关于做好 2022 年全面推进乡村振兴重点工作的意见》	推进智慧农业发展,促进信息技术与农机农艺融合应用。加强农民数字素养与技能培训。以数字技术赋能乡村公共服务,推动"互联网＋政务服务"向乡村延伸覆盖。着眼解决实际问题,拓展农业农村大数据应用场景。加快推动数字乡村标准化建设,研究制定发展评价指标体系,持续开展数字乡村试点。加强农村信息基础设施建设
2021 年 11 月	国务院	《"十四五"推进农业农村现代化规划》	发展智慧农业。建立和推广应用农业农村大数据体系,推动物联网、大数据、人工智能、区块链等新一代信息技术与农业生产经营深度融合。建设数字田园、数字灌区和智慧农(牧、渔)场
2021 年 1 月	中共中央、国务院	《中共中央 国务院关于全面推进乡村振兴加快农业农村现代化的意见》	发展智慧农业,建立农业农村大数据体系,推动新一代信息技术与农业生产经营深度融合

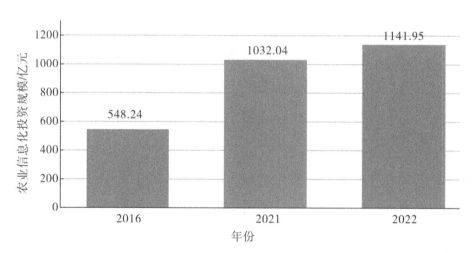

图 4-7　2016—2022 年我国农业信息化投资规模

由于我国地域辽阔,各地区农村发展差异比较大,所以国家首选经济发达地区的农村发展农业信息化,目前存在全国各地农业生产信息化发展不均衡的现象,尤其是江苏、浙江等东部经济发达省份的农业信息化水平远高于西部地区。2020 年,东部、中部、西部地区农业生产信息化水平分别为 25.7％、30.8％、19.6％。其中,江苏省的农业生产信息化水平最高,达 42.6％;浙江省、安徽省紧随其后,均为41.6％。2022 年,我国农业生产信息化率为 27.6％。

十二、农村公共文化供给现状分析

国家一直非常重视农村公共文化建设,但是基层政府财力紧张,对于农村公共文化供给常常力不从心。表 4-31 显示了我国农村文化机构数量,从表中可以看出,文化部门数量逐渐增加,从业人员数量也不断增加,同时县市级文化馆的数量在缓慢增长。

表 4-31　我国农村文化机构数量

年份	文化部门机构数/个	群众文化服务业机构从业人员数/人	县市级文化馆/个
2001	—	120294	2842
2002	—	119072	2854
2003	—	123458	2846
2004	—	121438	2841
2005	—	122500	2851
2006	—	123465	2819
2007	—	128096	2806
2008	—	131142	2829
2009	—	137484	2862
2010	62909	141002	2890
2011	63739	147732	2906
2012	63999	156228	2919
2013	64686	164355	2930
2014	65562	170299	2928
2015	65712	—	2929
2016	66029	—	2933

续表

年份	文化部门机构数/个	群众文化服务业机构从业人员数/人	县市级文化馆/个
2017	66744	—	2938
2018	66835	—	2936
2019	66776	—	2936
2020	66555	—	2931
2021	710429	—	2926

注:文化部门机构数相关数据自2010年开始公布,群众文化服务业机构从业人员数相关数据仅公布到2014年。

表4-32显示了乡镇文化站的基本情况。乡镇文化站数量先增加后减少,乡镇文化站从业人员数逐年增加,乡镇文化站组织的文艺活动数量显著增加,乡镇文化站的藏书规模不断扩大,说明我国在农村公共文化方面的供给规模不断扩大。

表4-32　我国乡镇文化站基本情况

年份	乡镇文化站数/个	乡镇文化站从业人员数/人	乡镇文化站组织的文艺活动次数/次	乡镇文化站的藏书/万册
2008	33367	—	278753	9007
2009	33378	—	300228	10068
2010	34121	73920	304927	11503
2011	34139	78148	326376	13351
2012	34101	83676	371936	15422
2013	34343	87922	398373	17200
2014	34465	93307	738842	18495
2015	34239	95939	514200	19331
2016	34240	101970	554405	20205
2017	33997	100216	596000	—
2018	33858	104924	653000	—
2019	33530	109630	725000	—

年份	乡镇文化站数/个	乡镇文化站从业人员数/人	乡镇文化站组织的文艺活动次数/次	乡镇文化站的藏书/万册
2020	32825	102963	613019	—
2021	32524	105606	761000	—

注：第一，数据来源于 2008—2021 年《中国统计年鉴》。第二，乡镇文化站藏书相关数据仅公布到 2016 年。

十三、农村公共安全供给现状分析

国家非常重视公共安全，表 4-33 显示了我国公共安全支出情况。从 2007 年至 2020 年，无论是总支出，还是地方政府支出，都有明显增长，其中地方政府承担了主要的支出责任。

表 4-33 我国公共安全支出情况

单位：亿元

年份	国家公共安全支出	中央公共安全支出	地方公共安全支出
2007	3486.16	607.83	2878.33
2008	4059.76	648.63	3411.13
2009	4744.09	845.79	3898.30
2010	5517.70	875.20	4642.50
2011	6304.27	1037.01	5267.26
2012	7111.60	1183.47	5928.13
2013	7786.78	1297.03	6489.75
2014	8357.23	1477.76	6879.47
2015	9379.96	1584.17	7795.79
2016	11031.98	1741.91	9290.07
2017	12461.27	1848.94	10612.33
2018	13781.48	2041.51	11739.97
2019	13901.93	1839.45	12062.48
2020	13862.90	1835.91	12026.99
2021	13781.15	1890.05	11891.10

资料来源：2007—2021 年《中国统计年鉴》。

农村公共安全相对比较薄弱,虽然我国在公共安全上的支出在逐年增加,但是用于农村公共安全的财政资金非常少。由于农村公共安全问题点多面广,而乡镇警力有限,这也导致农村治安问题一直无法得到合理处置。总的来说,政府在农村公共安全方面给予的人力、财力支持都较少,难以应对当前农村复杂多变的环境,因此应该加大财政和人力支持,为农村居民提供充足的公共安全服务。

十四、农村社区管理供给现状分析

我国农村社区出现得比较晚,对农村社区的管理正处于探索阶段。除了 2020 年,城乡社区事务支出一直呈增长趋势,但与科研、基础设施建设等相比,还处于较低水平。

农村社区管理中心主要包括社区服务中心、科教文卫服务站、村民议事会、就业指导处等,但是农村社区服务中心的基础设施建设相对比较薄弱。有研究指出,农村社区管理机构距离较远,给农村居民造成了较大的不便。此外,在当前提供的社区服务中,大多数是一些较为基础的服务,比如水电、教育服务等,对于技术培训等服务提供得较少,难以满足绝大多数农村居民的需求。因此要构建村级组织积极作为、社会多方参与的服务机制。农村社区服务机构数量逐渐增加,覆盖率也逐年提升,2022 年我国农村社区综合服务设施覆盖率达到 80％以上,农村地区村级综合服务保障持续改善,农民生产生活需求得到进一步满足。

总之,改革开放以来我国农村公共服务供给取得了很大发展。从农村基础教育供给来看,农村教育政策在逐步优化,生均教育经费稳步增长,教学班级规模和生师比持续下降,教学质量稳步提升,城乡差距逐步缩小;从农村养老保险服务供给来看,财政投入不断加大,基础养老金标准逐步增长,养老保险参保人数稳步提升,但养老服务机构数量呈下降趋势,并且机构服务水平有待提高;从医疗保险服务供给来看,基本医疗保障的覆盖面不断加大,农村居民医疗保障加强,农村卫生医疗水平稳步提高,城乡医疗水平差距不断缩小;从基础设施供给来看,农村基础设施建设资金和农村专项资金增长迅猛,农村基础设施条件(如道路、桥梁、水利和环卫等)不断改善;从农业技术推广来看,农业技术推广人员的技术还有待提升;从农村职业技能培训来看,培训体系尚需加强,培训资金投入还不足;从村庄规划和村民建筑规划来看,村庄规划和建筑规划的投资额逐年递增,但管理依然不到位;从农村生态环境保护来看,财政环保支出稳步增长,环保公共品在不断增量提质;从基础电信来看,电信基础设施逐步改善,电信财政投入稳步增长;从普惠金融服务来看,普惠金融供给体系逐渐丰富,普惠金融基础设施逐步完善;农村信息推广供给还有待加强;从农村公共文化来看,农村公共文化供给逐步提升,但因文化建设资金投入短缺导致建设缓慢;从公共安全来看,农村社会治安明显好转;从社区管理来看,管理机构和设施在逐步完善,但是管理能力还有待提升;从基层公共服务来看,由于基层政府参与的公共服务类型众多,事务类型多样,基层架构和服务能力还有待提升。随着乡村振兴战略的实施以及数字经济时代的到来,人工智能技术广泛应用,新的农业技术应用、新的农村业态也将产生,农村公共服务的内涵也将得到拓展和丰富。农村公共服务供给将不限于基础设施、社会保障、基础教育、医疗卫生等基础层面,因此需进一步加强农村信息化、职业培训、普惠金融、公共文化、基层管理等工作,从而实现农村产业兴旺、生态宜居、乡风文明、治理有效、生活富裕的乡村振兴目标。

第五章　农村公共服务供给的效率评价

本章将在乡村振兴战略背景下,针对农村公共服务供给的主体与行为逻辑进行详述,重点对乡村振兴战略实施以来农村公共服务的供给效率进行评价。

第一节　农村公共服务供给的利益主体与行为逻辑

公共服务和产品满足均等化的政府行为是其核心(江明融,2006;陈昌盛和蔡跃洲,2007;王方秀,2013)。关于农村公共服务提供主体的讨论,学界已形成一致观点:政府虽不是唯一的供给者,却是最重要的提供主体,政府在提供农村公共服务过程中发挥着主导作用;在政府的主导下,外部市场作为重要的参与者与政府合作,是公共服务的重要实现者;而农村内部的农民群体和社会组织作为自愿性主体发挥补充作用。

一、中央政府及其行为逻辑

中央政府领导全国各级地方政府为人民服务。在社会治理方面,中央政府拥有领导和管理城乡建设的职能,而公共服务的非排他性和非竞争性特点也决定了公共服务存在市场失灵的现象,需要中央政府采用制定相关方针政策、提供财政支持和对地方政府进行监督的方式参与公共服务的供给。

（一）中央文件的政策指导

《国家基本公共服务体系"十二五"规划》于 2012 年 7 月颁布。该规划对基本公共服务有三个强调：一是基本性，公共服务标准要与时俱进；二是公共性，享受公共服务是全体公民的权利，而不是某些人的特权；三是政府性，强调提供公共服务的主体是政府，通过提供合理的公共服务来缓解社会发展中的主要矛盾和潜在问题。

《"十三五"推进基本公共服务均等化规划》于 2017 年 3 月颁布。该规划对公共服务均等化的概念、核心要义和重点任务等进行了阐述，为推进基本公共服务体系建设指明了方向，也为乡村振兴战略的提出奠定了基础。

党的十六届五中全会和党的十九届四中全会均提出要加快推进农村发展，党的十九大提出了乡村振兴战略，2018 年印发的《乡村振兴战略规划（2018—2022 年）》中提出要全面发展农村。从《国家基本公共服务体系"十二五"规划》到《国家基本公共服务标准（2021 年版）》，这些政策文件都明确指出了公共服务努力的方向和各级政府的行为准则。从明确公共服务，到公共服务体系的基本确立，再到公共服务实现均等化，中央政府的政策指导起到了关键作用。

（二）中央政府的财政支持

农村税费改革后，国家财政的转移支付成为公共服务资金非常重要的组成部分。中央政府先是了解农村居民对公共服务的基本需求，以此制订农村社会治理计划，预估用于农村公共服务的财政预算，并合理配置义务教育、农村环境保护等农村公共服务的资金投入比例，再按地方政府的实际需要拨款。这种通过中央政府转移支付和财政支持提供公共服务的方式能够优化财政资金配置，提高农村公共服务供给能力，缩小城乡差距，从而推动乡村振兴。

（三）中央政府的监督

从政策文件中可以看出，中央政府制定的农村公共服务供给方针政策具有前瞻性和长远规划性,目标是做好农村社会治理,完善城乡一体化公共服务机制,实现公共服务均等化。但地方政府的目标可能与中央政府的目标相异,譬如地方政府针对转移支付或者公共服务财政资金有私自挪用的动机,抑或是基于地方需求或为凸显个人政绩,只关注短期经济发展目标而忽视长期公共服务目标等。同时,市场主体也有可能在社会资本配置过程中忽视了公共服务供给的数量和质量,进而陷入过于追逐资本利润的状态。因此,对于公共服务供给主体有可能出现的追逐自身短期目标、忽视公共服务长期目标等行为,中央政府起着重要的监督作用。

二、地方政府及其行为逻辑

(一)公共政策的执行者

地方政府,尤其是基层政府,是国家进行社会治理和公共服务供给的"最后一公里"。前文已经明确指出中央政府是公共服务政策的制定者和领导者,那么同为政府组织的地方政府相较于中央政府扮演的角色又是什么? 我们可以认为,地方政府在很大程度上充当着执行者的角色,中央政府的方针政策真正落实到村民的日常生活中需要通过地方政府。地方政府的有效执行能让村民共享经济发展成果,只有让村民享受城乡一体化的公共服务,才能更有效地通过提供农村公共服务来促进农村发展。

当然,地方政府在执行中央政府下达的任务的过程中,受到政绩考核的影响,其在提供公共服务的过程中可能为了政绩考核只重视短期或者晋升考核指标,而忽视对农村的公共服务建设,忽视了政府维护社会公平的道德责任。因此要倡导和建设服务型地方政府。乡村振兴战略要求实现治理有效,其内在含义为建设服务型基层政府,引导农村实现有效自治,从而加快农村建设进程。

(二)公共服务资金的最大承担者

我国财权与事权高度不匹配,事权大多集中于地方政府,而财权大多集中于中央政府,因此出现了地方政府虽然财力不足,但承担着重要的社会职责的状况。公共服务的提供需要大量的财政投入,虽然中央政府提供了部分财政资金,但是大部分投入仍然来自地方政府,即地方政府是公共服务投入的最大承担者。表 5-1 和表 5-2 显示了中央与地方的财政收入和支出概况。从 2010—2021 年的财政收入来看(见表 5-1),中央政府和地方政府各占全国财政收入的一半左右;从财政支出来看,地方政府财政支出的范围为 83%—85%,中央政府财政支出的范围为 15%—17%。从表 5-2 来看,本书罗列了四个具体的支出项目:一般公共服务支出、医疗卫生支出、城乡社区事务支出和农林水事务支出(虽然这四个项目不能完全体现农村公共服务支出的概况,但可窥见一斑)。从 2010—2021 年一般公共服务支出来看,中央政府支出的占比一直维持在 9% 左右;在医疗卫生支出中,中央政府的占比只维持在 1.5% 左右;在城乡社区事务支出中,中央政府支出的占比则一直小于 0.5%;在农林水事务支出中,中央政府的占比在 2%—4.5%。所以,从支出占比来看,地方政府承担着农村公共服务涉及的各类支出的大部分,是公共服务供给所需资金的最大承担者。

表 5-1　中央和地方财政收支情况

单位:亿元

年份	财政收入			财政支出		
	全国	中央政府	地方政府	全国	中央政府	地方政府
2010	83101.51	42488.47	40613.04	89874.16	15989.73	73884.43
2011	103874.43	51327.32	52547.11	109247.79	16514.11	92733.68
2012	117253.52	56175.23	61078.29	125952.97	18764.63	107188.34
2013	129209.64	60198.48	69011.16	140212.10	20471.76	119740.34
2014	140370.03	64493.45	75876.58	151785.56	22570.07	129215.49
2015	152269.23	69267.19	83002.04	175877.77	25542.15	150335.62
2016	159604.97	72365.62	87239.35	187755.21	27403.85	160351.36
2017	172592.77	81123.36	91469.41	203085.49	29857.15	173228.34

续表

年份	财政收入			财政支出		
	全国	中央政府	地方政府	全国	中央政府	地方政府
2018	183359.84	85456.46	97903.38	220904.13	32707.81	188196.32
2019	190390.08	89309.47	101080.61	238858.37	35115.15	203743.22
2020	182913.88	82770.72	100143.16	245679.03	35095.57	210583.46
2021	202554.64	91470.41	111084.23	245673.00	35049.96	210623.04

资料来源:2010—2021 年《中国统计年鉴》。

表 5-2　中央和地方分项目支出的比较

单位:亿元

年份	项目	全国	中央政府	地方政府
2010	一般公共服务支出	9337.16	837.42	8499.74
	医疗卫生支出	4804.18	73.56	4730.62
	城乡社区事务支出	5987.38	10.09	5977.29
	农林水事务支出	8129.58	387.89	7741.69
2011	一般公共服务支出	10987.78	903.01	10084.77
	医疗卫生支出	6429.51	71.32	6358.19
	城乡社区事务支出	7620.55	11.62	7608.93
	农林水事务支出	9937.55	416.56	9520.99
2012	一般公共服务支出	12700.46	998.32	11702.14
	医疗卫生支出	7245.11	74.29	7170.82
	城乡社区事务支出	9079.12	18.19	9060.92
	农林水事务支出	11973.88	502.49	11471.39
2013	一般公共服务支出	13755.13	1001.46	12753.67
	医疗卫生支出	8279.90	76.70	8203.20
	城乡社区事务支出	11165.57	19.06	11146.51
	农林水事务支出	13349.55	526.91	12822.64

年份	项目	全国	中央政府	地方政府
2014	一般公共服务支出	13267.50	1050.43	12217.07
	医疗卫生支出	10176.80	90.25	10086.56
	城乡社区事务支出	12959.50	17.18	12942.31
	农林水事务支出	14173.80	539.67	13634.16
2015	一般公共服务支出	13547.79	1055.30	12492.49
	医疗卫生支出	11953.18	84.51	11868.67
	城乡社区事务支出	15886.36	10.83	15875.53
	农林水事务支出	17380.49	738.78	16641.71
2016	一般公共服务支出	14790.50	1209.15	13581.37
	医疗卫生支出	13158.80	91.16	13067.61
	城乡社区事务支出	18394.60	19.76	18374.86
	农林水事务支出	18587.40	779.07	17808.29
2017	一般公共服务支出	16510.36	1271.46	15238.90
	医疗卫生支出	14450.63	107.60	14343.03
	城乡社区事务支出	20585.00	23.45	20561.55
	农林水事务支出	19088.99	708.74	18380.25
2018	一般公共服务支出	18374.69	1503.68	16871.01
	医疗卫生支出	15623.55	210.65	15412.90
	城乡社区事务支出	22124.13	86.38	22037.75
	农林水事务支出	21085.59	592.30	20493.29
2019	一般公共服务支出	20344.66	1985.16	18359.50
	医疗卫生支出	16665.34	247.72	16417.62
	城乡社区事务支出	24895.24	91.61	24803.63
	农林水事务支出	22862.80	532.34	22330.46
2020	一般公共服务支出	20061.10	1735.21	18325.89
	医疗卫生支出	19216.19	342.78	18873.41
	城乡社区事务支出	19945.91	77.25	19868.66
	农林水事务支出	23948.46	503.32	23445.14

续表

年份	项目	全国	中央政府	地方政府
2021	一般公共服务支出	19880.24	1572.70	18307.54
	医疗卫生支出	19142.68	223.51	18919.17
	城乡社区事务支出	19453.99	87.27	19366.72
	农林水事务支出	22034.50	498.91	21535.59

资料来源:2010—2021 年《中国统计年鉴》。

(三)村民公共服务诉求的倾听者

地方政府是连接中央政府和群众的桥梁,既要完成中央政府的任务指标,又要合理反映农民群众的诉求,满足农民群众的公共服务需求。由于农村规模小且居住分散,受文化水平和经济水平的影响,农民对公共服务的需求具有多层次的特点。因此,地方政府尤其是基层政府一般会先收集农村的公共服务供给需求,如大型水利工程、农田灌溉设施等,再确定公共服务的数量、质量和形式等具体标准,最终予以实施。

三、外部市场化主体及其行为逻辑

农村公共服务供给可以根据参与主体(政府、市场、个人等)的不同以及哪个主体占主导地位而划分为不同模式,如政府供给、市场组织供给、个人与团体自愿供给、多元主体参与供给等。随着经济发展的多元化,市场化主体在社会资源配置中发挥着越来越重要的作用,市场组织成为农村公共服务的重要供给方,特别是当公共服务供给规划的制定者和设计者是政府时,外部市场化主体通常会成为公共服务的直接生产者。乡村振兴战略目标的实现任重道远,必须实现多元化的农村公共服务供给。市场参与公共服务供给主要有合同外包、特许经营及政府资助三种形式。

合同外包是指在政府付费的情况下引入市场机制,即政府把一些公共服务推向市场,市场主体与政府签订合同,在市场主体完成任务并达到合同规定的标准后,政府支付合同约定的报酬,从而满足农民对公共服务的多样化需求。也就是说,政府承担部分公共服务供给,其余部分通过合同外包等方式委托给外部市场化主体来提供。这种方式不仅效率高、成本低,还有利于形成良性市场竞争机制,推动公共服务市场化发展。

特许经营是指公共部门授权私企参与公共供给,主要有 BOO(建设—拥有—运营,即 building-owning-operation)、BOT(建设—运营—移交,即 build-operate-transfer)及 TOT(转让—运营—移交,即 transfer-operate-transfer)三种形式。

政府资助常见的资助途径有减免税、优惠贷款和直接补贴等。

四、村庄内部农民群体及其行为逻辑

在推进公共服务均等化的进程中,面对市场失灵等现实问题,自愿服务供给不失为一种有效手段。自愿服务供给既可以由村民个体提供,也可以由村民自治组织提供,即通过村委会、村民代表大会提供公共服务。对于乡村道路、垃圾排放点等小型公共服务设施的建设,乡村内部可通过由村委会领导、受益村民共同参与的村民大会进行协商,根据农民生活需要,结合农民自身状况,自主提供人力、物力和财力支持,实现村庄内部农民群体自给自足。这种由村民自愿形成乡村自治组织提供公共服务的模式往往具有灵活性和高效性。

村庄内部农民群体不仅是自愿服务供给者,还是农村公共服务最直接的受益者和农村建设的主要力量,能够直观感受到农村公共服务供给的实际情况。虽然不同的农民个体有着不同的教育水平和评价标准,对公共服务的需求也呈现出多层次、多样化的特点,可能会在公共服务满意度、体验感以及评价方面有截然不同的表现,但从提高公共服务质量的角度来考虑,农民要真实客观地评价农村公共服务的效果。同时,农民也要履行监督义务,监督政府和其他主体的公共服务供给情况,确保公共服务质量达到要求,保障自身合法权益。

　　综上所述,农村公共服务的供给主体主要有中央政府、地方政府、市场主体和村民,由表 5-3 可知,每个主体的功能不一。具体而言,中央政府主要负责制定公共服务政策,提供部分财政支持;地方政府承担了大部分财政支出,作为连接中央政府和村民的纽带,不仅要实施中央政府政策,还要倾听村民公共服务的诉求;市场主体则是与政府开展互动合作,通过合同外包、特许经营和政府资助的方式提供公共服务;村民既是自愿服务的供给者,以个人或加入村自治组织的形式参与公共服务供给,又是最直接的受益者,可以对公共服务进行监督和评价。

表 5-3　农村公共服务供给主体及其逻辑汇总

供给主体	功能
中央政府	制定政策、提供财政支持、监督地方政府
地方政府	提供财政支持、政策执行者以及公共服务诉求的倾听者
市场主体	以合同外包、特许经营和政府资助的方式提供公共服务
村民	既是自愿服务的供给者,又是最直接的受益者

　　根据前文对每一类型供给主体及其职能的描述,图 5-1 总结归纳了不同类型的供给主体及其行为逻辑。供给流程可以分为三个阶段:中央政府的政策制定属于规划阶段;政府投入财政资金、市场主体提供公共服务以及村民自愿提供公共服务属于生产阶段;村民享受公共服务的过程属于配置阶段。图 5-1 有机地呈现了供给主体在公共服务提供流程的每一阶段所扮演的角色及其行为逻辑。

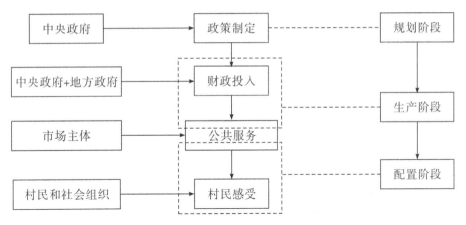

图 5-1　农村公共服务的供给主体和供给流程

第二节　农村公共服务供给效率评价指标构建

一、投入和产出指标的选择

乡村振兴战略是指引农村振兴和建设的重要方针,因此构建评价指标需要满足科学性、可靠性、相关性、可测量性等原则。在指标的选取过程中,投入指标主要由政府财政进行衡量,而产出指标则是指政府财政投入所带来的农民经济效益,产出指标一般与投入指标相对应。然而,学者在应将哪些指标纳入评价标准方面一直存在争议,学者通常基于不同的研究目的选用不同的指标,所以难免会出现指标选用不统一或不完善的情况。尚杰和任跃旺(2017)从农村养老保险、中小学教育、农村水利设施和农村道路四个方面对西藏的农村公共服务项目进行了探讨,但是没有将农村医疗卫生考虑在内。有学者在对省级农村公共服务供给效率进行评价时选择了农村基础设施、农村社会保障、农村医疗卫生和农村教育作为投入指标,但只选取了农民收入、农业现代化和农业增产作为产出指标,其缺陷是没有对医疗卫生进行产出的衡量。唐娟莉(2014)选取农村基础教育、医疗卫生、交通设施和农田水利设施作为评价指标,对公共服务投资技术效率进行测算,但对农村社会保障没有进行相应的评价。刘天军等(2012)在研究陕西省农村公共产品供给效率时采用了教育、医疗卫生和农林水事务支出三个投入指标，以及中小学教育、乡村医护、农用机械和有效灌溉面积四个产出指标，其投入指标也未包含社会保障支出。刘玮琳和夏英(2018)在考察农村基本公共服务供给效率的研究中则综合地选用了农村基础设施、农村社会保障、农村教育和农村医疗卫生四个投入和产出指标。

综上所述，学者基于不同的研究目标和数据可得性，在对农村公共服务效率进行评价的过程中存在不考虑社会保障(刘天军等，2012)、医疗卫生(尚杰和任跃旺，2017)、环境保护或公共文化等的情况。但本书认为农村公共服务主要体现在农村的基础设施、社会保障、农村教育、医疗卫生、环境保护、公共文化六个方面，应综合考虑这六个方面的指标。因此，在研究乡村振兴战略背景下农村公共服务供给效率的过程中要把这六个方面的指标予以综合考虑。

二、投入和产出指标的细化

基础设施、社会保障、医疗卫生、农村教育、环境保护、公共文化是政府提供农村公共服务的主要领域，也是加快实现乡村振兴战略目标的重要保障。本书在确定了农村基础设施、社会保障、医疗卫生、农村教育、环境保护、公共文化六个方面的投入和产出指标后，进一步考察了每个指标具体的表征对象。

(一)投入指标

实现产业兴旺和生活富裕是乡村振兴战略的要求，而与这两个目标直接相关的便是农村地区第一产业的发展情况，因此政府对农村基础设施的投入一般是指用于林业、农业、水利等有利于第一产业发展的基础设施的建设资金。例如，刘天军等(2012)指出，实行农村税费改革后，政府财政支出中的农林水事务支出成为我国农村基础设施投入的主要支撑，其在进行陕西省供给效率测算时选用农林水事务支出在财政总支出中的占比作为农村基础设施的衡量指标;唐娟莉(2014)直接将农林水事务支出作为衡量指标。因此,在参考以往文献研究的基础上,本书选取人均农林水事务支出作为基础设施的衡量指标之一。另外,考虑到农村的基础设施建设不仅涉及农林水利,还有更广泛意义上的村庄建设,所以本书还增加了人均市政设施村庄建设投入作为基础设施的投入指标。

社会保障对于达到乡村振兴战略中的治理有效和生活富裕的要求具有重要作用,对社会保障指标的选取多种多样,如尚杰和任跃旺(2017)直接采用政府一般性公共服务支出中的社会保障和就业支出作为衡量指标;刘玮琳和夏英(2018)选择农村人均转移性收入作为社会保障的衡量指标。基于社会保障要真正落实于人民的要求,本书选用农村最低生活保障救济金作为社会保障的衡量指标,这是因为农村最低生活保障救济金是保障农村社会稳定的"最后一道安全网",在保民生、维稳定、促公平等方面发挥着重要作用。

在医疗卫生方面,朱玉春(2010)和刘天军等(2012)选取的指标是农村卫生经费支出占财政总支出的比重;冷哲等(2016)使用的指标是农村人均卫生费;刘玮琳和夏英(2018)则是采用农村人均医疗卫生财政支出,并借鉴刘海英和纪红军(2011)的指标构建办法,使用全国城市与农村卫生总费用的比值来表示各省份城乡医疗卫生财政支出的比值,然后用各省份的农村医疗卫生财政支出除以乡村人口,从而得到农村人均医疗卫生财政支出。考虑到数据的可得性和表达的直接性,本书采用人均保健支出作为医疗卫生的投入指标。

教育是实现乡村振兴战略目标的重要途径,教育不仅能够丰富农村居民的知识,还能提升农村居民的眼界和思想,进而推动文明乡村建设、加快农村发展、提高农村居民生活水平,因此教育对于农村发展而言至关重要。在教育指标的选取上,可借鉴的有朱玉春(2010)研究中的教育经费占财政支出的比重,还有唐娟莉(2014)研究中的预算内农村教育经费支出。两者所选取的指标重点衡量了总体层面的教育经费支出,但是农村更多的是义务教育,因此关注小学和初中教育经费将更为合理。刘玮琳和夏英(2018)采用生均教育经费支出作为教育指标。综合而言,本书认为采用初中生和小学生的生均教育经费作为衡量指标更为合适,而且不是混合计算,两者可以互换,以此作为稳健性检验。

环境保护是农村居民高质量生活的有力保证,较好的农村自然生态环境保护能够保障居民良好的居住环境,从而满足村民高质量生活的需求。在环境保护的指标选取上,有杨莉和张雪磊(2019)的节能环保财政支出和环境污染治理投资占 GDP 的比重等。本书采用人均环境保护财政支出作为衡量指标。由于在全国统计的数据中没有直接的农村环境财政支出,故选用第一产业增加值占 GDP 的比重作为权重,根据全国环境财政支出间接计算农村环境保护的财政支出,最后再根据农村人口数据计算得到人均农村环境保护财政支出的指标。

乡村文化代表着亿万农民在文化精神上的认可和对美好生活的向往,因此不仅要在物质上实现共同富裕,也应在精神上实现共同富裕。在乡村文化的指标选取上,李少惠和韩慧(2020)采用公共文化服务财政投入、公共文化服务机构投入和公共文化服务人员投入等指标。本书采用人均文化体育传媒财政支出作为衡量指标。由于在全国统计的数据中,没有直接的农村文化财政支出,故选用第一产业增加值占 GDP 的比重作为权重,根据全国文化体育传媒财政支出间接计算农村文化财政支出,最后再根据农村人口数据计算得到人均农村文化财政支出指标。

(二)产出指标

在农村基础设施的产出指标上,朱玉春(2010)用通电话的自然村比例作为农村的基础设施产出指标,但只反映了农村生活环境的情况,而忽视了对农业的影响。刘天军等(2012)、刘玮琳和夏英(2018)用农业机械总动力和有效灌溉面积作为农业产出指标。由于本书中基础设施的投入指标选用了农林水事务支出和市政村庄建设投入,因此本书相应地把农田的有效灌溉面积、农业机械总动力和农村宽带接入用户数作为农村基础设施产出指标。其中,农田的有效灌溉面积和农业机械总动力对应着农林水事务投入的产出,农村宽带接入用户数是市政设施村庄建设投入的产出指标。两个不同的产出指标可以作为不同投入指标进行稳健性检验。

在社会保障产出指标上,刘玮琳和夏英(2018)将农村居民生活改善程度作为社会保障的衡量指标;唐娟莉(2014)、尚杰和任跃旺(2017)采用的年末参加社会养老保险人数只片面反映了养老保险的情况。本书将农村最低生活保障人数和农村养老服务机构数作为社会保障产出的指标。一般而言,农村居民最低生活保障人数越少,养老服务机构的数量越多,表示该地区的社会保障体系越完善。

在医疗卫生的产出指标上,冷哲等(2016)采用农村每千人拥有的床位数作为衡量标准,大多数学者则将每千农业人口拥有的乡村医生和卫生人员数作为衡量指标(唐娟莉,2014;刘玮琳和夏英,2018)。对于医疗卫生产出指标的选取,现有研究较为统一。因此,本项目中农村医疗卫生的产出指标也选用乡村医生和卫生人员数作为衡量标准。

在教育的产出指标上,一般而言教育投入越多,农民的受教育年限也会越高。尚杰和任跃旺(2017)运用农村中小学在校学生数反映农民的受教育情况,朱玉春(2010)则运用乡村文化站数量来反映农民的受教育情况,丁奕升(2018)用农民人均受教育年限来衡量农村教育的产出情况等。本书参照丁奕升(2018)的方法,采用人均受教育年限作为教育产出的指标。一般而言,受教育年限会随着教育基础设施的完善、教育资源的优化而不断增加,因此受教育年限更能反映公共教育服务供给的效果。

在农村环境保护的指标上,杨莉和张雪磊(2019)采用农村卫生厕所普及率、生活垃圾无害化处理率、污水处理率和用水普及率等指标进行研究。本书借鉴以往文献并进行拓展,采用了三个农村环境保护的指标,分别是农村厕所普及率、垃圾无害化处理率和农用塑料薄膜使用量。这三个指标分别从居住卫生环境、垃圾处理、农用污染三个方面进行衡量,且三个指标可互换进行稳健性检验。

在农村公共文化的指标上,李少惠和韩慧(2020)采用图书馆产出、艺术业产出、群众文化业产出和文体娱乐业产出指标进行研究,此外,也有其他学者采用农村居民在文化娱乐、体育上的支出费用等指标进行研究。本书采用每万农村居民拥有的文化站个数作为农村公共文化产出的指标进行研究,因为文化站是传播文化的主要场所,乡镇文化站个数较好地衡量了农村的公共文化产出。

综上所述,根据前文对每一个指标的定义和详细说明,表5-4展示了本书所采用的投入产出指标类别、指标明细和具体的数据处理说明。需要指出的是,在对各指标进行测算的过程中,本书认为,若采用指标总量,则容易受到经济体量和人口总量差异的影响;而若采用各指标的人均数据进行测算,则能反映出农村公共服务供给效率各指标对农村村民个体和整体的影响,也更便于各指标变量之间相互比较。因此,本书采用人均数据进行测算。

表5-4　农村公共服务供给效率投入产出指标

	指标类别	指标明细	数据处理说明	单位
投入指标	农村基础设施	市政设施村庄建设投入	市政设施中用于村庄建设的投入	元/人
		人均农林水事务支出	农林水事务支出/农村人口	元/人
	农村社会保障	农村最低生活保障救济费	农村最低生活保障救济费	万元
	农村医疗卫生	农村人均医疗保健支出	农村人均医疗保健支出	元/人
	农村教育	农村生均教育经费支出	农村中小学教育支出/农村中小学在校生数	元/人
	农村环境保护	农村环境保护的财政支出	农村环境保护财政支出	元/人
	农村公共文化	农村文化体育传媒的财政支出	农村文化体育传媒的财政支出	元/人

续表

指标类别		指标明细	数据处理说明	单位
产出指标	农村基础设施	农村宽带接入用户数	农村宽带接入用户数	万户
		人均有效灌溉面积	有效灌溉面积/农村人口	公顷/人
		人均农业机械总动力	农业机械总动力/农村人口	瓦/人
	农村社会保障	农村居民最低生活保障人数	农村居民最低生活保障人数	人
		农村养老服务机构情况	每万农村居民拥有的养老服务机构单位数	个/万人
	农村医疗卫生	每万农村人口拥有的乡村医生和卫生员的人数	乡村医生和卫生人员数/农村人口	人/万人
	农村教育	农村人口平均受教育年限	$S=6P1+9P2+12P3+15P4$	年
	农村环境保护	农村厕所普及率	农村厕所普及率	%
		农村垃圾无害化处理率	农村垃圾无害化处理率	%
		农用塑料薄膜使用量	农用塑料薄膜使用量	吨/万人
	农村公共文化	乡镇文化站数量	乡镇文化站的个数	个/万人

注:第一,计算人均受教育年限公式中的字母含义分别是 P1 表示农村小学文化程度人口所占比重,P2 表示农村初中文化程度人口所占比重,P3 表示农村高中文化程度人口所占比重,P4 表示大专及以上文化程度人口所占比重。该平均受教育年限根据《中国教育统计年鉴》中的数据计算得到。第二,农村人口、农林水事务支出、有效灌溉面积、农业机械总动力、乡村医生和卫生人员的数据来自《中国统计年鉴》。第三,医疗保健支出数据来自《中国卫生健康统计年鉴》。第四,文化财政支出和环境财政支出数据来自 CEIC(环亚经济数据有限公司)数据库,并以农业产出增加值占 GDP 的比值作为权重计算得出。第五,农村厕所普及率和乡镇文化站的数据资料来自《中国农村统计年鉴》。

第三节　农村公共服务供给效率的投入和产出评价

一、效率评价方法简介

冷哲等(2016)在研究农村公共产品供给效率的区域差异问题时,将目前使用的公共服务供给效率评价方法划分为两类:一是将农村公共产品需求作为首要考虑,采用因子分析法,以农民对公共服务供给的满意度为评价结果;二是从供给端,根据供给的现状来对农村公共产品供给效率进行评估,多采用 DEA(数据包络分析)方法进行分析。丁奕升(2018)对公共产品供给效率的评价研究就采用了两种方法:一是在宏观层面上运用 DEA 方法进行分析,得出山东省的 28 个乡镇中有 19 个乡镇的农村公共产品供给属于 DEA 有效,而另外 9 个是纯技术无效率;二是在微观层面上运用因子分析方法分析影响农户满意度的 17 个因素,结果表明,农业科技推广与培育、农村文化娱乐和农村公共卫生对农户满意度的影响程度不大,这可能与当地经济发展水平有关,而基础型和保障型农村公共产品对农户满意度的影响较大。但由于从需求端评估农村公共产品供给效率是以农民的主观感受为主,且搜集满意度和主观感受数据具有较高难度,其往往不具有一般的量化性质,故学者大多采用 DEA 方法进行农村公共服务供给效率评价。

基于 DEA 方法,不同研究者往往会根据研究目标而有各自的侧重点和模型的变化。朱玉春等(2010)从规模效率(scale effciency,简称 SE)、纯技术效率(pure technical efficiency,简称 PTE)和农村公共服务综合技术效率(technical efficiency,简称 TE)三个方面利用 DEA 方法进行实证分析,并按东部、中部和西部地区进行划分,分析 2005—2007 年中国不同地区公共服务供给效率的变化情况。刘玮琳和夏英(2018)采用三阶段 DEA-Malmquist 指数模型(一种可用于评估效率和生产力的模型)对 2011—2015 年农村基本公共服务的供给效率进行评价,将静态和动态相结合,分别从整体、省际和区域三个方面进行分析。更有学者将 DEA 方法与其他回归方法相结合,或者进一步考虑空间因素等,如唐娟莉(2014)采用 DEA-Tobit 模型(一种测算投入—产出两个系统的相对效率的模型)分析 2007—2009 年中国省际农村公共服务投资技术,得出农村公共服务投资技术效率和其他五个可能影响该变量的外生变量之间的关系,判断并分析其产生的效应是否为负向的。

基于上述文献中农村需求端主观评价的缺陷和供给端 DEA 方法

的优势,本书将采用供给端的 DEA 方法展开研究。具体而言,供给端的 DEA 方法是指对具有可比性的同类型单位建立 DEA 模型,并运用线性规划进行相对有效的评价,其具有客观性、单位不变性和应用范围广的特点。而 DEA-Malmquist 指数模型则用来测算决策单元不同时期生产效率的动态变化状况。DEA-CCR 模型(数据包络分析方法的一种)、DEA-BCC 模型(数据包络分析方法的一种)和 DEA-Malmquist 指数模型各有特色,DEA-CCR 模型、DEA-BCC 模型能得出决策单元在某一时间点的生产效率,而 DEA-Malmquist 指数模型则侧重时间的动态变化。DEA 模型中的相对效率的范围为$[0,1]$,0 代表效率最低,1 代表效率最高。从投入的角度来看,数值越小越好,而从产出的角度来看,数值越大越好。

(一)DEA 方法

$$\min\theta$$

$$\text{s.t.} \sum_{\substack{j=1 \\ j \neq q}}^{n} X_{i,j}\lambda_j + S_i^- = \theta X_0, \quad i=1,2,\cdots,m \quad (5\text{-}1)$$

$$\sum_{\substack{j=1 \\ j \neq q}}^{n} Y_{k,j}\lambda_j - S_k^+ = Y_0, \quad k=1,2,\cdots,r \quad (5\text{-}2)$$

$$\lambda_j \geqslant 0, \quad j=1,2,\cdots,q-1,q,q+1,\cdots,n$$

$$S_i^- \geqslant 0, S_k^+ \geqslant 0$$

其中,θ 为相应地区的效率值,用于反映农村供给服务效率水平;X、Y 依次为投入、产出指标;λ 为有效 DMU 中的组合比例,以捕捉 DMU 规模收益情况;$\sum\lambda<1$、$\sum\lambda=1$、$\sum\lambda>1$ 依次表示规模收益递增、不变与递减;S_i^- 和 S_k^+ 依次为松弛变量与剩余变量;n 为地区数目;m 为投入指标数;r 为产出指标数。当 $\theta<1$ 时,且有非零个松弛指标或剩余指标不为零,则意味着相应地区的农村供给服务效率不是 DEA 有效的,其有待提升;当 $\theta\geqslant1$ 时,且所有松弛指标和剩余指标为零,则相应地区是 DEA 有效的,此时农村供给服务效率水平达到

最佳。

(二)DEA-Malmquist 方法

距离函数是技术效率的倒数,在时期 t 以参考技术 T^t 为基准的基于产出的距离函数可以定义为:

$$D_0^t(X_t,Y_t)=\frac{1}{F_0^t}(X_t,Y_t/C)=\inf\left\{\theta:\left(X_t,\frac{Y_t}{\theta}/C\right)\in T^t\right\} \qquad (5\text{-}3)$$
$$=\{\sup[\theta:(X_t,\theta Y_t/C)\in T^t]\}^{-1}$$

其中,θ 为标量,X_t 为投入向量,Y_t 为产出向量,C 表示规模报酬不变的情况。从本质上讲,产出距离函数是为了测算相对于最优生产边界(最大生产的理想点)的投影点,即实际产出(X_t,Y_t)所能增长的最大比例。生产决策单元所处的状态和 $D_0^t(X_t,Y_t)$ 与 1 的关系有关。当 $D_0^t(X_t,Y_t)=1$ 时,处于技术有效状态;当 $D_0^t(X_t,Y_t)<1$ 时,技术效率表现为非有效;当 $D_0^t(X_t,Y_t)>1$ 时,技术为无效状态。时期 $t+1$ 以参考技术 T^{t+1} 为基准的基于产出的距离函数 $D_0^{t+1}(X_{t+1},Y_{t+1})$ 只需将式(5-3)中的 t 替换为 $t+1$ 即可得到。

用时期 t 和时期 $t+1$ 的 Malmquist 生产率指数的几何平均值来衡量全要素生产率(total factor productivity,简称 TFP)的变化,即有:

$$M_0(X_{t+1},Y_{t+1};X_t,Y_t)=\left[\frac{D_0^t(X_{t+1},Y_{t+1}/C)}{D_0^t(X_t,Y_t/C)}\times\frac{D_0^{t+1}(X_{t+1},Y_{t+1}/C)}{D_0^{t+1}(X_t,Y_t/C)}\right]^{\frac{1}{2}}$$

$$(5\text{-}4)$$

如果将 TFP 分解为技术效率及技术进步,就能判断公共产品供给中的技术效率、全要素生产率及技术进步。

二、效率评价结果及分析回归

(一)全国层面投入产出效率评价结果

根据前文构建的指标及 DEA 模型,表 5-5 展示了六个投入指标,分别是基础设施(农村市政设施村庄建设投入)、社会保障(农村最低生活保障救济费)、医疗卫生(农村人均医疗保健支出)、教育(农村初中生人均教育经费支出)、环境保护(农村环境保护财政支出)、公共文化(农村文化体育传媒财政支出),以及六个产出指标,分别是基础设施(农村宽带入网户数)、社会保障(每万农村居民拥有的养老服务机构数量)、医疗卫生(每万农村人口拥有的乡村医生和卫生人员数)、教育(农村人均受教育年限)、环境保护(农村厕所普及率)、公共文化(乡镇文化站数量)的投入产出效率评价结果。

表 5-5　中国农村投入产出效率评价结果(DEA-CCR 模型)

年份	效率评估值	排名
2009	1.0000	1
2010	1.0000	1
2011	1.0000	1
2012	0.9974	6
2013	0.9085	11
2014	0.9183	10
2015	0.9676	8
2016	0.9636	9
2017	0.9781	7
2018	1.0000	1
2019	1.0000	1

从表 5-5 的效率评价结果来看,2009 年、2010 年、2011 年、2018 年和 2019 年的效率最高,效率值为 1,2012 年的效率次之,其效率值为 0.9974。从 2012 年开始到 2017 年,效率值略有波动。整体来看,全国范围内的投入产出效率呈现出 U 形的趋势,2009—2011 年的效率值为 1,2013 年的效率值最低,2014—2019 年效率值逐渐升高,最终回到效率值为 1 的投入产出效率。而为什么 2013 年的效率最低,我们可以从产出指标进行分析,每万农村居民拥有的养老服务机构数量从 2013 年开始减少,但自 2016 年开始增加,养老服务机构数量先下降后上升的趋势在一定程度上反映了产出指标的效率。产出指标中

的乡镇文化站数量也呈现出先下降后增长的趋势。

针对基准回归结果,我们进一步采用更换投入和产出指标的方法来展开稳健性检验。第一,用农村小学生人均教育经费支出替换农村初中生人均教育经费支出作为教育投入指标。第二,将农村最低生活保障人数和农村垃圾无害化处理率替换为农村养老服务机构数和农村厕所普及率作为社会保障和环境保护的指标。第三,用农用塑料薄膜使用量替换农村垃圾无害化处理率和农村厕所普及率作为环境保护的产出指标。

从表 5-6 的稳健性检验结果来看,稳健性检验之一是用农村小学生人均教育经费支出替换农村初中生人均教育经费支出,评估的效率值基本上与基准回归的结果一致,效率值保持不变,且各年份的排名不变。

表 5-6 更换投入和产出指标的稳健性检验(DEA-CCR 模型)

年份	稳健性检验之一		稳健性检验之二		稳健性检验之三	
	效率评估值	排名	效率评估值	排名	效率评估值	排名
2009	1.0000	1	1.0000	1	1.0000	1
2010	1.0000	1	1.0000	1	1.0000	1
2011	1.0000	1	1.0000	1	1.0000	1
2012	0.9974	6	0.9846	7	0.9787	8
2013	0.9085	11	0.9342	11	0.9263	11
2014	0.9183	10	0.9465	10	0.9391	10
2015	0.9676	8	0.9831	8	0.9820	7
2016	0.9636	9	0.9802	9	0.9771	9
2017	0.9781	7	0.9904	6	0.9864	6
2018	1.0000	1	1.0000	1	1.0000	1
2019	1.0000	1	1.0000	1	1.0000	1

从对农村社会保障和农村环境保护指标进行更换后的稳健性检验之二的结果来看,相比基准回归,效率值较高的年份估计值偏小,而

效率值较低的年份估计值偏大,但排名顺序几乎保持不变,只是 2012 年和 2017 年的顺序相反,整体而言,其与基准回归结果基本保持一致。自乡村振兴战略实施以来,农村公共服务的投入产出效率出现了下降,这对于通过提供公共服务来实现乡村振兴的计划具有不利影响。与预期效果截然相反意味着我国应该进一步提升农村公共服务供给效率,以加快实现乡村振兴战略目标。

从对农村环境保护指标进行更换后的稳健性检验之三的结果来看,相比稳健性检验之二,效率评估值没有达到 1 的年份估值都变小了,但排名顺序几乎保持不变,只是 2012 年和 2015 年的顺序相反,整体而言,其与稳健性检验之二的结果基本保持一致。相比基准回归,2012 年的效率估计值偏小,而其余效率值较低的年份估计值偏大,但排名顺序几乎保持不变,只是 2012 年、2015 年和 2017 年顺序不太一致,整体而言,其与基准回归结果基本保持一致。

前文的 DEA-CCR 模型结果只能显示某个时间点上的效率评价值,不能显示动态变化的过程,下面通过 DEA-Malmquist 指数模型测算不同时间段生产效率的变化。表 5-7 为 DEA-Malmquist 指数模型下投入产出效率动态变化的结果。从单年的时间跨度来看,全要素生产率 TFPCH 的变化只有 2015—2016 年和 2016—2017 年大于或者等于 1,表明 2015—2017 年的全要素生产率水平对于乡村振兴战略有较强的推动作用;从全国层面的全要素生产率变化来看,先是急剧下降,然后上升,2013—2014 年下降到 0.79,然后维持在 0.8—1.0,说明投入产出效率还是有较大的波动,且效率并没有维持在比较高的水平,而是较长时间都处于较低效率水平。将全要素生产率进一步分解为技术效率 TECCH 和技术进步 TECH,其中技术进步的值为 1.00,而技术效率数值与全要素生产率数值相同。技术进步数值为 1.00,说明几乎没有农业技术进步;技术效率数值仅在 2016—2017 年大于 1,说明技术效率只有一年有增进,而其他年份都有着不同程度的损失。

表 5-7　投入产出效率动态变化（DEA-Malmquist 指数模型）

时间跨度	TFPCH 全要素生产率	TECH 技术进步	TECCH 技术效率
2009—2010 年	0.92	1.00	0.92
2010—2011 年	0.88	1.00	0.88
2011—2012 年	0.89	1.00	0.89
2012—2013 年	0.86	1.00	0.86
2013—2014 年	0.79	1.00	0.79
2014—2015 年	0.88	1.00	0.88
2015—2016 年	1.00	1.00	1.00
2016—2017 年	1.02	1.00	1.02
2017—2018 年	0.97	1.00	0.97
2018—2019 年	0.95	1.00	0.95

（二）省级层面投入产出效率评价

表 5-8 是利用 DEA-Malmquist 指数模型估计的 30 个省份 2009—2019 年的投入产出效率结果。从全要素生产率 TFPCH 来看，数值大于 1 的省份远远少于数值小于 1 的省份，说明全要素生产率处于降低态势，而非增长态势。大多数省份都呈现出了先衰退（降低），然后增长，后又衰退的态势，并且维持了较长期的衰退态势。其中，河北、安徽、江西只有 2017—2018 年略大于 1，而其他年份都小于 1，说明全要素生产率并无多大变化，且一直处于低效率状态。特别是贵州、云南、陕西、甘肃等省份的所有年份都处于小于 1 的低效率状态。而湖北在呈现出衰退趋势后，2012—2013 年又从衰退转为增长状态。从技术进步 TECH 来看，河北、山西、上海、浙江、福建等省份都维持在 1 的水平，即技术没有进步；辽宁、安徽、吉林等省份存在较大的技术进步；而其他省份则呈现出多数年份技术衰退、少数年份技术进步的情形。从技术效率 TECCH 来看，各省份的技术效率数值都普遍较低，均小于 1，即技术效率整体上没有改善和提升。技术效率数值的大小与全要素生产率呈现出较为紧密的正向关系，说明在农村公共服务

供给效率中,技术进步贡献较小,更多的是取决于技术效率。由2018—2019年的数据可知,绝大多数省份的投入产出效率较前一个阶段都有明显的提高,这对于乡村振兴战略而言无疑是有利的。

表 5-8　省级层面农村投入产出效率评价结果(DEA-Malmquist 指数模型)

省份	变量	2009—2010年	2010—2011年	2011—2012年	2012—2013年	2013—2014年	2014—2015年	2015—2016年	2016—2017年	2017—2018年	2018—2019年
北京	TFPCH	0.941	0.754	0.940	0.906	0.879	0.941	0.904	0.903	0.641	1.027
	TECH	1.000	0.864	1.108	1.009	1.035	1.000	1.000	1.000	1.000	1.000
	TECCH	0.941	0.873	0.848	0.898	0.849	0.941	0.904	0.903	0.641	1.027
天津	TFPCH	0.697	0.913	0.873	0.789	0.777	0.874	1.004	0.839	1.239	0.822
	TECH	1.000	1.000	1.000	0.921	0.861	1.013	1.137	0.918	1.193	1.000
	TECCH	0.697	0.913	0.873	0.857	0.903	0.863	0.883	0.914	1.038	0.822
河北	TFPCH	0.893	0.868	0.876	0.904	0.911	0.998	0.937	0.867	1.133	0.885
	TECH	1.000	1.000	1.000	1.000	1.000	1.000	1.000	1.000	1.000	1.000
	TECCH	0.893	0.868	0.876	0.904	0.911	0.998	0.937	0.867	1.133	0.885
山西	TFPCH	0.916	0.791	0.796	0.893	0.949	0.930	0.938	0.978	0.743	0.809
	TECH	1.000	1.000	1.000	1.000	1.000	1.000	1.000	1.000	1.000	1.000
	TECCH	0.916	0.791	0.796	0.893	0.949	0.930	0.938	0.978	0.743	0.809
内蒙古	TFPCH	0.289	1.001	0.793	0.886	0.801	0.726	0.957	1.060	1.373	0.998
	TECH	0.579	1.278	0.852	1.131	0.953	0.855	1.099	1.323	1.184	1.000
	TECCH	0.499	0.784	0.931	0.783	0.841	0.849	0.871	0.801	1.159	0.998
辽宁	TFPCH	0.880	0.692	0.859	0.890	0.714	1.040	0.928	0.907	1.024	0.877
	TECH	1.017	0.963	0.962	1.085	1.014	1.030	1.072	0.914	1.113	1.000
	TECCH	0.866	0.718	0.893	0.820	0.704	1.010	0.866	0.993	0.919	0.877
吉林	TFPCH	0.944	0.903	0.944	0.881	0.813	0.992	0.927	0.811	0.848	0.909
	TECH	1.173	1.115	1.035	1.026	1.054	1.000	1.000	1.000	1.000	0.931
	TECCH	0.804	0.810	0.912	0.859	0.771	0.992	0.927	0.811	0.848	0.976

续表

省份	变量	2009—2010年	2010—2011年	2011—2012年	2012—2013年	2013—2014年	2014—2015年	2015—2016年	2016—2017年	2017—2018年	2018—2019年
黑龙江	TFPCH	0.831	0.860	0.867	0.969	0.947	0.736	1.236	0.775	0.967	0.968
	TECH	0.991	1.053	0.993	1.059	1.092	0.825	1.212	1.000	1.000	1.000
	TECCH	0.838	0.816	0.873	0.915	0.868	0.891	1.020	0.775	0.967	0.968
上海	TFPCH	0.831	0.908	0.913	0.867	0.989	0.913	0.930	0.802	0.602	1.128
	TECH	1.000	1.000	1.000	1.000	1.000	1.000	1.000	1.000	1.000	1.000
	TECCH	0.831	0.908	0.913	0.867	0.989	0.913	0.930	0.802	0.602	1.128
江苏	TFPCH	1.120	1.033	0.995	0.786	0.811	1.302	1.020	1.023	0.963	0.943
	TECH	1.107	0.989	1.011	0.967	1.034	1.000	1.000	1.000	1.000	1.000
	TECCH	1.012	1.044	0.984	0.813	0.784	1.302	1.020	1.023	0.963	0.943
浙江	TFPCH	0.835	0.959	0.992	0.908	0.775	0.879	0.979	1.006	0.982	0.793
	TECH	1.000	1.000	1.000	1.000	1.000	1.000	1.000	1.000	1.000	1.000
	TECCH	0.835	0.959	0.992	0.908	0.775	0.879	0.979	1.006	0.982	0.793
安徽	TFPCH	0.889	0.860	0.837	0.860	0.631	0.938	0.949	0.971	1.112	0.934
	TECH	1.133	0.978	0.995	1.028	0.821	1.076	1.028	1.044	1.054	1.000
	TECCH	0.784	0.880	0.841	0.837	0.769	0.871	0.923	0.930	1.054	0.934
福建	TFPCH	0.911	0.898	0.839	0.880	0.781	0.900	0.990	1.027	0.878	0.899
	TECH	1.000	1.000	1.000	1.000	1.000	1.000	1.000	1.000	1.000	1.000
	TECCH	0.911	0.898	0.839	0.880	0.781	0.900	0.990	1.027	0.878	0.899
江西	TFPCH	0.906	0.963	0.816	0.851	0.854	0.795	0.876	0.779	1.047	0.952
	TECH	1.000	1.000	1.000	1.000	1.000	1.000	1.000	1.000	1.000	1.000
	TECCH	0.906	0.963	0.816	0.851	0.854	0.795	0.876	0.779	1.047	0.952
山东	TFPCH	0.925	1.002	0.823	0.870	0.840	1.058	0.990	0.978	1.019	0.923
	TECH	1.000	1.000	1.000	1.000	1.000	1.000	1.000	1.000	1.000	1.000
	TECCH	0.925	1.002	0.823	0.870	0.840	1.058	0.990	0.978	1.019	0.923

省份	变量	2009—2010年	2010—2011年	2011—2012年	2012—2013年	2013—2014年	2014—2015年	2015—2016年	2016—2017年	2017—2018年	2018—2019年
河南	TFPCH	0.748	0.963	0.897	1.000	0.795	0.764	1.046	0.881	0.889	0.965
	TECH	1.000	1.000	1.000	1.000	1.000	1.000	1.000	1.000	1.000	1.000
	TECCH	0.748	0.963	0.897	1.000	0.795	0.764	1.046	0.881	0.889	0.965
湖北	TFPCH	0.862	0.860	0.855	0.669	0.774	0.824	0.948	0.899	0.824	0.885
	TECH	1.018	0.996	0.962	0.887	1.099	0.915	1.121	1.024	0.883	0.852
	TECCH	0.847	0.864	0.888	0.753	0.704	0.901	0.846	0.878	0.933	1.039
湖南	TFPCH	0.884	0.810	0.876	0.859	0.726	0.987	0.884	0.907	1.062	1.094
	TECH	1.000	1.000	1.000	1.000	0.924	1.083	1.000	1.000	1.000	1.000
	TECCH	0.884	0.810	0.876	0.859	0.786	0.911	0.884	0.907	1.062	1.094
广东	TFPCH	0.816	0.956	1.026	0.806	0.875	0.983	0.915	0.885	0.856	0.893
	TECH	1.000	1.000	1.000	1.000	1.000	1.000	1.000	1.000	1.000	0.950
	TECCH	0.816	0.956	1.026	0.806	0.875	0.983	0.915	0.885	0.856	0.940
广西	TFPCH	0.820	0.855	0.810	0.811	0.857	0.866	0.881	0.878	0.991	0.902
	TECH	1.000	1.000	0.978	1.022	1.000	1.000	1.000	1.000	1.000	1.000
	TECCH	0.820	0.855	0.828	0.793	0.857	0.866	0.881	0.878	0.991	0.902
海南	TFPCH	0.903	0.913	0.995	0.633	0.830	0.837	0.822	0.997	0.825	0.932
	TECH	1.000	1.000	1.000	1.000	1.000	1.000	1.000	1.000	1.000	1.000
	TECCH	0.903	0.913	0.995	0.633	0.830	0.837	0.822	0.997	0.825	0.932
重庆	TFPCH	0.733	0.847	0.926	0.646	0.689	1.054	0.826	0.943	0.944	0.886
	TECH	1.000	1.000	1.000	1.000	1.000	1.000	1.000	0.957	1.045	1.000
	TECCH	0.733	0.847	0.926	0.646	0.689	1.054	0.826	0.985	0.903	0.886
四川	TFPCH	0.957	0.869	0.895	0.786	0.878	1.019	0.966	0.948	0.928	0.928
	TECH	1.000	1.000	1.000	1.000	1.000	1.000	1.000	1.000	1.000	1.000
	TECCH	0.957	0.869	0.895	0.786	0.878	1.019	0.966	0.948	0.928	0.928

续表

省份	变量	2009—2010年	2010—2011年	2011—2012年	2012—2013年	2013—2014年	2014—2015年	2015—2016年	2016—2017年	2017—2018年	2018—2019年
贵州	TFPCH	0.798	0.778	0.825	0.766	0.813	0.876	0.860	0.799	0.880	0.853
	TECH	1.000	1.000	1.000	1.000	1.000	1.000	1.000	1.000	1.000	1.000
	TECCH	0.798	0.778	0.825	0.766	0.813	0.876	0.860	0.799	0.880	0.853
云南	TFPCH	0.951	0.905	0.805	0.801	0.899	0.824	0.857	0.917	0.854	0.867
	TECH	1.113	1.053	0.931	1.046	1.033	1.035	0.939	1.079	0.919	0.956
	TECCH	0.855	0.860	0.864	0.766	0.870	0.796	0.912	0.849	0.930	0.907
陕西	TFPCH	0.855	0.866	0.858	0.941	0.976	0.760	0.966	0.907	0.969	0.905
	TECH	0.940	1.018	0.978	1.119	1.018	0.810	1.038	1.004	1.056	1.027
	TECCH	0.910	0.851	0.878	0.840	0.960	0.937	0.930	0.903	0.917	0.881
甘肃	TFPCH	0.946	0.855	0.888	0.789	0.873	0.822	0.877	0.814	0.969	0.966
	TECH	1.084	1.000	1.000	1.000	1.000	1.000	1.000	1.000	1.000	1.000
	TECCH	0.872	0.855	0.888	0.789	0.873	0.822	0.877	0.814	0.969	0.966
青海	TFPCH	1.260	0.905	0.874	0.916	0.775	0.801	0.894	0.857	1.008	1.000
	TECH	1.434	1.000	1.000	1.000	1.000	1.000	1.000	1.000	1.000	1.000
	TECCH	0.878	0.905	0.874	0.916	0.775	0.801	0.894	0.857	1.008	1.000
宁夏	TFPCH	0.831	0.745	0.834	0.938	0.915	0.837	0.896	0.989	0.935	1.007
	TECH	0.949	0.926	0.902	1.236	1.051	0.992	0.998	1.096	0.970	1.083
	TECCH	0.876	0.805	0.924	0.758	0.870	0.844	0.898	0.902	0.963	0.930
新疆	TFPCH	0.977	0.769	1.049	1.000	0.750	0.885	0.910	0.687	0.950	0.826
	TECH	1.137	0.925	1.163	1.000	1.000	1.000	1.000	0.894	1.014	0.947
	TECCH	0.860	0.831	0.902	1.000	0.750	0.885	0.910	0.768	0.937	0.873

第四节 供给效率的突出问题与影响因素

本章第一部分论述了农村公共服务供给的流程"政策制定—财政投入—公共服务产出—村民感受",其中的供给主体分别是中央政府、地方政府、市场主体、村民和社会组织;第二部分综合文献构建了公共服务供给效率的投入产出指标,覆盖了农村的基础设施、社会保障、农村教育、医疗卫生、环境保护和公共文化六个方面;第三部分采用DEA-CCR 模型和 DEA-Malmquist 指数模型进行效率测算。通过DEA 效率分析,本章将继续探讨供给效率的突出问题与影响因素,旨在为乡村振兴战略的推进提供理论指引。

一、供给效率的突出问题

(一)农村公共服务供给"冷热不均"

2017 年国家公布了《"十三五"国家基本公共服务清单》,其中包括八个领域的 81 个项目,虽然各省份也相应制定了公共服务清单,甚至长三角、珠三角等地区的省份还在国家八个领域的 81 个项目上进行了拓展,但是基本公共服务领域仍然存在发展不平衡的问题,特别是农村地区个别服务项目还存在覆盖盲区。从农村的基础设施、社会保障、教育、医疗卫生、环境保护和公共文化六个方面来看,农村基础设施中道路硬化、渠道修缮、厕所改造等的覆盖已较为全面,但是社会保障、教育和医疗卫生三个方面的发展还比较滞后。在社会保障上,目前只给弱势群体提供最低生活保障,缺乏为全体农民提供的就业服务和创业服务保障,即缺少提供给不流动或流不动的农民的村级就业和社会保障服务平台;在农村教育上,基本义务教育都得到了保证,但是与教育相关的其他文化体育设施的覆盖率很低;在公共文化上,文化服务的形式和内容较为陈旧,缺乏社区图书馆等现代化文体服务;在医疗卫生上,虽然新农合几乎实现了农村医保的百分百覆盖,但是农村医疗卫生资源配置在下降,农村三级医疗卫生服务网络还远未形成。以上这些供给问题均对乡村振兴战略的推进产生了不利影响,要想实现全面的乡村振兴,必须针对上述问题进行整改。

(二)供给模式上缺乏创新

中央政府作为政策的规划者和引导者的角色始终保持不变,而地方政府、市场主体、村民的角色变化则较频繁。当地方政府主导供给时,则被认为是供给模式上的权威型,当前的供给模式仍以政府权威型为主流。政府权威型供给模式下容易出现财政压力大、效率低下、提供服务的市场受众率不高之类的弊端。当市场主体主导供给时,则被认为是市场型,市场型供给模式往往面临着市场失灵的风险,如合同承包下的权责归属问题,特许经营下的寻租问题和公共服务质量问题等难以防控。当村民和社会组织自愿供给时,则被认为是自愿型,自愿型供给模式取决于村民的服务和感受意识,此模式下的村民主动参与积极性往往不高,因而此模式的供给成功率很低。从以上几种供给模式来看,每种模式都有着显著的供给主体自身携带的天然特征和缺陷。因此,在乡村振兴战略背景下,如何构建让供给主体扬长避短的新型供给模式是急需我们解决的问题。

(三)供给主体上的协同不足

乡村振兴战略实施以来,多元主体合作的供给模式正在试行和推进,在多元主体之间形成各取所长、相互协作的供给方式是对未来模式的期待,也是最有效地提供公共服务并为振兴乡村作出贡献的途径。从当前各大主体的角色定位和功能来看,存在着供给主体协同不足的问题,主要表现有:第一,政府的引导者和监管者角色作用发挥不足。在引导方面,中央政府是公共服务政策的制定者,地方政府是公共服务的主要供给和责任主体,政府需要为市场主体的发展提供便利条件,并将公共服务供给的思想理念与各个主体的特征结合进行宣传,如对市场主体宣传利润最大化和承担公共责任之间的平衡理念,而对村民则宣传自愿提供和自我感受完美融合的理念。在监督方面,无论哪个供给主体出现违规行为,政府都应该履行监管者的职责,对违规行为出台专项整治方案,进而确保公共服务的有效提供。第二,公平参与、市场竞争不足。在政府购买服务的过程中,虽然国家颁布了各种政府购买服务的指导意见,但是现实中往往会出现指定式购买、内部化购买等现象,导致有竞争力的市场主体不能真正参与其中,有碍市场竞争作用的发挥。

(四)供给要素、区域上的不协调

公共服务供给效率低下的原因可能是存在不协调因素,主要表现在:第一,公共服务投入与产出的不协调。农村公共服务的投入资源和资金没有得到充分利用,存在该投未投、误投滥投的可能性。针对该投未投的,应有效拓展服务领域;针对误投滥投的,应重点调节投入要素的质量和数量。第二,全国各地的农村公共服务供给在技术效率方面差异较大,政治中心与经济发达区域的技术效率较高,而中西部地区的省份则相对落后。

二、供给效率的影响因素

供给效率的影响因素既包括顶层设计的政策因素,也包括政府引导和监督职能的落实情况;既包括各地区农村的综合实力,也包括地方政府的财政实力和管理水平;更包括既是供给主体又是公共服务感受者的村民的行为和观念。

第一,顶层设计的政策规划。从农村公共服务的供给规划、城乡公共服务一体化的落地,再到公共服务的标准制定等都离不开中央政府的顶层设计,中央政府的政策规划是农村公共服务高效供给的前提和保障。只有制定出既切实符合当下农村的需求又贴合未来服务发展方向的政策规划,才能确保公共服务供给的高效实施。

第二,政府的引导和监督职能。政府作为公共服务供给过程中最重要的主体,在引导市场主体、社会组织和村民等其他主体参与提供公共服务的同时,还要对共建主体进行监督,以确保公共服务的质量。

如果政府的引导和监督职能未能很好地履行,那么参与主体的积极性必然不高。此外,公共服务提供过程中出现的寻租、供给服务质量低劣等情形必然会导致公共服务供给效率低下。乡村振兴战略便是政府为建设新农村作出的重要战略部署,这是引导农村地区发展的重要方针,也是重要的实践标准。

第三,各地区农村的综合实力。各地区农村的综合实力评价要考虑当地的经济水平、人口密度、地理特点等。经济水平越高,地方政府的财政实力就越强,自愿参与的村民和社会组织也就越多,相应地,公共服务的供给将更高效。同时,经济水平高,农民人均收入水平也高,对公共服务的需求就更加多样化,农村对公共服务的消费水平不断提高有助于促进政府不断提高公共服务供给质量。农村人口密度与农村公共服务供给效率正相关。而地理特征会影响村民对公共服务的使用态度和消费观念。

第四,地方政府的财政实力和管理水平。农村公共服务供给规模和效率与地方政府的财政实力正相关。在管理水平上,若地方政府管理水平高,则公共服务运营、持续供给、服务拓展和更新更顺畅,从而形成流畅、向上的供给螺旋;反之,若管理水平低,则有效的供给螺旋会断裂,进而出现低效供给。

第五,村民的观念。村民作为农村公共服务最特殊的主体,既是服务需求者,又是服务的供给者,因此村民的观念会从需求面和供给面影响农村公共服务效率。从需求面来看,包容开放、求真的观念能够很好地呈现农民真实的需求,让公共服务真正为民所喜、为民所用;反之,耗费人力、物力、财力的公共服务得不到有效使用便会造成浪费。从供给面来看,村民若有主人翁观念和意识,将更积极地为公共服务供给贡献一己之力,从而提升供给水平;反之,若只充当旁观者角色,则会导致供给水平降低。

伴随着城镇化的快速推进和"十四五"规划的推行,我们正在积极落实城乡公共服务一体化的目标,这要求我们重视农村公共服务供给情况,但目前城乡公共服务存在很大差异,效率相对较低。提高农村公共服务供给效率是改善农村生活水平、发展农村经济、实现乡村振兴的必由之路,因此,中央政府、地方政府、外部市场主体和农村内部农民群体应充分发挥各自的优势,积极开展多元合作,齐心协力为农村提供高效优质的公共服务。

三、影响因素的作用途径分析

前文分析了农村地区公共服务有效供给的影响因素,这些因素可以概括为顶层设计的政策规划和政府引导,监督方面的制度因素,农村经济实力和地方政府的财政资金因素,以及各种因素综合下的结构因素。下面通过三大类因素的作用途径进一步展开分析。

制度因素主要是通过供给模式影响有效供给。在制度外供给阶段,农村公共服务供给模式主要是乡级财政供给,乡级财政供给的本质是农民群众自给自足。农村地区经济发展水平落后于城市地区,尤其是偏远地区经济发展严重滞后,地理环境也较差,生活基本需求都难以满足,让村民自行提供公共服务难以达到有效供给标准。当农村公共服务转向制度内供给阶段时,政府是供给主体,是公共服务政策的制定者。财政分权体制下政府的财权与事权不相匹配,由政府主导农村公共服务供给容易出现地方政府财政压力增大、效率低下等问题。随着时代的发展,市场的重要性上升,市场供给也成为供给模式的一种,但是市场往往面临着市场失灵的风险,并且寻租等问题难以有效管控,导致供给质量和结构难以达到标准。而且供给主体之间缺乏有效协调,政府的政策引导作用与市场竞争环境和村民自愿供给之间缺少有效衔接,导致供给效率不高。从以上供给模式来看,每种模式都是优势与缺点并存,供给优势因为供给缺点而大打折扣。

资金因素主要是通过供给过程中的要素供给影响供给有效性。根据微观经济学中的生产函数,可知投入生产要素才能得到所需产品。在农村公共服务供给过程中,资金就是重要的投入要素,产出就是"三农"发展需要的教育、医疗等公共服务,投入不足就会导致产出不足。一方面,相比中央政府,地方政府财力不够,导致地方政府在主导供给工作时资金投入受限;另一方面,农村地区经济发展落后导致村民经济实力不足,在自行提供公共服务时有心无力。资金不足还会影响供给中的资源投入。在农村,需要配置更多高水平的师资力量、加大教育经费投入、开展多形式的教育服务;在医疗保险方面,需要加大对农村居民的补贴,还要优化医疗资源配置;不同地区的政府发放的基础养老金数额差距较大,随着收入和生活水平的提升,需要适当平衡基础养老金的发放;农村基础设施资源利用还处于探索阶段,投资来源有待进一步拓宽。这些资源的投入需要资金保障,资金不充足就不能满足农村公共服务供给所需的基本资源投入,若基本供给数量不能满足基本需求,就更谈不上满足公共服务有效供给的结构和质量标准。

结构性因素主要是指因供需不匹配导致有效供给水平不高。以前政府追求城镇化和工业化,希望优先发展城市,再带动农村,导致资源重点投入城市,而农村地区的公共服务供给量不足。随着"十三五"规划、"十四五"规划、乡村振兴战略等的提出,政府不再单一追求城市优先发展,而是追求城乡均等化发展,促进基本公共服务实现均等化目标,从而缓解供给数量不足的问题,目前我国农村公共服务在供给质量和结构方面还存在不足。在农村地区,义务教育得到保障,但是关联教育覆盖率低,文化服务形式单一,而村民对教育形式和内容的需求正日益多样化;新农合虽然扩大了医保范围,但是农村卫生资源配置不足;农村弱势群体虽可享受国家优惠政策,但是留守农村地区的村民可享受的保障服务缺失;虽然农村道路硬化、厕所改造等问题基本解决,但是随着城乡一体化进程的加快,农村居民的需求变得更加多样化,供需之间存在一定程度的脱节,即二元结构导致农村地区公共服务供需结构失衡,没有达到有效供给的要求。

第六章　村民对农村公共服务供给的评价：基于六省六镇调查问卷的分析

本书选取了六个省份的六个镇进行实地调研，采用发放调查问卷的形式收集村民对农村公共服务供给的评价和意见。然后根据回收问卷对村民满意度进行分析，并进一步实证检验不同公共服务供给对村民满意度的影响程度。

第一节　调查问卷的设计

一、问卷设计的目标

农村公共服务的最终使用者是村民，因此评价农村公共服务供给是否得当以及是否满足村民的需求需要落脚于村民的主观态度。所以，为更加深入地研究农村公共服务的供给状况，了解村民对农村公共服务的满意程度和需求程度，以问卷调查的形式收集村民的真实想法和建议。

二、问卷设计的变量选取

农村公共服务的供给主要分为社会保障、基础设施、公共教育、公共医疗、就业服务、文化服务、环境保护、公共安全八个层面。依据八个层面的供给情况分别对每一层面设置针对性问题，并引导村民回答对不同层面公共服务供给的满意度。同时，考虑到每个村民回答的满意度可能受到其个体特征,如年龄、教育程度、职业等因素的影响,因此问卷设计中必须包含村民的个体特征信息。另外,除了解村民对公共服务的满意度外,还需要从个人需求的角度了解其最大的公共服务需求以及其对农村公共服务的建议,因而问卷设计中还应该包含村民的需求和建议部分。结合问卷设计需要收集的三个方面的信息,即村民个体特征、村民对公共服务供给的满意度、村民对公共服务的需求和建议,本书的问卷设计将分为三个部分。

三、调查地区的选取

基于对地区代表性、覆盖性和均衡性的考虑,研究过程中选取问卷发放地区的原则是既要考虑南北差异,又要考虑沿海地区和内陆地区的差异;既要包含相对落后的村镇,又要包含相对富裕的村镇。基于上述原则,本书决定在湖南、浙江、贵州、陕西、黑龙江和河北六个省份选取村镇展开调研。考虑到实地调研过程中需要到当地村民家中进行访谈和填写问卷,并且访谈和填写问卷的过程需要得到当地村民与村镇政府的协助,因此结合所能联系到的各个省份村镇的实际情况,在六个省份中各选择了一个镇展开调研。

四、实地调查和调查问卷的回收情况

本次调研共发放问卷 2035 份,其中回收的有效问卷为 1861 份。所选取的六省六镇中每个村的问卷回收情况如表 6-1 所示,其中,荷香桥镇 26 村共 599 份,屠甸镇 8 村共 476 份,敖溪镇 5 村共 421 份,三合镇胡家湾村共 135 份,古龙镇古龙村共 104 份,马厂镇两个村共 126 份。在实地调研过程中,选取了荷香桥镇作为第一个调研地,由于缺乏经验,主要采用在镇集市随机询问和借助微信进行线上填写问卷的方式进行调研,导致各村问卷数量分散且村民参与度不高。鉴于调查效果不甚理想,调查组及时调整方案,转而采用定村走访的方式,依次在五四村、山里红村、茅铺村和万兴村逐户上门走访和发放调查问卷,

调研效率显著提高。此后,在对屠甸镇、敖溪镇、三合镇、古龙镇和马厂镇进行调研时,皆吸取了荷香桥镇的调研经验,统一采用指定村逐户走访的方式展开调查。

表 6-1　调查问卷回收情况

省份和镇名称	村名称	回收问卷数/份
湖南省荷香桥镇	五四村	90
	清水村	2
	山里红村	117
	茅铺村	68
	万兴村	78
	树竹村	2
	桐木桥村	3
	天马山村	2
	伏龙村	2
	田中村	18
	黄杨山村	4
	桐中村	2
	开智村	10
	竹叶村	14
	雷塘村	2
	水口龙村	10
	桐木冲村	8
	建桥村	6
	火花村	29
	白山村	18
	长溪村	2
	九牛坳村	3
	瓦堂村	11
	石湾村	2
	塘冲村	69
	毛坪村	27

续表

省份和镇名称	村名称	回收问卷数/份
浙江省屠甸镇	联星村	59
	红星村	22
	荣星村	57
	万星村	28
	海星村	46
	和平村	57
	恒丰村	80
	汇丰村	127
贵州省敖溪镇	官仓村	125
	指挥村	100
	柏林村	50
	大坪村	47
	什字村	99
陕西省三合镇	胡家湾村	135
黑龙江省古龙镇	古龙村	104
河北省马厂镇	刘世印屯村	88
	代官屯村	38

第二节　六省六镇村民对农村公共服务
供给评价的总体分析

一、村民的基本特征

从六省六镇全部调研对象的整体来看,受访者的基本特征统计如表 6-2 所示。从性别上看,男性在调研对象中占比较大(54.27%);调研总体样本中有 56.37% 的对象为非户主;从年龄上看,年龄在 60 岁及以上的人数占较大比例(30.41%),40—49 岁(21.92%)和 50—59 岁(20.37%)的人数也较多,其余年龄段的人群占比较小,这一分布基本符合农村人口的年龄分布特征,留守的老年人居多;从文化程度来看,67.01% 的村民的学历为初中及以下;从职业分布来看,村民主要以务农为主(44.97%),务工(21.23%)以及其他职业(14.24%)的人数也占较大比重,其他职业中以无业人群为主;从家庭年收入来看,农村以年收入水平低的家庭为主,其中,3万元以下的家庭的占比为48.42%,年收入在10万元以上的家庭的占比为23.16%。总体上来看,受访者的基本特征符合农村实际,从而保证了调研结果的真实性和合理性。

表6-2　总体样本的受访者基本特征

个体基本特征	变量界定	回收问卷数/份	占比/%
性别	男	1010	54.27
	女	851	45.73
是否户主	是	812	43.63
	否	1049	56.37
年龄	20岁以下	71	3.82
	20—29岁	202	10.85
	30—39岁	235	12.63
	40—49岁	408	21.92
	50—59岁	379	20.37
	60岁及以上	566	30.41
文化程度	小学及以下	616	33.10
	初中	631	33.91
	高中或中专	312	16.76
	大专及以上	302	16.23
职业	学生	159	8.54
	务农	837	44.97
	务工	395	21.23
	经商	115	6.18
	机关事业单位工作人员	40	2.15
	村"两委"干部	50	2.69
	其他	265	14.24
家庭年收入	1万元以下	435	23.38
	1万—3万元	466	25.04
	3万—5万元	277	14.88
	5万—10万元	252	13.54
	10万元以上	431	23.16

接下来分别整理分析六省六镇的受访者的基本特征,具体呈现如下。

表6-3是对河北省马厂镇样本基本特征的描述。从性别上看,男性在调研对象中占比较大(57.94%);调研样本中有59.52%的对象为非户主;从年龄上看,30—39岁(24.60%)、40—49岁(25.40%)、60岁及以上(24.60%)的人数各自占据一定比例,其余年龄段的受访者占比较小;从文化程度来看,59.52%的村民学历为初中,部分村民学历在小学及以下(23.02%),其余文化程度的受访者占比较小;从职业分布来看,大多数村民以务工为主(65.08%),务农(30.95%)的人数占较大比重,其余职业的样本覆盖较少;从家庭年收入来看,年收入在5万—10万元的家庭的占比为45.24%,部分家庭年收入在3万—5万元(26.98%)和10万元以上(10.05%),其他收入水平的家庭占比较小。

表6-3 河北省马厂镇受访者的基本特征

个体基本特征	变量界定	回收问卷数/份	占比/%
性别	男	73	57.94
	女	53	42.06
是否户主	是	51	40.48
	否	75	59.52
年龄	20岁以下	6	4.76
	20—29岁	15	11.91
	30—39岁	31	24.60
	40—49岁	32	25.40
	50—59岁	11	8.73
	60岁及以上	31	24.60
文化程度	小学及以下	29	23.02
	初中	75	59.52
	高中或中专	14	11.11
	大专及以上	8	6.35

续表

个体基本特征	变量界定	回收问卷数/份	占比/%
职业	学生	4	3.18
	务农	39	30.95
	务工	82	65.08
	经商	0	0
	机关事业单位工作人员	1	0.79
	村"两委"干部	0	0
	其他	0	0
家庭年收入	1万元以下	3	2.38
	1万—3万元	8	6.35
	3万—5万元	34	26.98
	5万—10万元	57	45.24
	10万元以上	24	19.05

表 6-4 是陕西省三合镇样本基本特征的描述。从性别上看,男性在调研对象中占比较大(61.48%);调研样本中有71.11%的对象为非户主;从年龄上看,30—49岁的受访者人数较多(50.37%),其余调研样本基本覆盖其他年龄段;从文化程度来看,初中学历的受访者较多(53.34%),大专及以上的受访者很少(2.96%);从职业分布来看,受访者大多以务农为主(71.11%),部分受访者以务工为主(14.08%),其余职业的样本覆盖较少;从家庭年收入来看,大多数家庭的年收入在 1 万—3 万元(70.37%),部分家庭年收入在 3 万—5 万元(22.96%),三合镇整体呈现出收入水平偏低的状态。

表 6-4　陕西省三合镇受访者的基本特征

个体基本特征	变量界定	回收问卷数/份	占比/%
性别	男	83	61.48
	女	52	38.52
是否户主	是	39	28.89
	否	96	71.11

续表

个体基本特征	变量界定	回收问卷数/份	占比/%
年龄	20 岁以下	7	5.19
	20—29 岁	17	12.59
	30—39 岁	33	24.44
	40—49 岁	35	25.93
	50—59 岁	22	16.30
	60 岁及以上	21	15.55
文化程度	小学及以下	31	22.96
	初中	72	53.34
	高中或中专	28	20.74
	大专及以上	4	2.96
职业	学生	5	3.70
	务农	96	71.11
	务工	19	14.08
	经商	7	5.19
	机关事业单位工作人员	0	0
	村"两委"干部	6	4.44
	其他	2	1.48
家庭年收入	1 万元以下	4	2.96
	1 万—3 万元	95	70.37
	3 万—5 万元	31	22.96
	5 万—10 万元	5	3.71
	10 万元以上	0	0

表 6-5 是对浙江省屠甸镇样本基本特征的描述。从性别上看,调研对象中的男女比例均等,各占 50.00%;调研样本中有 77.52% 的对象为非户主;从年龄上看,20—29 岁(24.37%)、60 岁及以上(26.26%)的受访者占较大比例;从文化程度来看,小学及以下(28.99%)、大专及以上(36.34%)学历的受访者较多,学历分布存在两极分化现象;从职业分布来看,受访者主要以务农为主(36.14%),务工人员(20.80%)和学生(24.58%)也占较大比重;从家庭年收入来看,年收入 10 万元以上的家庭占据了很大比重(73.32%),与其他村镇相比,屠甸镇的家庭年收入水平远高于其他镇,并且差异显著。

表 6-5　浙江省屠甸镇受访者的基本特征

个体基本特征	变量界定	回收问卷数/份	占比/%
性别	男	238	50.00
	女	238	50.00
是否户主	是	107	22.48
	否	369	77.52
年龄	20 岁以下	31	6.51
	20—29 岁	116	24.37
	30—39 岁	21	4.41
	40—49 岁	90	18.91
	50—59 岁	93	19.54
	60 岁及以上	125	26.26
文化程度	小学及以下	138	28.99
	初中	91	19.12
	高中或中专	74	15.55
	大专及以上	173	36.34
职业	学生	117	24.58
	务农	172	36.14
	务工	99	20.80
	经商	42	8.82
	机关事业单位工作人员	11	2.31
	村"两委"干部	4	0.84
	其他	31	6.51
家庭年收入	1 万元以下	12	2.52
	1 万—3 万元	19	3.99
	3 万—5 万元	20	4.20
	5 万—10 万元	76	15.97
	10 万元以上	349	73.32

　　表 6-6 是对湖南省荷香桥镇样本基本特征的描述。从性别上看,男性在调研对象中占比较大(59.43%);调研样本中有 59.27%的对象为户主;从年龄上看,29 岁以下的受访者仅占 9.18%,其余调研样本基本覆盖其他年龄段。

表 6-6　湖南省荷香桥镇受访者的基本特征

个体基本特征	变量界定	回收问卷数/份	占比/%
性别	男	356	59.43
	女	243	40.57
是否户主	是	355	59.27
	否	244	40.73
年龄	20 岁以下	15	2.50
	20—29 岁	40	6.68
	30—39 岁	108	18.03
	40—49 岁	187	31.22
	50—59 岁	149	24.87
	60 岁及以上	100	16.69

表 6-7 是对贵州省敖溪镇样本基本特征的描述。从性别上看,调研对象中的男女比例较均等,男性和女性分别占 48.69% 与 51.31%;调研样本中有 52.49% 的对象为非户主;从年龄上看,60 岁及以上的受访者占很大比例(61.52%),50—59 岁的受访者人数也较多(22.57%),其余年龄段的受访者占比较小;从文化程度来看,大多数受访者的文化程度都为小学及以下(70.79%);从职业分布来看,多数受访者以务农为主(52.02%),还有一部分受访者从事其他职业(35.63%),其余职业的样本覆盖较少;从家庭年收入来看,农村以年收入水平低的家庭为主,其中年收入 3 万元以下的家庭占比高达90.74%,说明敖溪镇家庭收入水平整体偏低。

表 6-7　贵州省敖溪镇受访者的基本特征

个体基本特征	变量界定	回收问卷数/份	占比/%
性别	男	205	48.69
	女	216	51.31
是否户主	是	200	47.51
	否	221	52.49

个体基本特征	变量界定	回收问卷数/份	占比/%
年龄	20 岁以下	1	0.24
	20—29 岁	7	1.66
	30—39 岁	20	4.75
	40—49 岁	39	9.26
	50—59 岁	95	22.57
	60 岁及以上	259	61.52
文化程度	小学及以下	298	70.79
	初中	73	17.34
	高中或中专	27	6.41
	大专及以上	23	5.46
职业	学生	2	0.48
	务农	219	52.02
	务工	23	5.45
	经商	10	2.38
	机关事业单位工作人员	0	0
	村"两委"干部	17	4.04
	其他	150	35.63
家庭年收入	1 万元以下	239	56.77
	1 万—3 万元	143	33.97
	3 万—5 万元	32	7.60
	5 万—10 万元	5	1.19
	10 万元以上	2	0.47

表 6-8 是对黑龙江省古龙镇样本基本特征的描述。从性别上看,调研对象中的男女比例较均等,男性和女性分别占 52.88% 与 47.12%;调研总体样本中有 57.69% 的对象为户主;从年龄上看,30—49 岁(45.19%)、60 岁及以上(28.85%)的受访者占较大比例,其余年龄段的受访者人数占比较小;从文化程度来看,小学及以下(30.77%)、初中学历(43.27%)的受访者较多,19.23% 的受访者文化程度为高中或中专;从职业分布来看,多数受访者以务农为主(53.85%),务工人员(19.23%)以及学生(12.50%)占有一定的比例;从家庭年收入来看,大多数家庭的年收入在 1 万—3 万元(46.15%)和 3 万—5 万元(33.65%)两个水平。

表 6-8　黑龙江省古龙镇受访者的基本特征

个体基本特征	变量界定	回收问卷数/份	占比/%
性别	男	55	52.88
	女	49	47.12
是否户主	是	60	57.69
	否	44	42.31
年龄	20岁以下	11	10.58
	20—29岁	7	6.73
	30—39岁	22	21.15
	40—49岁	25	24.04
	50—59岁	9	8.65
	60岁及以上	30	28.85
文化程度	小学及以下	32	30.77
	初中	45	43.27
	高中或中专	20	19.23
	大专及以上	7	6.73
职业	学生	13	12.50
	务农	56	53.85
	务工	20	19.23
	经商	0	0
	机关事业单位工作人员	4	3.85
	村"两委"干部	2	1.92
	其他	9	8.65
家庭年收入	1万元以下	11	10.58
	1万—3万元	48	46.15
	3万—5万元	35	33.65
	5万—10万元	9	8.66
	10万元以上	1	0.96

二、村民对公共服务供给评价的度量和问卷检验

(一)村民对不同公共服务满意度的度量

根据上述问卷有关题项的设计,对相关变量的具体维度进行划分。其中,就村民对农村社会保障、基础设施、公共教育、公共卫生医疗、就业服务、公共文化、环境保护、公共安全这八个方面的满意度分别从农村社会保障水平、基础设施水平、公共教育服务水平、公共卫生

医疗服务水平、就业服务水平、公共文化服务水平、环境保护水平、公共安全服务水平八个维度进行测量。同时,基于调查目的和研究对象特征,本书采用不同题项对各个具体维度进行测量,将问题选项划分为几个尺度进行打分。例如,在对问题"您认为养老保险足够养老吗?"进行回答时,用 1 表示远远不够,用 2 表示不够,用 3 表示基本够,用 4 表示足够;在对问题"您对新农合满意吗?"进行回答时,用 1 表示不满意,用 2 表示基本满意,用 3 表示满意。各变量的测量题项汇总如表 6-9 所示。

表 6-9 相关变量测量题项汇总

变量类型	变量名称	具体维度	题项	题项描述
自变量	对社会保障的满意度	社会保障水平(ss)	ss1	养老保险是否足够养老
			ss2	对新农合的满意度
	对基础设施的满意度	基础设施水平(bf)	bf1	家庭自来水使用情况
			bf2	家庭生活用电情况
	对公共教育服务的满意度	公共教育服务水平(pe)	pe1	本人或子女是否有小学或初中辍学经历
			pe2	当地政府提供的教育服务(除义务教育外)
	对公共卫生医疗服务的满意度	公共卫生医疗服务水平(ph)	ph1	一般在哪里看病
	对就业服务的满意度	就业服务水平(es)	es1	当地政府提供的就业服务
	对公共文化服务的满意度	公共文化服务水平(pc)	pc1	当地政府提供的文化设施
			pc2	当地政府提供的集体文化活动
	对环境保护的满意度	环境保护水平(ep)	ep1	当地政府的环境保护措施
	对公共安全服务的满意度	公共安全服务水平(ps)	ps1	当地政府提供的公共安全服务
因变量	对整体的公共服务的满意度	整体公共服务水平(ops)	ops	对当地政府提供的整体公共服务的满意度

(二)村民对不同公共服务满意度的问卷信度和效度检验

为检验问卷设计的合理性以及问卷数据的有效性,本书对问卷进行信度和效度检验。信度分析主要是测量各个变量涉及的题项是否具有一致性,通过克龙巴赫系数来判断问卷信度大小,信度系数在0.6以上的问卷较为合理;效度分析主要是分析测量得到的结果反映所想要考察内容的程度,通过探索性因子分析得出每个题项的因子载荷系数,一般系数值大于0.4或0.5以上的公因子在变量上的载荷较大,该变量可视为该公因子的代表性变量。

本书使用SPSS 23.0对问卷进行信度和效度检验的结果如表6-10所示。根据克龙巴赫系数,可以看出问卷整体的信度较高,各变量的测量题项存在较高的内部一致性。通过因子分析可以看出,所有题项在单个维度上的载荷系数均高于0.5,属于有效题项,通过了效度检验。其中,ss1、ss2属于维度1,根据题项调研内容可知维度1为对社会保障的满意度;bf1、bf2属于维度2,为对基础设施的满意度;pe1、pe2属于维度3,为对公共教育服务的满意度;pc1、pc2属于维度6,为对公共文化服务的满意度。

表6-10   农村公共服务供给满意度的信度和效度检验

因变量	潜变量	显变量描述	均值	标准差	题项—总体相关系数	克龙巴赫系数	因子载荷系数
对整体的公共服务的满意度	ss,对社会保障的满意度	ss1,养老保险是否足够养老	2.12	0.73	0.250	0.675	0.662
		ss2,对新农合的满意度	1.94	0.69	0.150		0.857
	bf,对基础设施的满意度	bf1,家庭自来水使用情况	3.54	0.70	0.293	0.606	0.786
		bf2,家庭生活用电情况	2.45	0.52	0.154		0.805

续表

因变量	潜变量	显变量描述	均值	标准差	题项—总体相关系数	克龙巴赫系数	因子载荷系数
对整体的公共服务的满意度	pe,对公共教育服务的满意度	pe1,本人或子女是否有小学或初中辍学经历	1.81	0.39	0.263	0.560	0.508
		pe2,当地政府提供的教育服务(除义务教育外)	1.46	0.71	0.562		0.750
	ph,对公共卫生医疗服务的满意度	ph1,一般在哪里看病	3.54	1.08	0.008	—	—
	es,对就业服务的满意度	es1,当地政府提供的就业服务	1.63	0.90	0.542	—	—
对整体的公共服务的满意度	pc,对公共文化服务的满意度	pc1,当地政府提供的文化设施	2.45	1.57	0.699	0.727	0.840
		pc2,当地政府提供的集体文化活动	1.94	1.23	0.664		0.790
	ep,对环境保护的满意度	ep1,当地政府的环境保护措施	2.04	1.04	0.601	—	—
	ps,对公共安全服务的满意度	ps1,当地政府提供的公共安全服务	2.73	1.38	0.622	—	—

注:根据指标设定,用 SPSS 23.0 计算得到。

三、村民对公共服务供给评价的分析

(一)村民对公共服务供给评价的模型设定

本书把村民对农村公共服务供给的满意度作为检验的因变量,将八个层面的公共服务衡量指标作为自变量。由于八个层面的公共服务衡量指标既有对潜变量的衡量,又有对显变量的衡量,我们分别采用潜变量和显变量进行回归,即考察村民对农村公共服务供给八个方面的满意度如何影响其对农村整体公共服务的满意度,然后根据公共

服务不同方面的具体题项调查结果,进一步分析各个因素对农村公共服务供给满意度的影响。

实证模型设定如下:

$$ops = \alpha_0 + \alpha_1 ss + \alpha_2 bf + \alpha_3 pe + \alpha_4 ph + \alpha_5 es + \alpha_6 pc + \alpha_7 ep + \alpha_8 ps + \delta Z_1 + \varepsilon_1 \tag{6-1}$$

$$ops = \beta_0 + \beta_1 ss1 + \beta_2 ss2 + \beta_3 bf1 + \beta_4 bf2 + \beta_5 pe1 + \beta_6 pe2 + \beta_7 ph1 + \beta_8 es1 + \beta_9 pc1 + \beta_{10} pc2 + \beta_{11} ep1 + \beta_{12} ps1 + \gamma Z_2 + \varepsilon_2 \tag{6-2}$$

被解释变量 ops 指村民对整体公共服务的满意度;式(6-1)的解释变量为潜变量,ss、bf、pe、ph、es、pc、ep、ps 分别表示对社会保障、基础设施、公共教育、公共卫生医疗、就业服务、公共文化、环境保护、公共安全的满意度。式(6-2)的解释变量为显变量,分别为各个潜变量的具体题项。控制变量 Z 是村民个体特征变量,ε 为误差项。考虑到村民个体特征对实证分析结果的影响,选取了性别、年龄、文化程度、职业、家庭年收入五个指标作为控制变量,其中性别、职业为虚拟变量。由于被解释变量是满意度的数值评价(1—5),本书使用 OLS(普通最小二乘法)和有序 Logit 模型进行实证分析。

(二)村民对公共服务供给评价的描述性统计分析

按照回归模型,表 6-11 为式(6-1)各解释变量的说明和描述性统计结果,表 6-12 为式(6-2)各解释变量的说明和描述性统计结果,表 6-13 为个体特征控制变量的定义。另外,这里需要特别说明的是,回归分析中由于需要对变量进行赋值,而调查问卷中的其他选项不便于赋值,故该样本不予考虑,相应地,总体样本量变为 1652。从表 6-11 可以看出,村民对整体公共服务的满意度均值达到 3.66,根据我们的满意度设定值(非常不满意为 1,不太满意为 2,一般为 3,比较满意为 4,非常满意为 5),3.66 处于一般和比较满意程度之间,且更偏向于比较满意。因此,从整体来看,村民对公共服务的满意度较高,趋近比较满意的程度。再从八个方面的满意度均值来看:对社会保障的满意度为 3.47,对基础设施的满意度为 3.74,对公共教育服务的满意度为

3.51,对公共卫生医疗服务的满意度为 3.57,对就业服务的满意度为 3.33,对公共文化服务的满意度为 3.50,对环境保护的满意度为 3.74,对公共安全服务的满意度为 3.73。其中,对就业服务的满意度均值(3.33)最低,其次是对社会保障的满意度均值(3.47),这两项公共服务的满意度均值相对其他公共服务较低可能是因为疫情期间村民就业困难且需要缴纳较高的养老保险和新农合费用。其他六项公共服务类型的满意度均值都达到 3.50 以上,特别是基础设施、环境保护和公共安全三大类型的满意度均值都达到 3.70 以上,说明近年来农村的环保、公共安全等现代公共服务供给深化且成效较为显著。

表 6-11 各变量说明及描述性统计

变量类型	变量名称	变量缩写	样本量	均值	最大值	最小值	标准差
被解释变量	对整体的公共服务的满意度	ops	1652	3.66	5	1	0.76
解释变量	对社会保障的满意度	ss	1652	3.47	5	1	0.84
	对基础设施的满意度	bf	1652	3.74	5	1	0.79
	对公共教育服务的满意度	pe	1652	3.51	5	1	0.77
	对公共卫生医疗服务的满意度	ph	1652	3.57	5	1	0.78
	对就业服务的满意度	es	1652	3.33	5	1	0.86
	对公共文化服务的满意度	pc	1652	3.50	5	1	0.83
	对环境保护的满意度	ep	1652	3.74	5	1	0.75
	对公共安全服务的满意度	ps	1652	3.73	5	1	0.76
控制变量	性别	male	1652	0.56	1	0	0.50
	年龄	age	1652	4.35	6	1	1.52
	文化程度	educ	1652	2.20	4	1	1.06
	职业	prof	1652	3.10	7	1	1.82
	家庭年收入	inc	1652	2.97	5	1	1.50

表 6-12　各变量的题项说明及描述性统计

变量类型	变量名称	变量缩写	样本量	均值	最大值	最小值	标准差
解释变量	养老保险是否足够养老	ss1	1652	2.12	4	1	0.73
	对新农合的满意度	ss2	1652	1.94	3	1	0.69
	家庭自来水使用情况	bf1	1652	3.54	4	1	0.70
	家庭生活用电情况	bf2	1652	2.45	3	1	0.52
	本人或子女是否有小学或初中辍学经历	pe1	1652	1.81	2	1	0.39
	当地政府提供的教育服务（除义务教育外）	pe2	1652	1.46	5	1	0.71
	一般在哪里看病	ph1	1652	3.54	5	1	1.08
	当地政府提供的就业服务	es1	1652	1.63	5	1	0.90
	当地政府提供的文化设施	pc1	1652	2.45	8	1	1.57
	当地政府提供的集体文化活动	pc2	1652	1.94	8	1	1.23
	当地政府的环境保护措施	ep1	1652	2.04	6	1	1.04
	当地政府提供的公共安全服务	ps1	1652	2.73	7	1	1.38

表 6-13　个体特征变量划分标准

个体特征	定义及数值表示
性别	男、女分别用 1、0 表示，采用虚拟变量回归
年龄	按照 20 岁以下、20—29 岁、30—39 岁、40—49 岁、50—59 岁、60 岁及以上进行划分，分别用 1、2、3、4、5、6 来表示
文化程度	按照小学及以下、初中、高中或中专、大专及以上进行划分，分别用 1、2、3、4 来表示
职业	按照学生、务农、务工、经商、机关事业单位工作人员、村"两委"干部、其他进行划分，分别用 1、2、3、4、5、6、7 来表示，采用虚拟变量回归
家庭年收入	按照 1 万元以下、1 万—3 万元、3 万—5 万元、5 万—10 万元、10 万元以上进行划分，分别用 1、2、3、4、5 来表示

(三)村民对公共服务供给评价的实证分析结果

本书采用 OLS 估计来研究各因素对农村公共服务供给满意度的影响。表 6-14 的前三列为式(6-1)中潜变量的分析结果,后三列为式(6-2)中显变量的分析结果。为了降低实证分析结果的偏差,方程均引进了性别、年龄、文化程度等个体相关控制变量。

表 6-14　农村公共服务供给满意度影响因素的 OLS 估计结果

解释变量 (潜变量)	无个体 控制特征	加入个体 控制特征	解释变量 (显变量)	无个体 控制特征	加入个体 控制特征
ss	0.0299** (1.99)	0.0305** (2.00)	ss1	0.1373*** (6.21)	0.1269*** (5.61)
			ss2	0.2169*** (9.64)	0.2117*** (9.33)
bf	0.0535*** (3.17)	0.0498*** (2.93)	bf1	0.1326*** (5.68)	0.1259*** (5.35)
			bf2	0.2136*** (6.91)	0.2009*** (6.29)
pe	0.066*** (3.75)	0.0609*** (3.42)	pe1	0.1336*** (3.30)	0.1027** (2.32)
			pe2	0.0522* (1.90)	0.0443 (1.61)
ph	0.0799*** (4.35)	0.0833*** (4.50)	ph1	0.0465*** (3.30)	0.0550*** (3.67)
es	0.0519*** (3.67)	0.0546*** (3.30)	es1	0.0607*** (2.85)	0.0632*** (2.91)
pc	0.1108*** (5.92)	0.1123*** (5.97)	pc1	0.0691*** (4.90)	0.0614*** (4.32)
			pc2	0.0241 (1.41)	0.0202 (1.18)
ep	0.1038*** (5.25)	0.0997*** (4.99)	ep1	0.0605*** (3.20)	0.0523*** (2.70)
ps	0.4928*** (24.81)	0.4905*** (24.50)	ps1	0.0556*** (3.79)	0.0578*** (3.81)
1. male	—	−0.0059 (−0.31)	1. male	—	−0.0392 (−1.30)
age	—	0.0083 (0.87)	age	—	0.0003 (0.02)

续表

解释变量 (潜变量)	无个体 控制特征	加入个体 控制特征	解释变量 (显变量)	无个体 控制特征	加入个体 控制特征
educ	—	0.0224 (1.62)	educ	—	0.0555** (2.46)
2. prof	—	0.0177 (0.38)	2. prof	—	0.1558** (2.09)
3. prof	—	−0.0434 (−1.02)	3. prof	—	0.0274 (0.40)
4. prof	—	0.0671 (1.27)	4. prof	—	0.0504 (0.60)
5. prof	—	−0.0086 (−0.12)	5. prof	—	−0.0714 (−0.63)
6. prof	—	0.0129 (0.19)	6. prof	—	0.2907*** (2.70)
7. prof	—	0.0131 (0.27)	7. prof	—	0.1580** (2.02)
inc	—	0.0076 (1.04)	inc	—	0.0330*** (2.58)
样本量	1652	1652	样本量	1652	1652

注:括号内为 t 值,***、**、* 分别表示在1%、5%、10%的显著性水平下显著。

根据第二列,可以发现村民对农村社会保障、基础设施、公共教育、公共卫生医疗、就业服务、公共文化、环境保护、公共安全服务的满意度的估计系数均显著为正。在引进控制变量后,各解释变量的估计系数仍然显著为正。从回归系数的大小来看,对某项公共服务类型的满意度的系数越大,说明该项公共服务类型对村民总体满意度的影响程度越大。从对具体的公共服务类型的满意度来看,社会保障的系数是0.0305,基础设施的系数是0.0498,公共教育的系数是0.0609,公共卫生医疗的系数是0.0833,就业服务的系数是0.0546,公共文化的系数是0.1123,环境保护的系数是0.0997,公共安全的系数是0.4905。根据影响程度的大小进行排序,依次为公共安全(0.4905)、公共文化(0.1123)、环境保护(0.0997)、公共卫生医疗(0.0833)、公共教育(0.0609)、就业服务(0.0546)、基础设施(0.0498)、社会保障

(0.0305)。从影响程度的排序来看,传统的公共服务类型(基础设施和社会保障)的影响逐渐减弱,现代化的公共安全服务和公共文化服务成为重要的影响因素。这也进一步说明,村民看重的公共服务类型正在由传统类型向新型现代化服务类型(公共安全、公共文化、环境保护等)转变。当然,由于这八个服务类型的系数都显著为正,表明随着各项服务类型满意度的提升,村民对该村整体公共服务供给的满意度也会相应提升。从个体特征的控制变量来看,不同性别、年龄阶段、教育程度以及职业类型上的差异并不显著。

根据第五列,可以发现题项 ss1、ss2、bf1、bf2、pe1、pe2、ph1、es1、pc1、ep1、ps1 的估计系数均显著为正,而题项 pc2 的估计系数并不显著。在引进控制变量后,题项 pe2、pc2 的估计系数不显著,其余解释变量的估计系数仍然显著为正。从回归系数的大小来看,农村养老保险的系数是 0.1269,新农合实施的系数是 0.2117,家庭自来水使用的系数是 0.1259,家庭生活用电的系数是 0.2009,家庭成员教育的系数是 0.1027,公共卫生医疗的系数是 0.0550,就业服务的系数是 0.0632,文化设施供给的系数是 0.0614,环境保护措施的系数是 0.0523,公共安全服务的系数是 0.0578。由于每个题项的赋值并不完全是满意度以 1—5 来表示的分类方法,所以这里的回归系数不能用于直接比较,但是我们可以观察到这些题项的系数都显著为正,说明随着各具体项目满意度的提升,村民对该村整体公共服务供给的满意度也会相应提升。从个体控制变量来看,除文化程度影响具有显著性外,其他个体特征影响依然不显著。

在使用 OLS 估计的同时,本书还利用有序 Logit 模型来研究各因素对农村公共服务供给满意度的影响。表 6-15 的前三列为式(6-1)中潜变量的分析结果,后三列为式(6-2)中显变量的分析结果。同样,为了降低实证分析结果的偏差,方程均引进了性别、年龄、文化程度等个体相关控制变量。

表 6-15　农村公共服务供给满意度影响因素的有序 Logit 模型估计结果

解释变量（潜变量）	无个体控制特征	加入个体控制特征	解释变量（显变量）	无个体控制特征	加入个体控制特征
ss	0.2358** (2.13)	0.2644** (2.35)	ss1	0.4755*** (6.04)	0.4412*** (5.43)
			ss2	0.7654*** (9.50)	0.7553*** (9.25)
bf	0.3239*** (2.71)	0.3030** (2.51)	bf1	0.4084*** (5.02)	0.3842*** (4.65)
			bf2	0.8083*** (7.40)	0.7707*** (6.78)
pe	0.4432*** (3.53)	0.4161*** (3.24)	pe1	0.3418** (2.46)	0.2035 (1.34)
			pe2	0.1879* (1.94)	0.1547 (1.57)
ph	0.4397*** (3.34)	0.4793*** (3.59)	ph1	0.1477*** (3.02)	0.1932*** (3.68)
es	0.4598*** (3.98)	0.4068*** (3.41)	es1	0.2318*** (3.03)	0.2399*** (3.06)
pc	0.7752*** (5.91)	0.8099*** (6.08)	pc1	0.2741*** (5.40)	0.2491*** (4.84)
			pc2	0.0786 (1.30)	0.0618 (1.00)
ep	0.6694*** (4.94)	0.6474*** (4.70)	ep1	0.2503*** (3.76)	0.2233*** (3.23)
ps	2.7700*** (19.26)	2.7700*** (18.96)	ps1	0.1959** (3.84)	0.2046*** (3.82)
1. male	—	0.0067 (0.05)	1. male	—	−0.1435 (−1.36)
age	—	0.0363 (0.52)	age	—	−0.0024 (−0.04)
educ	—	0.2686** (2.55)	educ	—	0.2379*** (2.94)
2. prof	—	0.3746 (1.02)	2. prof	—	0.6119** (2.28)

续表

解释变量 (潜变量)	无个体 控制特征	加入个体 控制特征	解释变量 (显变量)	无个体 控制特征	加入个体 控制特征
3. prof	—	−0.1405 (−0.42)	3. prof	—	0.0961 (0.40)
4. prof	—	0.6584 (1.57)	4. prof	—	0.2887 (0.96)
5. prof	—	−0.0015 (0)	5. prof	—	−0.2531 (−0.62)
6. prof	—	0.3122 (0.56)	6. prof	—	1.1742*** (3.03)
7. prof	—	0.2197 (0.56)	7. prof	—	0.6127** (2.18)
inc	—	0.0795 (1.42)	inc	—	0.1263*** (2.82)
样本量	1652	1652	样本量	1652	1652

注:括号内为 z 值,***、**、*分别表示在1%、5%、10%的显著性水平下显著。

根据第二列,可以发现村民对农村社会保障、基础设施、公共教育、公共卫生医疗、就业服务、公共文化、环境保护、公共安全服务的满意度的估计系数均显著为正。在引进控制变量后,各解释变量的估计系数仍然显著为正。从回归系数的大小来看,对某项公共服务类型的满意度的系数越大,说明该项公共服务类型对村民总体满意度的影响程度越大。从对具体的公共服务类型的满意度来看,社会保障的系数是0.2644,基础设施的系数是0.3030,公共教育的系数是0.4161,公共卫生医疗的系数是0.4793、就业服务的系数是0.4068,公共文化的系数是0.8099,环境保护的系数是0.6474,公共安全的系数是2.7700。根据影响程度的大小进行排序,依次为公共安全(2.7700)、公共文化(0.8099)、环境保护(0.6474)、公共卫生医疗(0.4793)、公共教育(0.4161)、就业服务(0.4068)、基础设施(0.3030)、社会保障(0.2644)。从影响程度的排序来看,传统的公共服务类型(基础设施和社会保障)的影响逐渐减弱,现代化的公共安全服务和公共文化服务成为重要的影响因素,回归结果与表 6-14 保持一致。

根据第五列,可以发现题项 ss1、ss2、bf1、bf2、pe1、pe2、ph1、es1、pc1、ep1、ps1 的估计系数均显著为正,题项 pc2 的估计系数并不显著。在引进控制变量后,题项 pe1、pe2、pc2 的估计系数不显著,而其余解释变量的估计系数仍然显著为正。从回归系数的大小来看,某题项的系数越大,说明该题项对村民总体满意度的影响程度越大。具体来看,农村养老保险的系数是 0.4412,新农合实施的系数是 0.7553,家庭自来水使用的系数是 0.3842,家庭生活用电的系数是 0.7707,公共卫生医疗的系数是 0.1932,就业服务的系数是 0.2399,文化设施供给的系数是 0.2491,环境保护措施的系数是 0.2233,公共安全服务的系数是 0.2046。同样,由于各题项的赋值并非统一的 5 分赋值法,各公共服务类型的系数不好比较,但这些题项的系数都显著为正,说明随着各具体项目满意度的提升,村民对该村整体公共服务供给的满意度也会相应提升。

综合来看,采用有序 Logit 模型的回归结果(见表 6-15)与采用OLS 估计的回归结果(见表 6-14)基本一致,说明回归结果稳健。

第三节　六省六镇村民对农村公共服务供给评价的分样本分析

一、河北省马厂镇村民对农村公共服务供给的评价分析

(一)河北省马厂镇村民满意度的信度和效度检验

对河北省马厂镇村民关于农村公共服务供给的满意度进行考察,问卷总体的信度和效度检验结果如表 6-16 所示。根据克龙巴赫系数,可以发现问卷整体的信度较高,部分变量的测量题项存在较低的内部一致性,对基础设施的满意度和对公共教育服务的满意度的测量题项的信度较低,未通过信度检验。由因子分析可以看出大部分题项

在单个维度上的载荷系数高于 0.5,属于有效题项,通过了效度检验。其中,ss1、ss2 属于维度 1,为对社会保障的满意度;pc1、pc2 属于维度 6,为对公共文化服务的满意度。

表 6-16 河北省马厂镇农村公共服务供给满意度的信度和效度检验

因变量	潜变量	显变量描述	均值	标准差	题项—总体相关系数	克龙巴赫系数	因子载荷系数
对整体的公共服务的满意度	ss,对社会保障的满意度	ss1,养老保险是否足够养老	2.15	0.77	0.272	0.750	0.615
		ss2,对新农合的满意度	2.21	0.76	0.358	—	0.579
	bf,对基础设施的满意度	bf1,家庭自来水使用情况	3.56	0.65	0.313	0.390	—
		bf2,家庭生活用电情况	2.23	0.42	0.122		
对整体的公共服务的满意度	pe,对公共教育服务的满意度	pe1,本人或子女是否有小学或初中辍学经历	1.68	0.29	0.058	0.160	
		pe2,当地政府提供的教育服务(除义务教育外)	3.51	1.10	0.137		
	ph,对公共卫生医疗服务的满意度	ph1,一般在哪里看病	1.10	0.43	−0.128	—	—
	es,对就业服务的满意度	es1,当地政府提供的就业服务	1.53	1.00	0.282		
	pc,对公共文化服务的满意度	pc1,当地政府提供的文化设施	1.59	0.78	0.481		0.641
		pc2,当地政府提供的集体文化活动	1.94	1.23	0.543	0.615	0.750
	ep,对环境保护的满意度	ep1,当地政府的环境保护措施	1.64	0.87	0.549	—	—
	ps,对公共安全服务的满意度	ps1,当地政府提供的公共安全服务	1.88	1.11	0.642		

(二)河北省马厂镇村民满意度的统计分析结果

从表 6-17 可以看出,马厂镇村民对整体公共服务的满意度均值为 3.33,根据满意度的设定值(非常不满意为 1,不太满意为 2,一般为 3,比较满意为 4,非常满意为 5),此满意度均值处于一般和比较满意之间,且更偏向一般程度。相较于六个镇的整体水平均值 3.66,马厂镇村民的整体满意度偏低。再从八个方面的满意度来看:对社会保障的满意度为 3.28,对基础设施的满意度为 3.54,对公共教育的满意度为 3.25,对公共卫生医疗的满意度为 3.39,对就业服务的满意度为 2.95,对公共文化的满意度为 3.27,对环境保护的满意度为 3.41,对公共安全的满意度为 3.43,其中对就业服务的满意度(2.95)最低,处于不太满意和一般程度之间,这可能与当地产业发展和村民就业难问题有关。对公共教育(3.25)、公共文化(3.27)和社会保障(3.28)的满意度较低。满意度在均值以上水平的是公共卫生医疗(3.39)、环境保护(3.41)、公共安全(3.43)和基础设施(3.54)。总结来看,马厂镇村民满意度评分最高的是基础设施,满意度最低的是就业服务,说明马厂镇的公共服务类型在满足基本的道路水电需求后,还有待进一步拓展和完善,实现就业、教育和文化等方面的综合提高。

表 6-17　河北省马厂镇公共服务满意度各变量描述性统计分析

变量类型	变量名称	变量缩写	样本量	均值	最大值	最小值	标准差
被解释变量	对整体的公共服务的满意度	ops	123	3.33	5	1	0.76
解释变量	对社会保障的满意度	ss	123	3.28	5	1	0.89
	对基础设施的满意度	bf	123	3.54	5	1	0.84
	对公共教育服务的满意度	pe	123	3.25	5	1	0.83
	对公共卫生医疗服务的满意度	ph	123	3.39	5	1	0.84
	对就业服务的满意度	es	123	2.95	5	1	0.80

续表

变量类型	变量名称	变量缩写	样本量	均值	最大值	最小值	标准差
解释变量	对公共文化服务的满意度	pc	123	3.27	5	1	0.80
	对环境保护的满意度	ep	123	3.41	5	2	0.78
	对公共安全服务的满意度	ps	123	3.43	5	2	0.74

(三)河北省马厂镇村民满意度的实证分析结果

表 6-18 为河北省马厂镇农村公共服务供给满意度的实证分析结果,前三列为式(6-1)中潜变量的 OLS 估计结果,后三列为式(6-2)中显变量的估计结果。

表 6-18　河北省马厂镇农村公共服务供给满意度影响因素的 OLS 估计结果

解释变量（潜变量）	无个体控制特征	加入个体控制特征	解释变量（显变量）	无个体控制特征	加入个体控制特征
ss	0.0267 (0.36)	−0.0296 (−0.37)	ss1	0.2798*** (3.59)	0.2974*** (3.38)
			ss2	0.2615*** (3.13)	0.2692*** (3.11)
bf	0.0698 (0.80)	0.0756 (0.85)	bf1	0.0126 (1.33)	0.1111 (1.13)
			bf2	0.2193 (1.52)	0.2301 (1.50)
pe	0.0700 (0.75)	0.0691 (0.71)	pe1	−0.0001 (0)	0.0756 (0.48)
			pe2	−0.0494 (−0.24)	−0.0887 (−0.42)
ph	0.2294*** (2.89)	0.2596*** (3.17)	ph1	0.0424 (0.72)	0.0392 (0.66)
es	0.0790 (1.16)	0.0880 (1.28)	es1	0.2353 (1.61)	0.2583* (1.68)

续表

解释变量 （潜变量）	无个体 控制特征	加入个体 控制特征	解释变量 （显变量）	无个体 控制特征	加入个体 控制特征
pc	0.1037 (1.30)	0.1140 (1.40)	pc1	0.1918*** (2.84)	0.2084*** (2.84)
			pc2	0.1926** (2.02)	0.2261** (2.27)
ep	0.0312 (0.38)	0.0052 (0.06)	ep1	-0.1671** (-1.86)	-0.1783* (-1.93)
ps	0.3176*** (3.22)	0.3304*** (3.22)	ps1	-0.0780 (-1.03)	-0.0778 (-1.02)
1. male	—	-0.0271 (-0.30)	1. male	—	-0.0956 (-0.73)
age	—	-0.0354 (-0.95)	age	—	-0.0205 (-0.41)
educ	—	0.0529 (0.73)	educ	—	-0.0857 (-0.78)
2. prof	—	-0.2333 (-0.75)	2. prof	—	-0.3861 (-0.90)
3. prof	—	-0.3986 (-1.42)	3. prof	—	-0.5756 (-1.47)
4. prof	—	—	4. prof	—	—
5. prof	—	-0.1850 (-0.34)	5. prof	—	-1.1424 (-1.61)
6. prof	—	—	6. prof	—	—
7. prof	—	—	7. prof	—	—
inc	—	-0.0258 (-0.52)	inc	—	-0.0128 (-0.18)
样本量	123	123	样本量	123	123

注:括号内为 t 值,***、**、*分别表示在 1%、5%、10%的显著性水平下显著。

根据第二列,可以发现村民对农村公共卫生医疗、公共安全的满意度的估计系数显著为正,对农村社会保障、基础设施、公共教育、就业服务、公共文化、环境保护的满意度的估计系数并不显著。在引进控制变量后,系数仍然显著为正的解释变量有所改善,而其余解释变量的估计系数仍然不显著。从具体的回归系数来看,公共卫生医疗是0.2596,公共安全是0.3304,对比总体样本的回归系数,公共安全与总体样本基本保持一致,但是公共卫生医疗的影响程度显著上升。这也进一步说明,相比其他公共服务类型,马厂镇村民更看重的公共服务类型是公共安全与公共卫生医疗。当然,由于这两项服务类型的系数都显著为正,因此若提升这两项服务类型的供给,则村民对该村整体公共服务供给的满意度也会相应提升。

根据第五列,可以发现题项 ss1、ss2、pc1、pc2、ep1 的估计系数均显著,题项 bf1、bf2、pe1、pe2、ph1、es1、ps1 的估计系数并不显著。在引进控制变量后,题项 ss1、ss2、es1、pc1、pc2 的估计系数均显著为正,ep1 的估计系数显著为负,而其余解释变量的估计系数均不显著。从回归系数来看,农村养老保险的系数是 0.2974,新农合实施的系数是0.2692,就业服务的系数是 0.2583,文化设施供给的系数是 0.2084,集体文化活动的系数是 0.2261,环境保护措施的系数是－0.1783。虽然不能直接进行系数大小的比较,但从题项和影响程度来看,传统的公共服务类型(新农合、养老保险)仍是重要的影响因素,公共文化服务和环境保护措施等现代化服务的影响程度较小。

表 6-19 为河北省马厂镇的有序 Logit 模型实证分析结果,前三列为式(6-1)中潜变量的估计结果,后三列为式(6-2)中显变量的分析结果。

表 6-19　河北省马厂镇农村公共服务供给满意度影响因素的有序 Logit 模型估计结果

解释变量（潜变量）	无个体控制特征	加入个体控制特征	解释变量（显变量）	无个体控制特征	加入个体控制特征
ss	0.1679 (0.40)	−0.1789 (−0.38)	ss1	1.1471*** (3.67)	1.2696*** (3.56)
			ss2	0.8963*** (2.88)	0.9608*** (2.88)
bf	0.3331 (0.67)	0.4382 (−0.82)	bf1	0.4327 (1.31)	0.3719 (1.09)
			bf2	0.8878 (1.63)	1.0860* (1.87)
pe	0.5971 (1.12)	0.5503 (0.95)	pe1	−0.0265 (−0.06)	0.2683 (0.48)
			pe2	−0.0758 (−0.10)	−0.2269 (−0.30)
ph	0.6472 (1.49)	0.8624* (1.82)	ph1	0.1962 (0.92)	0.2176 (1.01)
es	0.3519 (0.90)	0.4366 (1.06)	es1	1.1076* (1.90)	1.1964* (1.90)
pc	1.1138** (2.53)	1.3307*** (2.81)	pc1	0.9723*** (3.36)	1.0586*** (3.41)
			pc2	0.6804* (1.88)	0.8465** (2.18)
ep	0.2864 (0.69)	0.0782 (0.18)	ep1	−0.6353* (−1.94)	−0.6672* (−1.94)
ps	1.6688*** (3.27)	1.9299*** (3.32)	ps1	−0.2755 (−1.03)	−0.2829 (−1.03)
1. male	—	0.0467 (0.09)	1. male	—	−0.4077 (−0.89)
age	—	−0.2405 (−1.15)	age	—	−0.1055 (−0.59)
educ	—	0.3686 (0.88)	educ	—	−0.2463 (−0.63)

解释变量 （潜变量）	无个体 控制特征	加入个体 控制特征	解释变量 （显变量）	无个体 控制特征	加入个体 控制特征
2. prof	—	−1.1531 （−0.68）	2. prof	—	−1.0418 （−0.67）
3. prof	—	−2.4093 （−1.55）	3. prof	—	−1.9727 （−1.38）
4. prof	—	—	4. prof	—	—
5. prof	—	−0.9986 （−0.25）	5. prof	—	−4.5626 （−1.47）
6. prof	—	—	6. prof	—	—
7. prof	—	—	7. prof	—	—
inc	—	−0.1740 （−0.57）	inc	—	−0.0673 （−0.27）
样本量	123	123	样本量	123	123

注:括号内为 z 值,$***$、$**$、$*$ 分别表示在1%、5%、10%的显著性水平下显著。

根据第二列,可以发现村民对农村公共文化、公共安全的满意度的估计系数显著为正,对农村社会保障、基础设施、公共教育、公共卫生医疗、就业服务、环境保护的满意度的估计系数并不显著。在引进控制变量后,部分解释变量的显著性得到提高,且对农村公共卫生医疗的满意度的估计系数从不显著转变为显著为正,而其余解释变量的估计系数仍然不显著。从回归系数的具体结果来看,公共卫生医疗是0.8624,公共文化是1.3307,公共安全是1.9299。从影响程度的排序来看,公共安全和公共文化成为重要的影响因素,该回归结果与OLS回归结果基本一致。

根据第五列,可以发现题项 ss1、ss2、es1、pc1、pc2、ep1 的估计系数均显著,题项 bf1、bf2、pe1、pe2、ph1、ps1 的估计系数并不显著。在引进控制变量后,题项 ss1、ss2、bf2、es1、pc1、pc2 的估计系数显著为正,ep1 的估计系数显著为负,其余解释变量的估计系数均不显著。从回归系数的大小来看,某题项系数越大,说明该题项对村民总体满意度的影响程度越大。具体来看,农村养老保险的系数是 1.2696,新农合实施的系数是 0.9608,农村生活用电的系数是 1.0860,就业服务的系数是 1.1964,文化设施供给的系数是 1.0586,集体文化活动的系数是 0.8465,环境保护措施的系数是 -0.6672。从影响程度来看,传统的公共服务类型(养老保险、家庭生活用电)仍是重要的影响因素,此外,现代化就业服务的影响程度也较大,而公共文化服务和环境保护措施这类现代化服务的影响程度较小。总之,该回归结果与表 6-18 的 OLS 回归结果之间具有一致性,说明回归结果具有稳健性。

二、陕西省三合镇村民对农村公共服务供给的评价分析

(一)陕西省三合镇村民满意度的信度和效度检验

对陕西省三合镇村民关于农村公共服务供给的满意度进行考察,问卷总体的信度和效度检验结果如表 6-20 所示。根据克龙巴赫系数,可以发现问卷整体的信度较高,部分变量的测量题项存在较低的内部一致性,对基础设施的满意度与对公共教育服务的满意度的测量题项信度较低,未通过信度检验。通过因子分析可以看出大部分题项在单个维度上的载荷系数高于 0.5,属于有效题项,通过了效度检验。其中,ss1、ss2 属于维度 1,为对社会保障的满意度;pc1、pc2 属于维度 6,为对公共文化服务的满意度。

表 6-20　陕西省三合镇农村公共服务供给满意度的信度和效度检验

因变量	潜变量	显变量描述	均值	标准差	题项—总体相关系数	克龙巴赫系数	因子载荷系数
对整体的公共服务的满意度	对社会保障的满意度	ss1,养老保险是否足够养老	1.99	0.12	0.062	0.516	0.922
		ss2,对新农合的满意度	1.65	0.55	0.050		0.517
	对基础设施的满意度	bf1,家庭自来水使用情况	3.78	0.48	0.298	0.490	—
		bf2,家庭生活用电情况	2.01	0.12	0.130		—
	对公共教育服务的满意度	pe1,本人或子女是否有小学或初中辍学经历	2.00	0	0.343	0.244	—
		pe2,当地政府提供的教育服务(除义务教育外)	1.80	0.47	—		—
	对公共卫生医疗服务的满意度	ph1,一般在哪里看病	4.51	0.76	0.019	—	—
	对就业服务的满意度	es1,当地政府提供的就业服务	2.03	0.42	0.337	—	—
	对公共文化服务的满意度	pc1,当地政府提供的文化设施	4.13	0.87	0.510	0.618	0.569
		pc2,当地政府提供的集体文化活动	2.44	0.61	0.232		0.857
	对环境保护的满意度	ep1,当地政府的环境保护措施	2.27	0.65	0.448	—	—
	对公共安全服务的满意度	ps1,当地政府提供的公共安全服务	4.33	0.86	0.529	—	—

(二)陕西省三合镇村民满意度的统计分析结果

表 6-21 是陕西省三合镇村民对公共服务的满意度的统计分析结果,三合镇村民对整体公共服务的满意度均值达到 4.04,根据我们的满意度设定值(非常不满意为 1,不太满意为 2,一般为 3,比较满意为 4,非常满意为 5),可以看出 4.04 略高于比较满意程度,表明村民整体的满意度较高。与全体样本六个镇的整体满意度均值 3.66 比较,可

以看出三合镇的村民满意度是高于样本总体平均水平的。再从八个方面的满意度来看:对社会保障的满意度为3.64,对基础设施的满意度为3.78,对公共教育服务的满意度为3.86,对公共卫生医疗服务的满意度为3.76,对就业服务的满意度为3.41,对公共文化服务的满意度为3.87,对环境保护的满意度为4.19,对公共安全服务的满意度为4.19。其中,对就业服务的满意度(3.41)最低,与整体样本类似,说明村民对就业服务的需求比较大。对社会保障的满意度(3.64)偏低,说明三合镇在养老保险和医疗保险方面还有待进一步提升。有着最高满意度的分别是环境保护和公共安全服务,两者均为4.19,这从侧面反映出该地区在公共安全、可持续发展等现代化服务方面有较强的服务意识和执行力度。

表6-21　陕西省三合镇公共服务满意度各变量描述性统计分析

变量类型	变量名称	变量缩写	样本量	均值	最大值	最小值	标准差
被解释变量	对整体的公共服务的满意度	ops	135	4.04	5	3	0.42
解释变量	对社会保障的满意度	ss	135	3.64	5	2	0.59
	对基础设施的满意度	bf	135	3.78	5	2	0.45
	对公共教育服务的满意度	pe	135	3.86	5	3	0.51
	对公共卫生医疗服务的满意度	ph	135	3.76	5	2	0.51
	对就业服务的满意度	es	135	3.41	5	2	0.54
	对公共文化服务的满意度	pc	135	3.87	5	1	0.49
	对环境保护的满意度	ep	135	4.19	5	3	0.49
	对公共安全服务的满意度	ps	135	4.19	5	3	0.49

(三)陕西省三合镇村民满意度的实证分析结果

表6-22为陕西省三合镇农村公共服务供给满意度影响因素的

OLS实证分析结果,前三列为式(6-1)中潜变量的估计结果,后三列为式(6-2)中显变量的估计结果。

表 6-22 陕西省三合镇农村公共服务供给满意度影响因素的 OLS 估计结果

解释变量 (潜变量)	无个体 控制特征	加入个体 控制特征	解释变量 (显变量)	无个体 控制特征	加入个体 控制特征
ss	0.1038* (1.66)	0.0821 (1.25)	ss1	0.1116 (0.43)	−0.0050 (0.08)
			ss2	0.0131 (0.23)	−0.0292 (−0.52)
bf	−0.0392 (−0.52)	0.0276 (0.36)	bf1	0.1104* (1.66)	0.0353 (0.52)
			bf2	0.4009 (1.55)	0.4274 (1.42)
pe	0.0928 (1.23)	0.0675 (0.87)	pe1	0	0
			pe2	0.0318 (0.40)	0.0125 (0.16)
ph	−0.0324 (−0.42)	−0.0953 (−1.20)	ph1	−0.0521 (−1.27)	−0.0641 (−1.37)
es	−0.1269** (−2.11)	−0.0954 (−1.41)	es1	−0.0310 (−0.37)	−0.0451 (−0.53)
pc	0.1185** (2.13)	0.1491*** (2.64)	pc1	−0.0651 (−1.43)	0.0272 (0.55)
			pc2	0.2434*** (4.49)	0.1813*** (3.10)
ep	0.0945 (1.52)	0.1031 (1.63)	ep1	0.2229*** (4.22)	0.2133*** (3.90)
ps	0.4545*** (6.83)	0.3738*** (5.30)	ps1	0.0850* (1.78)	0.0810 (1.61)
1. male	—	0.0813 (1.39)	1. male	—	0.0939 (1.45)
age	—	0.0059 (0.20)	age	—	−0.0282 (−0.82)

续表

解释变量 （潜变量）	无个体 控制特征	加入个体 控制特征	解释变量 （显变量）	无个体 控制特征	加入个体 控制特征
educ	—	0.1156* (1.78)	educ	—	0.0668 (0.99)
2. prof	—	−0.3095 (−1.61)	2. prof	—	−0.4908** (−2.35)
3. prof	—	−0.3787** (−2.05)	3. prof	—	−0.4768** (−2.40)
4. prof	—	−0.3161 (−1.47)	4. prof	—	−0.5350** (−2.33)
5. prof	—	—	5. prof	—	—
6. prof	—	−0.4565** (−2.05)	6. prof	—	−0.7463*** (−2.88)
7. prof	—	−0.5435* (−1.81)	7. prof	—	−0.8688*** (−2.94)
inc	—	−0.0438 (−0.69)	inc	—	−0.0512 (−0.71)
样本量	135	135	样本量	135	135

注:括号内为 t 值,***、**、* 分别表示在 1%、5%、10% 的显著性水平下显著。

根据表 6-22 的第二列,可以发现村民对农村社会保障、公共文化、公共安全的满意度的估计系数均显著为正,而对农村就业服务的满意度的估计系数显著为负,对农村基础设施、公共教育、公共卫生医疗、环境保护的满意度的估计系数并不显著。在引进控制变量后,对农村公共文化、公共安全的满意度的估计系数显著为正,其余解释变量的估计系数均不显著。从具体的回归系数来看,公共文化的系数是0.1491,公共安全的系数是 0.3738。相比于整体样本的回归系数,三合镇村民对公共文化服务的满意度的系数略高于整体样本(0.1123),但对公共安全服务的满意度的系数略低于整体样本的系数(0.4905)。相比其他服务类型,三合镇村民更看重的公共服务类型主要体现在公共安全与公共文化上。由于这两项服务类型的系数都显著为正,如果实行促进这两项服务的措施,那么村民对该村整体公共服务供给的满意度也会相应提升。

根据第五列,可以发现题项 bf1、pc2、ep1、ps1 的估计系数均显著为正,题项 ss1、ss2、bf2、pe2、ph1、es1、pc1 的估计系数并不显著。在引进控制变量后,题项 pc2、ep1 的估计系数显著为正,而其余解释变量的估计系数均不显著。从具体的回归系数来看,三合镇当地政府提供的集体文化活动的系数是 0.1813,环境保护措施的系数是 0.2133。也就是说,从显变量回归结果来看,环境保护措施和公共文化服务是重要的影响因素,其与潜变量回归结果类似。

表 6-23 为陕西省三合镇的有序 Logit 模型实证分析结果,前三列为式(6-1)中潜变量的估计结果,后三列为式(6-2)中显变量的估计结果。

表 6-23　陕西省三合镇农村公共服务供给满意度影响因素的有序 Logit 模型估计结果

解释变量 (潜变量)	无个体 控制特征	加入个体 控制特征	解释变量 (显变量)	无个体 控制特征	加入个体 控制特征
ss	1.8018** (2.09)	2.6381** (2.22)	ss1	0.6691 (0.22)	−1.7691 (−0.33)
			ss2	−0.0920 (−0.17)	−0.2695 (−0.37)
bf	−1.1159 (−1.21)	−0.4961 (−0.43)	bf1	1.2401** (2.02)	1.1191 (1.43)
			bf2	3.2331* (1.86)	4.3618 (1.26)
pe	1.0857 (1.23)	1.6297 (1.60)	pe1	0	0
			pe2	0.2040 (0.27)	0.0832 (0.09)
ph	−0.9479 (−0.92)	−2.8494** (−1.99)	ph1	−0.6053 (−1.54)	−1.2607** (−2.10)

续表

解释变量 （潜变量）	无个体 控制特征	加入个体 控制特征	解释变量 （显变量）	无个体 控制特征	加入个体 控制特征
es	−1.5432* (−1.91)	−1.7871 (−1.54)	es1	0.0118 (0.02)	−0.4534 (−0.46)
pc	1.8575** (2.00)	2.3289** (2.14)	pc1	−0.6861 (−1.57)	0.1679 (0.28)
			pc2	2.0415*** (3.37)	1.5478** (2.19)
ep	1.0333 (1.38)	1.3604 (1.25)	ep1	2.0506*** (3.58)	2.7208*** (3.48)
ps	4.8331*** (4.41)	5.3468*** (3.32)	ps1	0.9242** (1.94)	1.4890** (2.06)
1. male	—	2.3534** (2.09)	1. male	—	1.3075 (1.42)
age	—	−0.1178 (−0.29)	age	—	−0.4890 (−1.11)
educ	—	2.3314** (1.96)	educ	—	1.5329* (1.66)
2. prof	—	−0.0530 (−0.02)	2. prof	—	−3.2732 (−1.30)
3. prof	—	−2.4266 (−0.95)	3. prof	—	−4.0356 (−1.64)
4. prof	—	−1.4934 (−0.48)	4. prof	—	−4.8439 (−1.58)
5. prof	—	—	5. prof	—	—
6. prof	—	−2.8387 (−1.07)	6. prof	—	−6.4602** (−1.92)
7. prof	—	−2.0577 (−0.45)	7. prof	—	−7.5216*** (−2.61)
inc	—	−0.6779 (−0.79)	inc	—	−0.6448 (−0.78)
样本量	135	135	样本量	135	135

注：括号内为 z 值，***、**、* 分别表示在 1%、5%、10% 的显著性水平下显著。

　　根据第二列,可以发现村民对农村社会保障、公共文化、公共安全的满意度的估计系数均显著为正,对农村就业服务的满意度的估计系数显著为负,对农村基础设施、公共教育、公共卫生医疗、环境保护的满意度的估计系数并不显著。在引进控制变量后,对农村社会保障、公共文化、公共安全的满意度的估计系数显著为正,对公共卫生医疗的满意度的估计系数显著为负,而其余解释变量的估计系数均不显著。从具体的回归系数来看,农村社会保障的系数是2.6381,公共卫生医疗的系数是−2.8494,公共文化的系数是2.3289,公共安全的系数是5.3468。按影响程度的大小排序,依次是公共安全、公共卫生医疗、社会保障、公共文化。从影响程度的排序来看,公共安全是最重要的影响因素。

　　根据第五列,可以发现题项bf1、bf2、pc2、ep1、ps1的估计系数均显著为正,题项ss1、ss2、pe2、ph1、es1、pc1的估计系数并不显著。在引进控制变量后,题项pc2、ep1、ps1的估计系数均显著为正,ph1的估计系数显著为负,而其余解释变量的估计系数均不显著。从具体的回归系数来看,当地政府提供的集体文化活动的系数是1.5478,环境保护措施的系数是2.7208,公共安全的系数是1.4890。从影响程度来看,现代化的公共服务(环境保护、集体文化活动与公共安全)是重要的影响因素。这也进一步说明三合镇村民看重的公共服务类型正在由传统型向新型的现代化服务类型转变。由于这几个题项的系数都显著为正,说明随着各具体项目满意度的提升,村民对该村整体公共服务供给的满意度也会相应提升。总之,有序Logit模型的实证结果与OLS的回归结果较为一致,表明回归结果具有稳健性。

三、浙江省屠甸镇村民对农村公共服务供给的评价分析

(一)浙江省屠甸镇村民满意度的信度和效度检验

对浙江省屠甸镇村民关于农村公共服务供给的满意度进行考察,

问卷总体的信度和效度检验结果如表 6-24 所示。根据克龙巴赫系数,可以发现问卷整体的信度较高,对公共教育服务的满意度的测量题项 pe1、pe2 的信度较低,存在较低的内部一致性,未通过信度检验。通过因子分析可以看出大部分题项在单个维度上的载荷系数均高于0.5,属于有效题项,通过了效度检验。其中,ss1、ss2 属于维度 1,为对社会保障的满意度;bf1、bf2 属于维度 2,为对基础设施的满意度;pc1、pc2 属于维度 6,为对公共文化服务的满意度。

表 6-24　浙江省屠甸镇农村公共服务供给满意度的信度和效度检验

因变量	潜变量	显变量描述	均值	标准差	题项—总体相关系数	克龙巴赫系数	因子载荷系数
对整体的公共服务的满意度	对社会保障的满意度	ss1,养老保险是否足够养老	2.50	0.82	0.065	0.58	0.815
		ss2,对新农合的满意度	2.06	0.56	0.249	—	0.748
	对基础设施的满意度	bf1,家庭自来水使用情况	3.87	0.40	−0.005	0.58	0.807
		bf2,家庭生活用电情况	2.82	0.39	−0.067	—	0.817
对整体的公共服务的满意度	对公共教育服务的满意度	pe1,本人或子女是否有小学或初中辍学经历	1.94	0.24	0.041	0.370	—
		pe2,当地政府提供的教育服务(除义务教育外)	1.64	0.79	0.441	—	—
	对公共卫生医疗服务的满意度	ph1,一般在哪里看病	3.19	0.86	−0.173	—	—
	对就业服务的满意度	es1,当地政府提供的就业服务	1.73	1.04	0.558	—	—
	对公共文化服务的满意度	pc1,当地政府提供的文化设施	3.29	1.65	0.571	—	0.850
		pc2,当地政府提供的集体文化活动	2.46	1.53	0.652	0.754	0.822

续表

因变量	潜变量	显变量描述	均值	标准差	题项—总体相关系数	克龙巴赫系数	因子载荷系数
对整体的公共服务的满意度	对环境保护的满意度	ep1,当地政府的环境保护措施	2.60	0.99	0.507	—	—
	对公共安全服务的满意度	ps1,当地政府提供的公共安全服务	2.77	1.30	0.628	—	—

(二)浙江省屠甸镇村民满意度的统计分析结果

表 6-25 是浙江省屠甸镇村民对公共服务的满意度的统计分析结果,屠甸镇村民对整体公共服务的满意度均值达到 4.08,根据我们的满意度设定值(非常不满意为 1,不太满意为 2,一般为 3,比较满意为 4,非常满意为 5),可以看出 4.08 高于比较满意程度,说明从整体来看屠甸镇村民对公共服务有较高的满意度。与调查样本整体对比来看,其远高于整体均值 3.66,位列六个镇调查样本之首,是村民评价公共服务满意度最高的镇。再从八个方面的满意度均值来看:对社会保障的满意度为 3.83,对基础设施的满意度为 4.15,对公共教育服务的满意度为 3.96,对公共卫生医疗服务的满意度为 3.91,对就业服务的满意度为 3.78,对公共文化服务的满意度为 3.99,对环境保护的满意度为 4.18,对公共安全服务的满意度为 4.07。其中,对就业服务的满意度(3.78)相对而言是最低的,然后是对社会保障的满意度(3.83)。对环境保护、基础设施和公共安全服务的满意度分别达到 4.18、4.15 和 4.07,均高于比较满意程度。从当地高满意度和低满意度的各项服务类型可以看出:一方面,屠甸镇由于经济条件好,各种类型的公共服务质量均较高,因此村民满意度高;另一方面,这也说明即使在经济发达地区,就业服务依然是村民关注的重点,同时对社会保障提出了更高的要求。总体而言,浙江省屠甸镇村民对公共服务的满意度是最高的,说明当地提供的公共服务类型较好地满足了当地村民的需求。

表 6-25　浙江省屠甸镇公共服务满意度各变量描述性统计分析

变量类型	变量名称	变量缩写	样本量	均值	最大值	最小值	标准差
被解释变量	对整体的公共服务的满意度	ops	456	4.08	5	2	0.51
解释变量	对社会保障的满意度	ss	456	3.83	5	1	0.69
	对基础设施的满意度	bf	456	4.15	5	2	0.57
	对公共教育服务的满意度	pe	456	3.96	5	1	0.70
	对公共卫生医疗服务的满意度	ph	456	3.91	5	2	0.58
	对就业服务的满意度	es	456	3.78	5	1	0.68
	对公共文化服务的满意度	pc	456	3.99	5	2	0.65
	对环境保护的满意度	ep	456	4.18	5	2	0.57
	对公共安全服务的满意度	ps	456	4.07	5	1	0.58

（三）浙江省屠甸镇村民满意度的实证分析结果

表 6-26 为浙江省屠甸镇的 OLS 实证分析结果，前三列为式（6-1）中潜变量的估计结果，后三列为式（6-2）中显变量的估计结果。

表 6-26　浙江省屠甸镇农村公共服务供给满意度影响因素的 OLS 估计结果

解释变量（潜变量）	无个体控制特征	加入个体控制特征	解释变量（显变量）	无个体控制特征	加入个体控制特征
ss	−0.0080 (−0.30)	0.0014 (0.05)	ss1	0.0313 (1.15)	0.0385 (1.37)
			ss2	0.2794*** (6.83)	0.2882*** (6.76)
bf	0.1345*** (4.23)	0.1263*** (3.86)	bf1	0.1208** (2.06)	0.1394** (2.30)
			bf2	0.2411*** (3.99)	0.2132*** (3.31)

续表

解释变量 (潜变量)	无个体 控制特征	加入个体 控制特征	解释变量 (显变量)	无个体 控制特征	加入个体 控制特征
pe	0.0737* (2.42)	0.0634** (2.04)	pe1	0.0096 (0.10)	0.0284 (0.31)
			pe2	0.0173 (0.55)	0.0071 (0.22)
ph	0.0582 (1.71)	0.0670* (1.89)	ph1	0.0090 (0.35)	0.0029 (0.10)
es	0.0425** (1.39)	0.0472 (1.45)	es1	−0.0203 (−0.76)	−0.0205 (−0.75)
pc	0.0762*** (2.27)	0.0763** (2.26)	pc1	0.0334* (1.94)	0.0288* (1.68)
			pc2	0.0180 (0.92)	0.0247 (1.25)
ep	0.2125*** (5.78)	0.1952*** (5.19)	ep1	0.0677*** (2.63)	0.0608** (2.35)
ps	0.2865*** (7.68)	0.2971*** (7.90)	ps1	0.0248 (1.13)	0.0356 (1.60)
1. male	—	−0.0167 (−0.54)	1. male	—	0.0382 (0.88)
age	—	−0.0106 (−0.54)	age	—	−0.0153 (−0.55)
educ	—	0.0220 (0.88)	educ	—	0.0494 (1.38)
2. prof	—	0.1502* (1.90)	2. prof	—	0.3432*** (3.09)
3. prof	—	0.0301 (0.50)	3. prof	—	0.2076** (2.41)
4. prof	—	0.2069*** (2.82)	4. prof	—	0.3685*** (3.57)
5. prof	—	0.0414 (0.40)	5. prof	—	0.0103 (0.07)

续表

解释变量 （潜变量）	无个体 控制特征	加入个体 控制特征	解释变量 （显变量）	无个体 控制特征	加入个体 控制特征
6. prof	—	−0.0302 （−0.16）	6. prof	—	0.4761* （1.80）
7. prof	—	0.0009 （0.01）	7. prof	—	0.0571 （0.56）
inc	—	0.0030 （0.18）	inc	—	−0.0306 （−1.16）
样本量	456	456	样本量	456	456

注：括号内为 t 值，***、**、* 分别表示在 1%、5%、10% 的显著性水平下显著。

根据第二列，可以发现村民对农村基础设施、公共教育、就业服务、公共文化、环境保护、公共安全的满意度的估计系数均显著为正，对农村社会保障、公共卫生医疗的满意度的估计系数并不显著。在引进个体控制变量后，对农村基础设施、公共教育、公共卫生医疗、公共文化、环境保护、公共安全的满意度的估计系数均显著为正，而其余解释变量的估计系数均不显著。从回归系数的大小来比较，某项公共服务类型的系数越大，说明该项公共服务类型对村民的总体满意度的影响程度越大。具体来看，农村基础设施的系数是 0.1263，公共教育的系数是 0.0634，公共卫生医疗的系数是 0.0670，公共文化的系数是0.0763，环境保护的系数是 0.1952，公共安全的系数是 0.2971。按影响程度的大小排序，依次是公共安全（0.2971）、环境保护（0.1952）、基础设施（0.1263）、公共文化（0.0763）、公共卫生医疗（0.0670）、公共教育（0.0634）。当然，由于这六项服务类型的系数都显著为正，说明随着各项服务类型满意度的提升，村民对该村整体公共服务供给的满意度也会相应提升。从影响程度的排序来看，现代化的公共安全服务和环境保护是重要的影响因素，而传统的社会保障和就业服务则不显著。回归结果表明：一方面可能由于浙江省屠甸镇村民的家庭收入和就业状况都较好，所以社会保障和就业服务不是村民看重的服务类型；另一方面也表明屠甸镇村民看重的公共服务类型主要集中在新型的现代化服务类型上,如公共安全与环境保护等。

根据第五列,可以发现题项 ss2、bf1、bf2、pc1、ep1 的估计系数均显著为正,而题项 ss1、pe1、pe2、ph1、es1、pc2、ps1 的估计系数并不显著。在引进控制变量后,原显著题项的估计系数仍然显著为正,而其余解释变量的估计系数均不显著。从具体的回归系数来看,新农合实施的系数是 0.2882,家庭自来水使用的系数是 0.1394,家庭生活用电的系数是 0.2132,当地文化设施供给的系数是 0.0288,环境保护措施的系数是 0.0608。由于具体题项的回归系数不可直接比较,因此从具体题项的回归显著性来分析:除了传统的基础设施外,文化设施和环境保护依然是重要的影响因素。无论是第三列的潜变量回归,还是第六列的显变量回归,其回归结果具有相似性,屠甸镇村民对公共服务的整体满意度受到公共安全、环境保护和基础设施等服务的重要影响。

表 6-27 为浙江省屠甸镇的有序 Logit 模型实证分析结果,前三列为式(6-1)中潜变量的估计结果,后三列为式(6-2)中显变量的估计结果。

表 6-27　浙江省屠甸镇农村公共服务供给满意度影响因素的有序 Logit 模型估计结果

解释变量（潜变量）	无个体控制特征	加入个体控制特征	解释变量（显变量）	无个体控制特征	加入个体控制特征
ss	−0.0085 (−0.03)	0.1273 (0.42)	ss1	0.1804 (1.17)	0.0205 (1.24)
			ss2	1.5953*** (6.72)	1.7872*** (6.66)
bf	1.0743*** (3.32)	1.0472*** (3.09)	bf1	0.5547* (1.74)	0.6395* (1.91)
			bf2	1.3492*** (3.77)	1.2049*** (3.10)

续表

解释变量 （潜变量）	无个体 控制特征	加入个体 控制特征	解释变量 （显变量）	无个体 控制特征	加入个体 控制特征
pe	0.5685* (1.82)	0.4336 (1.29)	pe1	0.1198 (0.23)	0.2278 (0.42)
			pe2	0.1261 (0.75)	0.0529 (0.30)
ph	0.0905 (0.25)	0.2155 (0.58)	ph1	0.0477 (0.34)	0.0232 (0.14)
es	0.5141 (1.56)	0.6048 (1.63)	es1	−0.1242 (−0.86)	−0.1392 (−0.91)
pc	0.8282** (2.37)	0.9661*** (2.65)	pc1	0.1629* (1.71)	0.1511 (1.57)
			pc2	0.1084 (1.03)	0.1518 (1.38)
ep	1.5588*** (4.55)	1.4397*** (3.97)	ep1	0.3882*** (2.66)	0.3660** (2.42)
ps	1.8849*** (5.65)	2.1665*** (6.04)	ps1	0.1311 (1.10)	0.1949 (1.56)
1. male	—	0.0735 (0.21)	1. male	—	0.2324 (0.92)
age	—	−0.0052 (−0.03)	age	—	−0.0764 (−0.46)
educ	—	0.5452* (1.81)	educ	—	0.3375 (1.55)
2. prof	—	2.2543** (2.42)	2. prof	—	2.0826*** (3.20)
3. prof	—	0.7201 (1.03)	3. prof	—	1.3391*** (2.69)
4. prof	—	2.4961*** (3.18)	4. prof	—	2.1188*** (3.61)
5. prof	—	0.3361 (0.37)	5. prof	—	0.1847 (0.23)

续表

解释变量 (潜变量)	无个体 控制特征	加入个体 控制特征	解释变量 (显变量)	无个体 控制特征	加入个体 控制特征
6. prof	—	−0.4143 (−0.23)	6. prof	—	2.3824* (1.76)
7. prof	—	0.2048 (0.27)	7. prof	—	0.3442 (0.60)
inc	—	0.0577 (0.33)	inc	—	−0.1332 (−0.86)
样本量	456	456	样本量	456	456

注:括号内为 z 值,***、**、* 分别表示在 1%、5%、10% 的显著性水平下显著。

根据第二列,可以发现村民对农村基础设施、公共教育、公共文化、环境保护、公共安全的满意度的估计系数均显著为正,对农村社会保障、公共卫生医疗、就业服务的满意度的估计系数并不显著。在引进控制变量后的第三列结果显示,在原先显著的解释变量中,除农村公共教育的估计系数变得不显著外,其余的估计系数仍然显著。从回归系数的大小来看,农村基础设施的系数是 1.0472,公共文化的系数是 0.9661,环境保护的系数是 1.4397,公共安全的系数是 2.1665。按影响程度的大小排序,依次是公共安全(2.1665)、环境保护(1.4397)、基础设施(1.0472)、公共文化(0.9661)。从影响程度的排序来看,现代化的公共安全和环境保护是重要的影响因素,这与 OLS 的回归结果具有一致性。

根据第五列,可以发现题项 ss2、bf1、bf2、pc1、ep1 的估计系数均显著为正,而题项 ss1、pe1、pe2、ph1、es1、pc2、ps1 的估计系数并不显著。在引进控制变量后,原先显著的题项中除 pc1 外,其余的估计系数仍然显著为正。具体而言,新农合实施的系数为 1.7872,家庭自来水使用的系数为 0.6395,家庭生活用电的系数为 1.2049,环境保护措施的系数为 0.3660,以上结果均显著。这说明公共基础设施和环境保护等是重要的影响因素。这与 OLS 回归的结果基本一致,说明回归结果稳健。

四、湖南省荷香桥镇村民对农村公共服务供给的评价分析

(一)湖南省荷香桥镇村民满意度的信度和效度检验

对湖南省荷香桥镇村民关于农村公共服务供给的满意度进行考察,调查问卷总体的信度和效度检验结果如表 6-28 所示。根据克龙巴赫系数,可以发现问卷整体的信度较高,其中部分变量的测量题项存在较低的内部一致性,对公共教育服务的满意度的测量题项信度较低,未通过信度检验。通过因子分析可以看出大部分题项在单个维度上的载荷系数均高于 0.5,属于有效题项,通过了效度检验。其中,ss1、ss2 属于维度 1,为对社会保障的满意度;bf1、bf2 属于维度 2,为对基础设施的满意度;pc1、pc2 属于维度 6,为对公共文化服务的满意度。

表 6-28　湖南省荷香桥镇农村公共服务供给满意度的信度和效度检验

因变量	潜变量	显变量描述	均值	标准差	题项—总体相关系数	克龙巴赫系数	因子载荷系数
对整体的公共服务的满意度	对社会保障的满意度	ss1,养老保险是否足够养老	1.88	0.66	0.288	0.69	0.749
		ss2,对新农合的满意度	1.64	0.70	0.294	—	0.745
	对基础设施的满意度	bf1,家庭自来水使用情况	3.34	0.84	0.239	0.51	0.752
		bf2,家庭生活用电情况	2.29	0.51	0.239	—	0.751
	对公共教育服务的满意度	pe1,本人或子女是否有小学或初中辍学经历	1.87	0.34	0.212	0.44	—
		pe2,当地政府提供的教育服务(除义务教育外)	1.48	0.79	0.606	—	—
	对公共卫生医疗服务的满意度	ph1,一般在哪里看病	3.40	1.23	0.187	—	—

续表

因变量	潜变量	显变量描述	均值	标准差	题项—总体相关系数	克龙巴赫系数	因子载荷系数
对整体的公共服务的满意度	对就业服务的满意度	es1,当地政府提供的就业服务	1.69	1.01	0.623	—	—
	对公共文化服务的满意度	pc1,当地政府提供的文化设施	2.11	1.52	0.722	—	0.866
		pc2,当地政府提供的集体文化活动	1.70	1.21	0.687	0.82	0.842
	对环境保护的满意度	ep1,当地政府的环境保护措施	2.11	1.10	0.648	—	—
	对公共安全服务的满意度	ps1,当地政府提供的公共安全服务	2.78	1.52	0.676	—	—

(二)湖南省荷香桥镇村民满意度的统计分析结果

表 6-29 是湖南省荷香桥镇村民对公共服务的满意度的统计分析结果,荷香桥镇村民对整体公共服务的满意度均值是 3.42,根据我们的满意度设定值,可以看出其处于一般和比较满意程度之间,且更偏向一般满意程度。相较整体样本的满意度水平而言,其低于整体均值 3.66,处于样本中的六个镇的中下水平。再从八个方面的满意度均值来看:对社会保障的满意度为 3.09,对基础设施的满意度为 3.43,对公共教育服务的满意度为 3.32,对公共卫生医疗的满意度为 3.34,对就业服务的满意度为 3.22,对公共文化服务的满意度为 3.20,对环境保护的满意度为 3.13,对公共安全服务的满意度为 3.52。其中,对社会保障的满意度(3.09)最低,次低的是对环境保护的满意度(3.13),有着最高满意度的是公共安全服务(3.52)。对于一个位于中部省份、人口众多、虽不发达但不至于特困的村镇而言,对社会保障满意度低可能是其现实特征之一。正如调研过程中村民所反映的那样:新农合每年缴纳的费用对部分村民来说可能也是一笔较大的支出。

表 6-29　湖南省荷香桥镇公共服务满意度各变量描述性统计分析

变量类型	变量名称	变量缩写	样本量	均值	最大值	最小值	标准差
被解释变量	对整体的公共服务的满意度	ops	565	3.42	5	1	0.84
解释变量	对社会保障的满意度	ss	565	3.09	5	1	0.90
	对基础设施的满意度	bf	565	3.43	5	1	0.89
	对公共教育服务的满意度	pe	565	3.32	5	1	0.85
	对公共卫生医疗服务的满意度	ph	565	3.34	5	1	0.88
	对就业服务的满意度	es	565	3.22	5	1	0.93
	对公共文化服务的满意度	pc	565	3.20	5	1	0.91
	对环境保护的满意度	ep	565	3.13	5	1	1.14
	对公共安全服务的满意度	ps	565	3.52	5	1	0.82

(三)湖南省荷香桥镇村民满意度的实证分析结果

表 6-30 为湖南省荷香桥镇的 OLS 实证分析结果,前三列为式(6-1)中潜变量的估计结果,后三列为式(6-2)中显变量的估计结果。

表 6-30　湖南省荷香桥镇农村公共服务供给满意度影响因素的 OLS 估计结果

解释变量(潜变量)	无个体控制特征	加入个体控制特征	解释变量(显变量)	无个体控制特征	加入个体控制特征
ss	0.0354 (1.30)	0.0333 (1.20)	ss1	0.1065** (2.36)	0.1169** (2.58)
			ss2	0.2693*** (6.27)	0.2680*** (5.94)
bf	0.0509* (1.74)	0.0456 (1.56)	bf1	0.1100*** (3.13)	0.1046*** (2.92)
			bf2	0.2390*** (4.20)	0.2360*** (4.17)

续表

解释变量 （潜变量）	无个体 控制特征	加入个体 控制特征	解释变量 （显变量）	无个体 控制特征	加入个体 控制特征
pe	0.1288*** (3.86)	0.1271*** (3.76)	pe1	0.0851 (1.02)	0.1000 (1.18)
			pe2	0.0645 (1.29)	0.0771 (1.53)
ph	0.0528 (1.59)	0.0445 (1.32)	ph1	0.0537** (2.46)	0.0503** (2.26)
es	0.1088*** (3.14)	0.1178*** (3.35)	es1	0.1098*** (2.81)	0.0979** (2.48)
pc	0.1408*** (3.91)	0.1365*** (3.74)	pc1	0.0278 (0.95)	0.0246 (0.83)
			pc2	0.0075 (0.22)	0.0084 (0.24)
ep	0.0319 (1.36)	0.0270 (1.14)	ep1	0.0344 (1.01)	0.0337 (0.98)
ps	0.4233*** (11.21)	0.4275*** (11.23)	ps1	0.0997*** (3.84)	0.0929*** (3.51)
1. male	—	−0.0060 (−0.16)	1. male	—	−0.0509 (−0.87)
age	—	0.0264 (1.42)	age	—	0.0219 (0.74)
educ	—	0.0636** (2.45)	educ	—	0.0459 (1.13)
2. prof	—	−0.1371 (−1.09)	2. prof	—	−0.0630 (−0.32)
3. prof	—	−0.1302 (−1.07)	3. prof	—	−0.0317 (−0.17)
4. prof	—	−0.0940 (−0.71)	4. prof	—	−0.1266 (−0.62)
5. prof	—	−0.1847 (−1.23)	5. prof	—	−0.0830 (−0.36)

续表

解释变量 （潜变量）	无个体 控制特征	加入个体 控制特征	解释变量 （显变量）	无个体 控制特征	加入个体 控制特征
6. prof	—	−0.0219 （−0.14）	6. prof	—	0.2238 （0.96）
7. prof	—	−0.0396 （−0.31）	7. prof	—	0.2027 （1.04）
inc	—	−0.0287* （−1.68）	inc	—	−0.0396 （−1.49）
样本量	565	565	样本量	565	565

注：括号内为 t 值，***、**、* 分别表示在 1%、5%、10% 的显著性水平下显著。

根据第二列，可以发现村民对农村基础设施、公共教育、就业服务、公共文化、公共安全的满意度的估计系数均显著为正，而对农村社会保障、公共卫生医疗、环境保护的满意度的估计系数并不显著。引入个体控制变量后的第三列显示，在原先显著的解释变量中，除农村基础设施的估计系数变得不显著外，其余的估计系数仍然显著。从具体的回归系数来看，公共教育的系数是 0.1271，就业服务的系数是 0.1178，公共文化的系数是 0.1365，公共安全的系数是 0.4275。按影响程度的大小排序，依次是公共安全（0.4275）、公共文化（0.1365）、公共教育（0.1271）、就业服务（0.1178）。从影响程度的排序来看，公共安全是最重要的影响因素，其次是公共文化、公共教育和就业服务。由于这四项服务类型的系数都显著为正，说明随着各项服务类型满意度的提升，村民对该村整体公共服务供给的满意度也会相应提升。相较整体样本的回归系数而言，荷香桥镇的公共安全和公共文化的系数与之接近，并且公共教育和就业服务的系数稍大。

根据第五列，可以发现题项 ss1、ss2、bf1、bf2、ph1、es1、ps1 的估计系数均显著为正，而题项 pe1、pe2、pc1、pc2、ep1 的估计系数并不显著。在引进控制变量后，原先显著的题项的估计系数仍然显著为正，而其他题项并不显著。从具体的回归系数来看，农村养老保险的系数是 0.1169,新农合实施的系数是 0.2680,家庭自来水使用的系数是 0.1046,家庭生活用电的系数是 0.2360,公共卫生医疗的系数是 0.0503,就业服务的系数是 0.0979,公共安全的系数是 0.0929。从公共服务具体项目的影响程度和显著性可以观察到:荷香桥镇村民对公共服务的满意度不仅受到社会保障、基础设施的影响,也受到就业服务和公共安全的影响。当然,由于这些题项的系数都显著为正,说明随着各具体项目满意度的提升,村民对该村整体公共服务供给的满意度也会相应提升。

表 6-31 为湖南省荷香桥镇的有序 Logit 模型实证分析结果,前三列为式(6-1)中潜变量的估计结果,后三列为式(6-2)中显变量的估计结果。

表 6-31　湖南省荷香桥镇农村公共服务供给满意度影响因素的有序 Logit 模型估计结果

解释变量（潜变量）	无个体控制特征	加入个体控制特征	解释变量（显变量）	无个体控制特征	加入个体控制特征
ss	0.2786 (1.63)	0.2746 (1.57)	ss1	0.2917** (2.01)	0.3356** (2.25)
			ss2	0.9533*** (6.62)	0.9806*** (6.38)
bf	0.2918* (1.68)	0.2583 (1.47)	bf1	0.3340*** (2.91)	0.3090*** (2.62)
			bf2	−0.4009*** (−1.55)	0.8270*** (4.53)
pe	0.6005*** (3.04)	0.6210*** (3.04)	pe1	0.8240 (4.55)	0.2124 (0.78)
			pe2	0.1740 (0.65)	0.2039 (1.27)
ph	0.3541* (1.76)	0.3110 (1.52)	ph1	0.1633*** (1.04)	0.1842** (2.57)
es	0.5758*** (2.85)	0.6412*** (3.09)	es1	0.1810*** (2.60)	0.3202** (2.54)

续表

解释变量 （潜变量）	无个体 控制特征	加入个体 控制特征	解释变量 （显变量）	无个体 控制特征	加入个体 控制特征
pc	0.8175*** (3.81)	0.8027*** (3.64)	pc1	0.3476 (2.79)	0.0730 (0.77)
			pc2	0.0932 (1.01)	−0.0173 (−0.16)
ep	0.2728* (1.92)	0.2662* (1.83)	ep1	−0.0296 (−0.28)	0.1504 (1.37)
ps	2.1783*** (9.26)	2.2523*** (9.31)	ps1	0.1351*** (1.25)	0.3401*** (3.94)
1. male	—	−0.0017 (−0.01)	1. male	—	−0.2298 (−1.24)
age	—	0.1282 (1.10)	age	—	0.0652 (0.69)
educ	—	0.4278* (2.63)	educ	—	0.1907 (1.45)
2. prof	—	−0.7377 (−0.90)	2. prof	—	−0.0187 (−0.03)
3. prof	—	−0.8005 (−1.02)	3. prof	—	−0.0689 (−0.12)
4. prof	—	−0.5645 (−0.66)	4. prof	—	−0.2723 (−0.43)
5. prof	—	−1.0813 (−1.12)	5. prof	—	−0.0831 (−0.11)
6. prof	—	0.0592 (0.06)	6. prof	—	0.8648 (1.16)
7. prof	—	−0.1059 (−0.13)	7. prof	—	0.7649 (1.24)
inc	—	−0.2074* (−1.91)	inc	—	−0.1356 (−1.57)
样本量	565	565	样本量	565	565

注：括号内为 z 值，***、**、* 分别表示在 1%、5%、10% 的显著性水平下显著。

　　根据第二列,可以发现村民对农村基础设施、公共教育、公共卫生医疗、就业服务、公共文化、环境保护、公共安全的满意度的估计系数均显著为正,而对农村社会保障的满意度的估计系数并不显著。引进个体控制变量后的第三列显示,在原先显著的解释变量中,除农村社会保障、基础设施和公共卫生医疗的估计系数变得不显著外,其他解释变量的估计系数仍然显著。从具体的回归系数来看,公共教育的系数是0.6210,就业服务的系数是0.6412,公共文化的系数是0.8027,环境保护的系数是0.2662,公共安全的系数是2.2523。按影响程度,的大小排序,依次是公共安全(2.2523)、公共文化(0.8027)、就业服务(0.6412)、公共教育(0.6210)、环境保护(0.2662)。从影响程度的排序来看,公共安全和公共文化是重要的影响因素,就业服务、公共教育和环境保护次之,此有序Logit模型回归结果与上述OLS回归结果基本一致。

　　根据第五列,可以发现题项ss1、ss2、bf1、ph1、es1、ps1的估计系数均显著为正,题项bf2的估计系数显著为负,而题项pe1、pe2、pc1、pc2、ep1的估计系数并不显著。在引进控制变量后,原先显著的题项的估计系数依旧显著为正,而其他题项仍不显著。从具体的回归系数来看,农村养老保险的系数是0.3356,新农合实施的系数是0.9806,家庭自来水使用的系数是0.3090,家庭生活用电的系数是0.8270,公共卫生医疗的系数是0.1842,就业服务的系数是0.3202,公共安全的系数是0.3401。从影响程度和显著性来看,不仅新农合和养老保险等服务会显著影响村民的整体满意度,同时就业服务、公共安全服务等也会显著影响其整体满意度。当然,由于这些题项的系数都显著为正,说明随着各具体项目满意度的提升,村民对该村整体公共服务供给的满意度也会相应提升。该回归结果与前文OLS回归的结果基本一致,说明回归结果具有稳健性。

五、贵州省敖溪镇村民对农村公共服务供给的评价分析

(一)贵州省敖溪镇村民满意度的信度和效度检验

对贵州省敖溪镇村民关于农村公共服务供给的满意度进行考察，调查问卷总体的信度和效度检验结果如表 6-32 所示。根据克龙巴赫系数，可以发现问卷整体的信度处于可以接受的水平，其中对社会保障的满意度、对公共教育服务的满意度两个变量的测量题项存在较低的内部一致性。通过因子分析可以看出所有题项在单个维度上的载荷系数均高于 0.5，通过了效度检验。其中，bf1、bf2 属于维度 2，为对基础设施的满意度；pc1、pc2 属于维度 6，为对公共文化服务的满意度。

表 6-32　贵州省敖溪镇农村公共服务供给满意度的信度和效度检验

因变量	潜变量	显变量描述	均值	标准差	题项—总体相关系数	克龙巴赫系数	因子载荷系数
对整体的公共服务的满意度	对社会保障的满意度	ss1，养老保险是否足够养老	2.14	0.60	0.379	0.340	—
		ss2，对新农合的满意度	2.40	0.53	0.213	—	—
	对基础设施的满意度	bf1，家庭自来水使用情况	3.36	0.62	0.214	0.520	0.780
		bf2，家庭生活用电情况	2.53	0.50	0.043		0.763
	对公共教育服务的满意度	pe1，本人或子女是否有小学或初中辍学经历	1.44	0.50	0.303	0.450	—
		pe2，当地政府提供的教育服务(除义务教育外)	1.14	0.41	0.455		—
	对公共卫生医疗服务的满意度	ph1，一般在哪里看病	4.00	0.61	−0.250	—	—
	对就业服务的满意度	es1，当地政府提供的就业服务	1.42	0.59	0.079	—	—

续表

因变量	潜变量	显变量描述	均值	标准差	题项—总体相关系数	克龙巴赫系数	因子载荷系数
对整体的公共服务的满意度	对公共文化服务的满意度	pc1,当地政府提供的文化设施	1.57	0.70	0.449	—	0.785
		pc2,当地政府提供的集体文化活动	1.50	0.79	0.553	0.641	0.756
	对环境保护的满意度	ep1,当地政府的环境保护措施	1.10	0.39	0.458	—	—
	对公共安全服务的满意度	ps1,当地政府提供的公共安全服务	2.23	0.83	0.260	—	—

(二)贵州省敖溪镇村民满意度的统计分析结果

表 6-33 是贵州省敖溪镇村民公共服务满意度的统计分析结果。从表中可以看出,敖溪镇村民对整体公共服务的满意度均值为 3.54,根据我们的满意度设定值(非常不满意为 1,不太满意为 2,一般为 3,比较满意为 4,非常满意为 5),可以看出满意度 3.54 刚好处于一般和比较满意程度之间,同时也处于调查样本六个镇的中间水平。再从八个方面的满意度来看:对社会保障的满意度为 3.75,对基础设施的满意度为 3.82,对公共教育服务的满意度为 3.75,对公共卫生医疗服务的满意度为 3.58,对就业服务的满意度为 3.06,对公共文化服务的满意度为 3.46,对环境保护的满意度为 3.63,对公共安全服务的满意度为 3.53。与其他镇类似,敖溪镇村民对就业服务的满意度(3.06)最低,次低的是公共文化(3.46)和公共安全(3.53),均低于整体公共服务的满意度均值,这可能与受访者的自身特征有关。敖溪镇的受访者中 60 岁及以上村民的占比达 61.52%,说明老年村民对文化休闲和公共安全有更高的要求。

表 6-33　贵州省敖溪镇公共服务满意度各变量描述性统计分析

变量类型	变量名称	变量缩写	样本量	均值	最大值	最小值	标准差
被解释变量	对整体的公共服务的满意度	ops	271	3.54	5	2	0.71
解释变量	对社会保障的满意度	ss	271	3.75	5	1	0.64
	对基础设施的满意度	bf	271	3.82	5	1	0.60
	对公共教育服务的满意度	pe	271	3.75	5	2	0.60
	对公共卫生医疗服务的满意度	ph	271	3.58	5	1	0.72
	对就业服务的满意度	es	271	3.06	5	2	0.85
	对公共文化服务的满意度	pc	271	3.46	5	2	0.72
	对环境保护的满意度	ep	271	3.63	5	2	0.64
	对公共安全服务的满意度	ps	271	3.53	5	2	0.71

(三)贵州省敖溪镇村民满意度的实证分析结果

表 6-34 为贵州省敖溪镇农村公共服务供给满意度影响因素的 OLS 实证分析结果,前三列为式(6-1)中潜变量的估计结果,后三列为式(6-2)中显变量的估计结果。

表 6-34　贵州省敖溪镇农村公共服务供给满意度影响因素的 OLS 估计结果

解释变量（潜变量）	无个体控制特征	加入个体控制特征	解释变量（显变量）	无个体控制特征	加入个体控制特征
ss	-0.0007 (-0.04)	-0.0064 (-0.33)	ss1	0.1882^{***} (2.69)	0.1551^{**} (2.19)
			ss2	0.0069 (0.07)	-0.0146 (-0.14)
bf	0.0307 (1.51)	0.0171 (0.81)	bf1	-0.0463 (-0.67)	-0.0537 (-0.77)
			bf2	-0.1014 (-1.19)	-0.0975 (-1.12)

续表

解释变量 （潜变量）	无个体 控制特征	加入个体 控制特征	解释变量 （显变量）	无个体 控制特征	加入个体 控制特征
pe	−0.0295 (−1.32)	−0.0232 (−1.03)	pe1	0.1802* (1.71)	0.0559 (0.49)
			pe2	0.2654** (2.41)	0.1973* (1.71)
ph	0.0162 (0.88)	0.0111 (0.59)	ph1	−0.0956 (−1.42)	−0.0546 (−0.80)
es	0.0127 (0.87)	0.0107 (0.64)	es1	0.3032*** (4.10)	0.2239 (2.70)
pc	0.0160 (0.73)	0.0198 (0.89)	pc1	−0.2331*** (−3.56)	−0.2324*** (−3.55)
			pc2	0.1749** (2.48)	0.1038 (1.36)
ep	0.0137 (0.58)	0.0028 (0.12)	ep1	0.1338 (1.12)	−0.0080 (−0.06)
ps	0.9426*** (45.89)	0.9399*** (45.08)	ps1	0.0263 (0.48)	0.0022 (0.04)
1. male	—	0.0328 (1.54)	1. male	—	−0.0109 (−0.14)
age	—	−0.0251 (−1.12)	age	—	−0.0717 (−0.81)
educ	—	−0.0107 (−0.48)	educ	—	0.1789** (2.08)
2. prof	—	0.0816 (0.42)	2. prof	—	0.7903 (1.06)
3. prof	—	0.0547 (0.27)	3. prof	—	0.5756 (0.73)
4. prof	—	0.0935 (0.43)	4. prof	—	0.8995 (1.09)
5. prof	—	—	5. prof	—	—
6. prof	—	0.0050 (0.03)	6. prof	—	0.8349 (1.16)
7. prof	—	0.0937 (0.48)	7. prof	—	0.7661 (1.03)

续表

解释变量 (潜变量)	无个体 控制特征	加入个体 控制特征	解释变量 (显变量)	无个体 控制特征	加入个体 控制特征
inc	—	0.0496*** (2.62)	inc	—	0.0760 (0.99)
样本量	271	271	样本量	271	271

注:括号内为 t 值, ***、**、* 分别表示在 1%、5%、10% 的显著性水平下显著。

根据第二列,可以发现对农村公共安全服务的满意度的估计系数显著为正,而对农村社会保障、基础设施、公共教育服务、公共卫生医疗服务、就业服务、公共文化服务、环境保护的满意度的估计系数均不显著。引进控制变量后的第三列显示,解释变量的显著性不变。具体来看,公共安全的估计系数是 0.9399 并且显著,说明其是重要的影响因素。相较全样本回归系数而言,公共安全的系数变大,但是其余多项公共服务类型均不显著,贵州省敖溪镇的样本回归结果与整体样本和其他镇的表现情况有较大差异。

根据第五列,可以发现题项 ss1、pe1、pe2、es1、pc2 的估计系数均显著为正,题项 pc1 的估计系数显著为负,而题项 ss2、bf1、bf2、ph1、ep1、ps1 的估计系数并不显著。在引进控制变量后,仅有题项 ss1、pe2、pc1 的估计系数显著,其他题项不显著。从具体的回归系数来看,农村养老保险的系数是 0.1551,当地政府提供的教育服务的系数是 0.1973,文化设施供给的系数是 -0.2324。从影响程度和显著性来看,文化设施供给、当地政府提供的教育服务等是重要的影响因素,养老保险等服务的影响程度较小。对比第三列和第六列的潜变量回归与显变量回归,可以看到回归结果表现出一定的差异性。

表 6-35 为贵州省敖溪镇的有序 Logit 模型实证分析结果,前三列为式(6-1)中潜变量的估计结果,后三列为式(6-2)中显变量的估计结果。

表 6-35 贵州省敖溪镇农村公共服务供给满意度影响因素的有序 Logit 模型估计结果

解释变量 (潜变量)	无个体 控制特征	加入个体 控制特征	解释变量 (显变量)	无个体 控制特征	加入个体 控制特征
ss	0.0099 (0.01)	0.0447 (0.06)	ss1	0.6212*** (2.65)	0.5521** (2.29)
			ss2	0.0267 (0.09)	−0.0115 (−0.03)
bf	1.2870* (1.83)	0.6924 (0.86)	bf1	−0.1670 (−0.74)	−0.1808 (−0.77)
			bf2	−0.2762 (−1.00)	−0.3067 (−1.06)
pe	−0.9832 (−1.33)	−0.2828 (−0.34)	pe1	0.5791* (1.73)	0.1645 (0.45)
			pe2	0.9721** (2.58)	0.7581* (1.88)
ph	0.5782 (0.84)	0.5664 (0.79)	ph1	−0.3178 (−1.49)	−0.1860 (−0.84)
es	0.7083 (1.16)	1.1072 (1.44)	es1	1.1374*** (4.41)	0.8808*** (3.15)
pc	0.5096 (0.65)	0.6718 (0.79)	pc1	−0.7116*** (−3.20)	−0.7648*** (−3.25)
			pc2	0.5756** (2.48)	0.3247 (1.27)
ep	0.4740 (0.57)	−0.0529 (−0.06)	ep1	0.5137 (1.30)	0.0428 (0.09)
ps	8.1269*** (8.47)	9.3738*** (6.80)	ps1	0.1142 (0.64)	0.0157 (0.08)
1. male	—	2.0340* (1.88)	1. male	—	−0.0471 (−0.18)
age	—	−1.7886* (−1.67)	age	—	−0.3481 (−1.10)
educ	—	−0.6987 (−0.80)	educ	—	0.7580** (2.45)

续表

解释变量 (潜变量)	无个体 控制特征	加入个体 控制特征	解释变量 (显变量)	无个体 控制特征	加入个体 控制特征
2. prof	—	3.5833 (0.09)	2. prof	—	3.3910 (1.21)
3. prof	—	2.8474 (0.07)	3. prof	—	2.8815 (0.98)
4. prof	—	4.3882 (0.11)	4. prof	—	3.7181 (1.23)
5. prof	—	—	5. prof	—	—
6. prof	—	1.4060 (0.04)	6. prof	—	3.8188 (1.39)
7. prof	—	2.8005 (0.07)	7. prof	—	3.3602 (1.20)
inc	—	1.2552* (1.83)	inc	—	0.2546 (1.00)
样本量	271	271	样本量	271	271

注:括号内为 z 值,***、**、* 分别表示在 1%、5%、10% 的显著性水平下显著。

根据第二列,可以发现村民对农村基础设施、公共安全的满意度的估计系数均显著为正,对农村社会保障、公共教育、公共卫生医疗、就业服务、公共文化、环境保护的满意度的估计系数均不显著。在引进控制变量后,仅有公共安全的估计系数仍然显著为正,其他变量的估计系数不显著。该有序 Logit 模型回归结果与前文的 OLS 回归结果基本一致。

根据第五列,可以发现题项 ss1、pe1、pe2、es1、pc2 的估计系数均显著为正,题项 pc1 的估计系数显著为负,而题项 ss2、bf1、bf2、ph1、ep1、ps1 的估计系数并不显著。在引进控制变量后,原显著的题项中除了 pe1、pc2 变得不显著外,其他变量仍然显著。从具体的回归系数来看,农村养老保险的系数是 0.5521,当地政府提供的教育服务的系数是 0.7581,就业服务的系数是 0.8808,文化设施供给的系数是

—0.7648。从影响程度和显著性来看,就业服务和文化设施供给等是重要的影响因素,养老保险等传统服务的影响程度较小。该有序Logit模型回归结果与前文的OLS回归结果基本一致,但潜变量回归和显变量回归也依然表现出较大差异。

六、黑龙江省古龙镇村民对农村公共服务供给的评价分析

(一)黑龙江省古龙镇村民满意度的信度和效度检验

对黑龙江省古龙镇村民关于农村公共服务供给的满意度进行考察,调查问卷总体的信度和效度检验结果如表6-36所示。根据克龙巴赫系数,可以发现问卷整体的信度处于可以接受的水平,各变量的测量题项存在较高的内部一致性,均通过了信度检验。通过因子分析可以看出全部题项在单个维度上的载荷系数均高于0.5,属于有效题项,通过了效度检验。ss1、ss2属于维度1,为对社会保障的满意度;bf1、bf2属于维度2,为对基础设施的满意度;pe1、pe2属于维度3,为对公共教育服务的满意度;pc1、pc2属于维度6,为对公共文化服务的满意度。

表6-36　黑龙江省古龙镇农村公共服务供给满意度的信度和效度检验

因变量	潜变量	显变量描述	均值	标准差	题项—总体相关系数	克龙巴赫系数	因子载荷系数
对整体的公共服务的满意度	对社会保障的满意度	ss1,养老保险是否足够养老	1.79	0.67	0.247	0.549	0.522
		ss2,对新农合的满意度	1.92	0.68	0.261	—	0.809
	对基础设施的满意度	bf1,家庭自来水使用情况	3.25	0.78	0.281	0.740	0.811
		bf2,家庭生活用电情况	2.31	0.51	0.158	—	0.836
	对公共教育服务的满意度	pe1,本人或子女是否有小学或初中辍学经历	1.84	0.37	0.226	0.530	0.887
		pe2,当地政府提供的教育服务(除义务教育外)	1.32	0.55	0.632		0.764

续表

因变量	潜变量	显变量描述	均值	标准差	题项—总体相关系数	克龙巴赫系数	因子载荷系数
对整体的公共服务的满意度	对公共卫生医疗服务的满意度	ph1,一般在哪里看病	3.35	0.75	0.076	—	—
	对就业服务的满意度	es1,当地政府提供的就业服务	1.47	0.70	0.427	—	—
	对公共文化服务的满意度	pc1,当地政府提供的文化设施	1.79	0.86	0.502	—	0.807
		pc2,当地政府提供的集体文化活动	1.84	0.86	0.536	0.647	0.723
	对环境保护的满意度	ep1,当地政府的环境保护措施	1.80	0.61	0.387	—	—
	对公共安全服务的满意度	ps1,当地政府提供的公共安全服务	2.42	1.06	0.501	—	—

(二)黑龙江省古龙镇村民满意度的统计分析结果

表 6-37 是黑龙江省古龙镇村民公共服务满意度的统计分析结果,古龙镇村民对整体公共服务的满意度均值为 3.40,根据我们的满意度设定值,可知其处于一般和比较满意程度之间,且偏向一般满意程度,低于全体样本均值 3.66,处于六个镇的下游水平,仅略高于河北省马厂镇(3.33)。从八个方面的满意度来看:对社会保障的满意度为 3.24,对基础设施的满意度为 3.59,对公共教育服务的满意度为 3.03,对公共卫生医疗服务的满意度为 3.29,对就业服务的满意度为 3.03,对公共文化服务的满意度为 3.30,对环境保护的满意度为 3.57,对公共安全服务的满意度为 3.64。其中,对公共教育服务(3.03)和就业服务(3.03)的满意度最低,可能是因为该镇的多数受访者比较年轻,更重视就业服务和相关教育服务,而这两种公共服务都没能得到较好的供给。次低的是社会保障、公共卫生医疗服务,说明古龙镇在传统公共服务类型上的供给还有待进一步提高。

表 6-37　黑龙江省古龙镇公共服务满意度各变量描述性统计分析

变量类型	变量名称	变量缩写	样本量	均值	最大值	最小值	标准差
被解释变量	对整体的公共服务的满意度	ops	102	3.40	5	2	0.68
解释变量	对社会保障的满意度	ss	102	3.24	5	1	0.80
	对基础设施的满意度	bf	102	3.59	5	1	0.93
	对公共教育服务的满意度	pe	102	3.03	5	1	0.80
	对公共卫生医疗服务的满意度	ph	102	3.29	5	2	0.67
	对就业服务的满意度	es	102	3.03	5	1	0.77
	对公共文化服务的满意度	pc	102	3.30	5	1	0.74
	对环境保护的满意度	ep	102	3.57	5	1	0.71
	对公共安全服务的满意度	ps	102	3.64	5	2	0.70

(三)黑龙江省古龙镇村民满意度的实证分析结果

表 6-38 为黑龙江省古龙镇农村公共服务供给满意度影响因素的 OLS 实证分析结果,前三列为式(6-1)中潜变量的估计结果,后三列为式(6-2)中显变量的估计结果。

表 6-38　黑龙江省古龙镇农村公共服务供给满意度影响因素的 OLS 估计结果

解释变量(潜变量)	无个体控制特征	加入个体控制特征	解释变量(显变量)	无个体控制特征	加入个体控制特征
ss	0.1203 (1.60)	0.1017 (1.30)	ss1	−0.0427 (−0.48)	−0.0073 (−0.07)
			ss2	−0.2418*** (−2.74)	−0.2268** (−2.49)

续表

解释变量 （潜变量）	无个体 控制特征	加入个体 控制特征	解释变量 （显变量）	无个体 控制特征	加入个体 控制特征
bf	0.0454 (0.68)	0.0204 (0.29)	bf1	−0.1149 (−1.27)	−0.1074 (−1.16)
			bf2	−0.1500 (−1.17)	−0.1546 (−1.18)
pe	0.0019 (0.03)	0.0118 (0.17)	pe1	−0.3333** (−2.06)	−0.2942 (−1.70)
			pe2	0.2094 (1.45)	0.1956 (1.32)
ph	0.1224 (1.39)	0.1102 (1.17)	ph1	−0.0114 (−0.15)	−0.0082 (−0.10)
es	0.1476** (2.00)	0.1530* (1.97)	es1	−0.2585** (−2.39)	−0.2576** (−2.34)
pc	0.0340 (0.40)	0.0615 (0.69)	pc1	−0.1076 (−1.31)	−0.0885 (−1.00)
			pc2	−0.1463* (−1.83)	−0.1370 (−1.59)
ep	0.1506 (1.65)	0.1180 (1.24)	ep1	0.0114 (0.10)	0.0052 (0.05)
ps	0.3265*** (3.77)	0.3113*** (3.35)	ps1	−0.0367 (−0.58)	−0.0440 (−0.66)
1. male	—	−0.0596 (−0.63)	1. male	—	−0.1435 (−1.36)
age	—	0.0258 (0.54)	age	—	−0.0024 (−0.04)
educ	—	0.0859 (0.93)	educ	—	0.2379 (2.94)
2. prof	—	−0.0778 (−0.39)	2. prof	—	0.6119 (2.28)
3. prof	—	0.1922 (0.99)	3. prof	—	0.0961 (0.40)

续表

解释变量 (潜变量)	无个体 控制特征	加入个体 控制特征	解释变量 (显变量)	无个体 控制特征	加入个体 控制特征
4. prof	—	—	4. prof	—	—
5. prof	—	0.2037 (0.62)	5. prof	—	−0.2531 (−0.62)
6. prof	—	0.2186 (0.59)	6. prof	—	1.1742 (3.03)
7. prof	—	0.1061 (0.42)	7. prof	—	0.6127 (2.18)
inc	—	−0.0663 (−0.98)	inc	—	0.1263 (2.82)
样本量	102	102	样本量	102	102

注:括号内为 t 值,$***$ 、$**$ 、$*$ 分别表示在 1%、5%、10% 的显著性水平下显著。

　　根据第二列,可以发现村民对农村就业服务、公共安全的满意度的估计系数均显著为正,对农村社会保障、基础设施、公共教育、公共卫生医疗、公共文化、环境保护的满意度的估计系数均不显著。在引进控制变量后,原先显著的解释变量的估计系数仍然显著为正,而其他变量仍不显著。从具体的回归系数来看,就业服务的系数是0.1530,公共安全的系数是0.3113,这说明古龙镇村民对公共服务供给满意度主要受到公共安全和就业服务的影响。相较于全样本回归,公共安全的影响程度稍小,但是就业服务的影响程度显著增大,这可能跟调研过程中村民反映的就业难问题有很大关系。

　　根据第五列可以发现,题项 ss2、pe1、es1、pc2 的估计系数均显著为负,而题项 ss1、bf1、bf2、pe2、ph1、pc1、ep1、ps1 的估计系数并不显著。在引进控制变量后,仅有题项 ss2、es1 的估计系数显著为负,其余解释变量的估计系数均不显著。从具体的回归系数来看,农村新农合实施的系数是−0.2268,就业服务的系数是−0.2576。仅从显著性来看,新农合和就业服务确实是影响村民对公共服务供给满意度的关键,因为在实地调研的访谈中,村民多次提及没有购买新农合以及就业困难等问题。此处的系数显示是负向的,可能的原因是村民对新农合的满意度过低。

表 6-39 为黑龙江省古龙镇农村公共服务供给满意度影响因素的有序 Logit 模型实证分析结果,前三列为式(6-1)中潜变量的估计结果,后三列为式(6-2)中显变量的估计结果。

表 6-39　黑龙江省古龙镇农村公共服务供给满意度影响因素的有序 Logit 模型估计结果

解释变量 (潜变量)	无个体 控制特征	加入个体 控制特征	解释变量 (显变量)	无个体 控制特征	加入个体 控制特征
ss	0.1038** (1.66)	0.1069 (1.71)	ss1	0.0427 (0.48)	−0.0622 (−0.59)
			ss2	0.2418** (2.74)	0.2061** (2.17)
bf	−0.0392 (−0.52)	−0.0150 (−0.20)	bf1	0.1149 (1.27)	0.1081 (1.18)
			bf2	0.1500 (1.17)	0.1628 (1.25)
pe	0.0928 (1.23)	0.0804 (1.05)	pe1	0.3333** (2.06)	0.2131* (1.26)
			pe2	−0.2094 (−1.45)	−0.1794 (−1.21)
ph	−0.0324 (−0.42)	−0.0837 (−1.05)	ph1	0.0114 (0.15)	−0.0171 (−0.21)
es	−0.1269* (−2.11)	−0.1555* (−2.56)	es1	0.2585* (2.39)	0.2788** (2.63)
pc	0.1185 (2.13)	0.1254 (2.26)	pc1	0.1076* (1.31)	0.1042* (1.19)
			pc2	0.1463* (1.83)	0.1410** (1.61)
ep	0.0945** (1.52)	0.0919 (1.49)	ep1	−0.0114 (−0.10)	0.0037 (0.03)

解释变量 （潜变量）	无个体 控制特征	加入个体 控制特征	解释变量 （显变量）	无个体 控制特征	加入个体 控制特征
ps	0.4545*** (6.83)	0.4398*** (6.67)	ps1	0.0367 (0.58)	−0.0102 (−0.15)
1. male	—	0.0067 (0.05)	1. male	—	−0.1868* (−1.59)
age	—	0.0363 (0.52)	age	—	0.0315 (0.52)
educ	—	0.2686 (2.55)	educ	—	0.0593 (0.47)
2. prof	—	0.3746 (1.02)	2. prof	—	−0.2339 (0.87)
3. prof	—	−0.1405 (−0.42)	3. prof	—	0.3171 (1.27)
4. prof	—	—	4. prof	—	—
5. prof	—	−0.0015 (−0.00)	5. prof	—	0.2072 (0.47)
6. prof	—	0.3122 (0.56)	6. prof	—	0.4696 (1.02)
7. prof	—	0.2197 (0.56)	7. prof	—	−0.0956 (−0.28)
inc	—	0.0795 (1.42)	inc	—	−0.0574 (−0.61)
样本量	102	102	样本量	102	102

注:括号内为 z 值,*** 、** 、* 分别表示在 1%、5%、10% 的显著性水平下显著。

　　根据第二列,可以发现村民对农村社会保障、环境保护、公共安全的满意度的估计系数均显著为正,对就业服务的满意度的估计系数显著为负,而对农村基础设施、公共教育、公共卫生医疗、公共文化的满意度的估计系数均不显著。在引进控制变量后,仅对农村就业服务和公共安全的满意度的估计系数仍然显著。从具体的回归系数来看,就

业服务的系数是 -0.1555,公共安全的系数是 0.4398,现代化的公共安全服务和就业服务是重要的影响因素。同样,这里的就业服务的系数显著为负,可能表明村民对就业服务的失望,不认为该项服务能改进。

根据第五列,可以发现题项 ss2、pe1、es1、pc1、pc2 的估计系数均显著为正,而题项 ss1、bf1、bf2、pe2、ph1、ep1、ps1 的估计系数并不显著。在引进控制变量后,原先显著的题项仍然显著,而其余解释变量均不显著。从具体的回归系数来看,新农合实施的系数是 0.2061,家庭成员义务教育的系数是 0.2131,就业服务的系数是 0.2788,文化设施供给的系数是 0.1042,集体文化活动的系数是 0.1410。按影响程度的大小排序,依次是农村就业服务(0.2788)、义务教育(0.2131)、新农合实施(0.2061)、集体文化活动(0.1410)、文化设施供给(0.1042)。从影响程度和显著性来看,就业服务与教育服务等服务类型是重要的影响因素,新农合实施和公共文化服务的影响程度较小。该有序 Logit 模型回归与前文的 OLS 回归结果都表明就业服务和新农合等社会保障服务是村民非常重视的公共服务类型,是其满意度评估的主要内容。

第四节 六省六镇村民对农村公共
服务供给的评价总结

通过对六省六镇 43 个村(其中湖南省荷香桥镇 26 个村、浙江省屠甸镇 8 个村、贵州省敖溪镇 5 个村、陕西省三合镇 1 个村、黑龙江省古龙镇 1 个村,河北省马厂镇 2 个村)发放 2035 份问卷(回收有效问卷 1861 份)展开对农村公共服务供给评价的实地调研。根据所得到的调查问卷信息进行问卷的效度和信度分析、统计分析和模型实证分析,得到了六省六镇村民对农村公共服务供给的满意度评价以及影响村民总体满意度评价的主要公共服务类型。

一、六省六镇村民总体评价满意度较高

表 6-40 汇总了六省六镇村民对公共服务满意度的评价,总体均值是 3.66,但不同省份镇的差异巨大,浙江省屠甸镇和陕西省三合镇的满意度在 4.00 以上,而湖南省荷香桥镇、黑龙江省古龙镇和河北省马厂镇的满意度均在 3.50 以下,说明差异显著。虽然村民对满意度的评价具有一定的主观性,但是显著的差异能够在一定程度上体现各地公共服务供给质量的参差不齐。

表 6-40　各村镇满意度评价比较

村镇	评价满意度 (1 表示非常不满意,2 表示不太满意,3 表示一般, 4 表示比较满意,5 表示非常满意)
总样本(六省六镇)	3.66
浙江省屠甸镇	4.08
陕西省三合镇	4.04
贵州省敖溪镇	3.54
湖南省荷香桥镇	3.42
黑龙江省古龙镇	3.40
河北省马厂镇	3.33

二、各村镇影响村民评价满意度的因素各不相同

表 6-41 汇总了显著影响村民总体满意度的各种公共服务类型,此处仅以式(6-1)的 OLS 回归为例,总体样本回归中显示八个层面的公共服务供给都对总体满意度有显著影响,但是八种公共服务类型对不同村镇的影响显著性和影响程度差异巨大。对浙江省屠甸镇村民而言,公共教育服务和就业服务不是显著的影响因素;而对黑龙江省古龙镇而言,就业服务确实是显著的影响因素,出现如此巨大差异的原因可能是两地村民在经济状态和就业状态方面存在差异:屠甸镇村民经济状态好,不愁就业,但是古龙镇村民面临的就业问题比较严重。

对于贵州省敖溪镇村民而言,公共安全服务是显著的、主要的服务类型,原因在于留守村民以老年人为主(60 岁及以上老年人占比约为62%)。这进一步说明,农村公共服务类型的供给过程既要注重农村的共同之处,又要考虑村镇的差异。

表 6-41 各村镇影响总体满意度的因素比较

村镇	影响满意度的各种公共服务类型
总样本(六省六镇)	公共安全服务(0.4905)、公共文化服务(0.1123)、环境保护(0.0997)、公共卫生医疗服务(0.0833)、公共教育服务(0.0609)、就业服务(0.0546)、基础设施(0.0498)、社会保障(0.0305)
浙江省屠甸镇	公共安全服务(0.2917)、环境保护(0.1952)、农村基础设施(0.1263)、公共文化服务(0.0763)、公共卫生医疗服务(0.0670)、公共教育服务(0.0634)
陕西省三合镇	公共文化服务(0.1491)、公共安全服务(0.3738)
贵州省敖溪镇	公共安全服务(0.9399)
湖南省荷香桥镇	公共安全服务(0.4275)、公共文化服务(0.1365)、公共教育服务(0.1271)、就业服务(0.1178)
黑龙江省古龙镇	就业服务(0.1530)、公共安全服务(0.3113)
河北省马厂镇	公共卫生医疗服务(0.2596)、公共安全服务(0.3304)

三、立足村民需求有效供给农村公共服务

本书在问卷的第三部分还收集了村民对公共服务的需求和建议,其中"按照您的个人需求,请选择您认为重要的公共服务类型(可多选)"这一问题具体反映了村民对不同公共服务类型的需求。图 6-1 显示了全样本村民就自己认为重要的公共服务类型的统计分析,以基础设施为例,1652 位村民中有 944 位认为基础设施重要,因此计算得到的比例是 57.14%。从图 6-1 可以看出,一是医疗卫生公共服务是绝大多数人认为重要的公共服务类型,高达 81.54%;二是社会保障和基础设施,分别高达 59.32% 和 57.14%;三是农村教育和公共安全,在 50% 左右。需要特别指出的是,就业服务的统计比例只有

32.32%,通过前文分析可知村民对公共服务供给的满意度评价分数低,但是这里又不认为其是重要的公共服务类型,这可能是一种矛盾的心理。

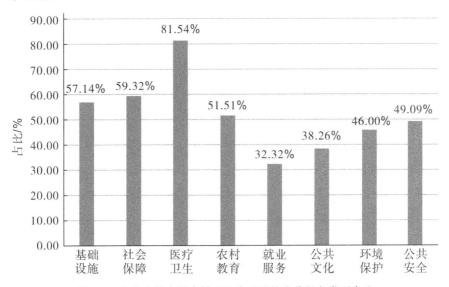

图 6-1　六省六镇全样本村民认为重要的公共服务类型占比

关于其他的公共服务类型以及村民对农村公共服务供给的建议,基于村民填写的内容,根据词频分析法(词频数与图显示的粗细、大小正相关)得出图 6-2,其中显示了村民对公共服务的满意度、对公共服务的主要诉求和一些建议。观察图 6-2,可以看出:第一,整体上,村民对公共服务的满意度较高,处于中上水平甚至认为很好,这与前文分析的满意度情况基本一致。询问意见中多数村民表示目前的公共服务类型基本能满足需求,且对目前的公共服务供给较为满意。第二,最大且最重要的公共服务需求是完善基础设施、提高养老金、降低医疗缴费。从基础设施来看,虽然已经得到很大程度的改善,但在道路修建和道路维护方面依然做得不足,尤其是在欠发达地区,坑坑洼洼的道路通行困难、村内道路不足等问题依然比较严重。从养老金来看,农村养老金过低,不足以维持老年人生活是当前主要的困境,提高养老金也是农村老年人主要的呼声。从农村医疗保险来看,从新农合到新型农村社会医疗保险,村民的参保率得到了提升和保障,且有不同档次的医疗保险费用可供村民选择,但是逐年增加的最低档医疗保险费用仍有很多村民承担不起。第三,村卫生室和卫生院的药品过少、条件太差等问题仍是农村医疗过程中有待解决的难题,希望就近医疗的村民对卫生室和卫生院提出了更高的医疗资源需求。第四,村民保护环境的意识在加强,不仅提出了每天清理垃圾、定点处理等日常卫生要求,而且也提出了对人居环境与自然环境和谐共处的希望。第五,在文化生活上,村民希望有更丰富的文化生活和文化节目,特别是对于没有晚辈陪在身边的留守老人而言,建造可供老年人休闲娱乐的文化场所和老年活动中心等显得尤为重要。第六,对于农村公共服务的供给部门及农村管理人员,村民希望他们践行为村民服务的宗旨,为村民办实事,发展农村经济,实现乡村振兴。

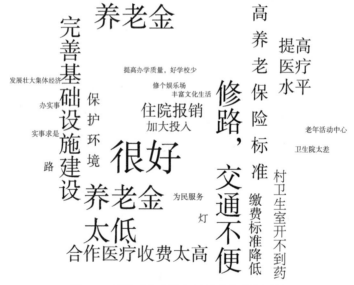

图 6-2　村民对公共服务的需求和建议词频

综上所述,通过六省六镇的问卷调查,我们真实地了解到村民对农村公共服务供给的满意度评价,以及对其产生重要影响的公共服务类型。对农村公共服务的供给需要因地制宜,结合当地村民的人口结构、就业状况、支付医保费用的能力等因素给村民提供优质的公共服务。

第七章　农村公共服务有效供给的国际经验

第一节　美国农村公共服务有效供给的经验

一、美国农村公共服务供给的经验

(一)明确政府间事权划分

美国农村之所以呈现出较好的发展态势,是因为明确划分了各级政府提供农村公共服务的职责。联邦和州政府主要负责提供受益范围较大、外溢性和基础性较强的农村公共服务,地方政府主要负责属地原则较强的、具有地区特色的、仅限于本地区的农村公共服务。此外,美国各级政府间还存在共同事权。

(二)农村公共服务多元化供给机制

美国农村公共服务供给主体多元化经历了漫长的历史演变,早在1933年之前,美国就开始由政府组织与私人部门共同提供公共服务,而且当时主要以私人部门为主;1933—1980年,这种以私人部门为主的公共服务供给模式发生了转变,私人部门逐渐退出历史舞台;1981—2000年,美国开始实施以政府为主、鼓励私人部门参与的公共服务供给模式;2001年以后,美国才算是真正规范了公共服务供给,形成了多元化的公共服务供给模式,这种多元化不仅强调供给主体的多元化,还强调服务形式的多样性。

（三）增加农村公共服务投入规模

美国为提供足够的农村公共服务，构建了以公共服务为导向的财政支出体系，有效提高了农村基础设施、教育、医疗、文化等方面的公共服务供给水平。

第一，成立了农村基础设施建设基金，由农村合作银行负责筹集资金，并由专门的基金公司负责管理，主要用于农村交通、医院、学校等设施建设。

第二，成立了农村教育成就项目。该教育项目的资金主要用于教育农村小学生、培训农村学校教师、提高技术在农村教育中的应用范围，为落后地区的农村学校提供了可靠的资金保障。

第三，建立了农村变革资助项目。这是一项专门为小医院制定的项目，重点是为医院改良支付体系提供帮助。

第四，美国十分注重文化的发展。美国众多基金会与政府组织达成一致协议，共同向农村文化建设投入资金用于支持学校、艺术团体的发展，一度成为美国农村文化不可或缺的推动力量。

（四）农村公共服务供给法治化

美国拥有完善的农村公共服务供给体系，其背后一定离不开有关法律法规的制度建设。美国的立法体系十分完善，不仅在总体上为农村公共服务的有效供给制定了相关规定，还分别针对教育、医疗等不同的公共服务项目进行了法治建设。美国立法曾规定，公有土地的拍卖款必须用在农村教育事业的发展上，联邦和州政府要提供配套资金用于农村公共服务建设。

此外，为了保障各级政府能够有充足的财政资金应对农村公共服务的供给，美国宪法规定州政府拥有税收立法权，每个州都有属于自己的主体税种。

二、美国对中国农村公共服务供给的启示

第一，明确划分政府间职责。对于受益范围较大、基础性和外溢

性较强的农村公共服务,应该由中央人民政府和省级人民政府负责提供,这样可以较好地降低农村公共服务的供给成本;而对于受益范围较小、基础性和外溢性较弱的农村公共服务,应该由乡镇政府和县级政府负责提供。

第二,建立多元化供给体系。必须明确政府和市场各自的职责与边界,明确哪些农村公共服务应由政府来提供,哪些应由市场上的非政府组织来提供。

第三,保障农村公共服务投入规模。中央政府应加大对地方政府尤其是基层政府的转移支付力度,解决地方政府财力不足的问题。

第四,建立健全农村公共服务法律法规。建立健全我国农村公共服务条例等相关法律法规,推进农村公共服务投融资体系建设,明确农村公共服务的供给主体。

第五,保障农民的主体地位。为农民建立畅通的农村公共服务需求表达机制,切实满足农民对教育、医疗、社保、基础设施等众多公共服务的需求。

第二节　日本农村公共服务有效供给的经验

一、日本农村公共服务供给的经验

第一,健全农村公共服务法律制度。为推进农村公共服务改革和发展,日本不断制定农业相关法律法规,形成了以农业基本法为核心的法律体系,为农业发展提供法律保障。日本还出台了针对农民的规章制度,保障了农民参与农村公共服务供给的权利。

第二,鼓励多种供给主体的参与。为了有效提供农村公共服务,日本建立了农业协同组合,参与者是在政府的引导下自愿参加该组织的,该组织受不同级次政府的领导,与市町村匹配的是农民协会(简称农协),与都道府县匹配的是信用农业协同组合联合会(简称信农联),

与中央匹配的是中央农林金库(简称中央金库)。最低层级的农协是非营利组织,可以与农民直接接触,为农民提供贷款服务,包括生产投资和房屋改造所需贷款;信农联是农协的上级组织,主要负责对农协进行指导;中央金库是指挥信农联的组织,主要是在全国范围内进行资源配置。

第三,发挥政府的引导作用。政府是提供农村公共服务的主体,也是农村建设的引导者,日本历史上的多次农村改革均是由政府发起的。

第四,健全农民的监督机制。日本积极维护农民的监督权,以督促政府提供更加合理的农村公共服务,提高供给效率。为了能更加有效地提供农村公共服务,日本建立了灵活的、尊重农民意愿的服务机制,将农民的意愿考虑进来,形成一个包括政府、农民在内的多元决策机制。

二、日本对中国农村公共服务供给的启示

第一,加强农村公共服务法治建设。日本的经验告诉我们,要想实现社会发展目标,必须先完善相关法律体系的建设。我国当前针对农村发展出台的法律法规仅限于《中华人民共和国农业法》,除此之外并无其他相关制度规定,且《中华人民共和国农业法》的条文规定十分宽泛。我国亟须建立以"三农"为主的法律体系,来为乡村振兴战略的实施保驾护航。

第二,供给主体多元化。要充分发挥非政府组织提供农村公共服务的作用,由农民组成的非政府组织可以缩短政府与农民之间的距离,以便政府更充分地了解农民的偏好,为农民提供其所需要的公共服务。

第三,健全农民的表达机制。我国应该建立健全农民的表达机制,维护农民的合法权益,防止政府为了自身政绩而将财政资金投入对农民无益的领域,损害农民的根本利益。

第三节　韩国农村公共服务供给的经验借鉴

第二次世界大战以后实现独立的发展中国家几乎无一例外地实施了旨在赶超高收入国家的雄心勃勃的发展规划,并有一些成功的记录,如韩国。

韩国、中国有一些共同的特征,即在开始阶段农村人口都占很大比重,传统社会规则是由农业社群中的人际关系发展而来的。韩国也是全世界人均农村耕地面积最少的国家之一,第二次世界大战结束后,韩国也进行了农村土地改革,把几乎所有属于不从事耕作的地主的土地都分给了农民,导致农业结构高度平均化,由同质的小土地所有者组成的平均化的农业社会的建立提高了社会和政治的稳定性,为韩国经济的快速发展创造了良好的环境。

传统文化或价值体系是经济现代化的重要基础,韩国工业化的成功反映了东亚的哲学也能为现代经济发展提供适当的助力。

20 世纪 60 年代,韩国农村非常落后,茅草屋和煤油灯是韩国广大农村的真实写照,农村基本上是泥土路。针对这种现象,韩国政府于1970 年正式启动"新村运动",发展至今已有 50 多年的时间,韩国农村也发生了翻天覆地的变化。

一、韩国农村公共服务供给的经验

(一)大力加强农村基础设施建设

韩国"新村运动"是先从改善村民的居住条件开始的,如茅草屋的屋顶改造、厨房改造、厕所改造、道路硬化、自来水管改造、架设桥梁、排污系统改造、农田水利设施改造等,实现村村通电、户户通电话,在农村普及冰箱、彩电、空调、洗衣机、自行车、燃气灶等,项目的建设由村民讨论决定,韩国政府主要通过无偿提供钢筋、水泥等实物支持"新村运动"。为了方便村民的出行,韩国政府大力加强农村公共交通建设,20世纪70年代后期,韩国就实现了村村通公交车。韩国农村的公交车由私人按照政府规定的线路、收费标准和发车时间运营,在高速公路上专门设置了公交车专用道,农村公交车收支差额由韩国的公共财政进行补贴。

随着韩国城镇化的快速发展,农村年轻劳动力急剧减少,农村空心化和老龄化越来越严重,农村人口大量减少,导致农村人均耕地面积大幅增加,为农业机械化的推广创造了有利条件。同时,韩国政府积极扩大经济作物的种植面积和优良育种,农业生产效率和产量迅速提高,现在韩国农业的集约化经营程度已在全世界处于比较领先的地位。

在"新村运动"中,韩国政府没有强制进行大规模的行政村合并,而是通过产业布局规划来积极引导村落的自行整合。

韩国政府对农村的建设采取分类指导的原则。对于农村基础设施比较薄弱的村庄,重点支持其基础设施建设;对于具有发展潜力的村庄,主要是进行改良土壤、加强水利设施建设;对于基础设施比较健全的村庄,重点发展种植业、农副业、畜牧业等。

为了积极促进韩国农村社会的和谐发展,韩国政府还积极推进韩国农村的民主法治建设、伦理道德建设等。

(二)积极推进义务教育服务均等化

韩国实行的是九年制义务教育,其中,小学阶段六年,初中阶段三年,学生班级规模一般在30人左右,生均校舍建筑面积和生均体育运动场馆面积为16平方米左右。

第一,重视法治建设。为了促进义务教育的发展,韩国颁布了一系列法律法规。

第二,严格控制学校规模。韩国严格控制义务教育学校办学规模:小学阶段每个学校一般12—18个班,每班35人左右;初中阶段每个学校一般24—36个班,每班40人左右。

第三,科学布局学校分布。韩国的义务教育学校一般没有学生宿舍,校车也少见,小学的服务半径一般为4公里,初中一般为5公里。

第四,重视落后地区的义务教育。韩国在落后地区优先实施义务教育,然后逐渐向经济发达地区拓展。

第五,关爱弱势群体学生。随着韩国城镇化的快速发展,大量农村青壮年劳动力涌入城市寻求发展,留在农村的基本上都是老人和儿童,老人负责照顾留在农村的儿童,老人的溺爱使得小孩养成了很多不好的习惯,而父母陪伴的缺失使得小孩普遍缺乏安全感和归属感,代沟越来越严重,留守儿童的自我保护意识低,人际交往能力差,缺乏生活自理能力。针对这种情况,韩国政府专门为留守儿童制定并实施"全年监护学校"计划。

第六,建立教师轮岗制度和教师加分晋升制度。从20世纪70年代开始,韩国实行城乡教师(校长每两年、教师每四年)定期轮岗制度。在韩国,教师是公务员,教师不仅要达到一定的学历,还要通过有一定难度的资格考试。尽管如此,由于农村学校特别是偏远农村学校的工作环境、生活环境及工资待遇都比较差,农村学校的教师存在引进难且留不住的问题,为此,韩国建立了教师加分晋升制度,根据农村学校所在地区的经济发展程度以及工作环境、生活环境状况赋予不同的晋升分值,这项制度对于教师来说具有非常大的吸引力。此外,政府还为乡村教师积极创造进修和培训的机会,发放地区津贴,努力改善乡村教师的工作环境和生活环境,在教师职称晋升、职务晋升等方面向乡村教师倾斜。

第七,撤并农村学校。20世纪70年代,韩国的工业化和城镇化发展迅猛,农村年轻劳动力纷纷进入城市寻求发展,农村人口急剧减少,农村学校规模不断缩小,有的农村学校被迫停办。针对这种情况,韩国政府及时调整农村学校布局,对农村学校进行撤并。

第八,拓展办学资金来源。韩国农村学校的办学资金除了公共财政资金,还有学费、教育税、社会捐赠、私立学校基金等。在义务教育阶段,韩国的学校实行免费教育,免费分为完全免费和部分免费,完全免费就是由政府负担学费、书费、午餐费、医疗保健费等各种费用,部分免费是指政府只承担学费及其他部分费用,免费的程度取决于教育经费状况。此外,为了解决教育经费不足的问题,韩国政府还采取BOT(建设—经验—转让)模式,即由企业出资兴建学校,然后政府按年支付租金,一定年限以后学校归政府所有。

第九,建立健全学校功能。1969年,韩国颁布了《学校设施及设备基准令》,对韩国中小学的设备和设施作出明文规定。韩国的中小学一般有普通教室、特别教室、电化教室、理化实验室、音乐室、美术室、木工室、实验实习设备、图书室、商谈室、管理室、医务室、休息室、更衣室、心理咨询室、食堂、餐厅,以及室内(外)体育馆(场)、游泳池等。而且每一楼层都设置了厕所、自来水直饮设备和洗手池。韩国教育部还专门制定了4种中小学建筑标准设计图,供建校参考(调研组,2015)。

第十,丰富课程设置。韩国农村的中小学重视培养学生的生活能力和动手能力,所有学校均开设了烹饪家政课、木工制作课和裁剪缝纫课,而且烹饪、木工、缝纫是农村中小学的必修课。

(三)实现全民覆盖的农村医疗保险制度

表7-1展示了韩国医疗保险制度。1981年之前,韩国的医疗保险主要是针对城市居民,从1981年开始在农村试点医疗保险,1988年在全国农村推广,医疗保险覆盖全国农村居民。韩国农村医疗保险资金主要来自以下三种途径:一是国家财政,韩国农村医疗保险资金的40%来自国家财政;二是缴费,根据农村居民的收入高低和财产状况收取养老保险费;三是烟草税,烟草税的10%用作养老保险费。

表7-1　韩国医疗保险制度

项目	社会保险(健康保险)	商业保险
加入方法	强制性	任意性
保险费率	根据加入者的收入水平实行不同的缴纳标准	因危险程度及报酬的不同而不同

续表

项目	社会保险（健康保险）	商业保险
保险报酬	根据保险资金的规模在必要时给予均等回报	缴纳的保险费不同，回报也不同
保险费征收	根据法律强制收取	根据协议收取

资料来源：侯圣伟.韩国的农村医疗保险制度[J].国际资料信息,2007(2):23-25,7。

韩国农村医疗保险制度的特点：一是全民覆盖，主要体现在医疗保险对象包括农村居民和城市居民，并且在农村医疗保险资金来源中，财政资金的占比逐步提高；二是法治化，专门制定了医疗保险法；三是差额缴费，收入越高，财产越多，缴费也就越多；四是融资渠道多元化；五是循序渐进，随着经济的发展，医疗保险覆盖面从"单位职工→包括单位职工在内的城镇居民→包括农村居民在内的全体国民"。

总之，在第二次世界大战后的最初几十年里，韩国实现了世界上最高的增长率，与此同时也拥有相对公平的收入分配，而且这种情况在长期的高增长中并未发生显著变化。

二、韩国对中国农村公共服务供给的启示

第一，建立农村教师加分晋升制度。根据农村学校所在地区的经济发展程度，以及工作环境、生活环境状况赋予不同的晋升分值。

第二，加快村村通公交的建设进程。由于农村学校撤并后农村学生都要去乡镇学校就读，往返路途遥远，所以在农村中小学学生上学和放学的时间段提供公交车服务就非常有必要。

第三，关注农村弱势群体学生。农村中小学的很多学生的父母长期在外务工，无法给予他们充分的关爱，因此对于这些学生的学习和身心健康应该予以重视。

第四节　荷兰农村公共服务供给的经验借鉴

荷兰资源匮乏,国土面积仅为江苏省面积的 40%,其陆地面积和我国的海南岛差不多,而人口却达 1600 万之多,是世界上人口密度最高的国家之一。

荷兰的农业非常发达,一直是世界第二大农产品出口国,此外还是世界上最大的花卉生产和出口国,畜牧业(人均一头牛、一头猪)占据荷兰农业的半壁江山,其余分别是园艺业(占 33.4%)和农田作物(占 14.0%)。

一、荷兰农村公共服务供给的经验

(一)大力加强基础设施建设

第一,高标准的水利和防洪设施。荷兰很多地方低于海平面,60%的国民生活在海平面之下,每个世纪总会发生两次特大风暴潮。1916 年荷兰发生了一次严重的洪灾,这次洪灾导致了 1918 年治理须德海的法案的诞生,从而建成了闻名世界的拦海大坝以及排水闸、船闸等防洪设施,而且拦海大坝把须德海重新改造成了大片良田(圩田)和一个大淡水湖,纵横交错的排水沟渠保护着圩田,这些圩田即使低于海平面数米也一样可以获得高产。

法律规定政府每隔五年就要对所有大型堤坝进行一次彻底的技术检验。各级政府在编制城市规划时会充分考虑沟渠、湖泊的合理配置,以确保一定的蓄水、排水能力。荷兰政府把河流和运河打通,并结合高速公路和铁路,形成了一个非常快捷的全国交通网络。

第二,世界面积最大的玻璃温室。荷兰建成了世界上面积最大的玻璃温室,大概为全世界玻璃温室总和的 80%,一年四季为全世界提供种类繁多的花卉、蔬菜和花球茎。

(二)建立农业知识创新体系

高度发达的农业知识创新体系(即农业科研、教育和推广系统)为荷兰现代农业的发展奠定了坚实的基础,这个体系的特点主要有:一是目标明确,强调服务的对象是农民;二是上下互动,体现为自上而下的知识传播和自下而上的问题反馈;三是广泛参与,包括政府、农业企业和农民组织;四是农业部负责。1996 年起,荷兰农业科学院从全额拨款的政府机构逐步转变成自负盈亏的公司,对于那些承担公共服务供给的研究所,其经费主要来自政府。

(三)扬长避短,大力发展资金技术密集型农产品

19 世纪末,俄国和北美的粮食大量进入欧洲,欧洲粮价猛跌,很多欧洲国家赶紧出台粮食保护政策,而荷兰却化危为机,继续坚持自由贸易政策,大量进口廉价粮食发展畜牧业,由此奠定了畜牧业在荷兰的支柱地位,并带动了一系列相关产业(如园艺业、畜牧产品加工业)的快速发展。现在,畜牧业占荷兰农业总产值的 55%,主要饲养奶牛;园艺业约占 35%,主要为供出口的花卉(品种上千,以郁金香为主)和蔬菜。园艺业和集约型畜牧业(养猪业、养禽业)对土地的依赖性要小得多,其需要的只是生产的场地,哪怕是在根本无法进行耕作的沙石上。

荷兰农业发展的秘密就是"大进大出","大进"是为了更大的"出"。荷兰进口的农产品包括:一是土地密集型产品,如谷物、豆类、油料等,其中饲料是进口的重点;二是荷兰无法生产(或产量非常少)的产品,如可可、咖啡、茶叶、热带水果、烟草、啤酒花、木薯等,其中大部分是需要进行深加工后再出口的;三是限制生产的农产品,包括牛奶、肉类等(厉为民,2003)。

荷兰出口的农产品主要是资金密集型、技术密集型产品,如花卉和观赏性植物。遍布世界各国的荷兰大使馆农业处为全国的农场、企业及时提供各种商业信息,荷兰农工商企业还积极参加世界各地的农业展销会、博览会,国际市场的多样化需求促使生产厂商不断研发新

的产品。

(四)大力发展家庭农场

荷兰家庭农场的类型主要包括大田作物、园艺业、永久性作物、放牧型畜牧业、养猪业、养禽业和混合型的农场。荷兰家庭农场的发展有以下特点:一是在优胜劣汰的市场机制作用下,家庭农场数量不断减少;二是混合型农场的数量减少得最快,原因是其专业化程度较低;三是比较依赖土地的家庭农场的数量减少得比较慢;四是家庭农场的规模在不断扩大(厉为民,2003)。

二、荷兰对中国农村公共服务供给的启示

扬长避短,发挥比较优势。一是加强农村农业基础设施建设。二是因地制宜发展特色农业和农业名牌产品。三是大力发展农产品深加工产业,农产品深加工不但可以提高产品附加值,还可以转移农村劳动力。四是大力发展现代农业,如无土栽培技术的发明使许多园艺作物可以在实验室和"不毛之地"上实现高产,现代生物技术可以大大缩短优良品种的繁育周期,快速繁育优良种畜。五是加强职业教育,提高农民接受新技术的能力,培养新型农民队伍。六是加快我国城镇化进程,加快土地承包经营权合理流转,实现规模经济。

第八章　乡村振兴背景下我国农村公共服务高效供给支持系统的构建

公共服务差距是导致城乡差距的重要原因。要实现城乡均衡发展的前提是要实现城乡公共服务的均衡供给；要实现乡村振兴，就必须不断提高农村公共服务供给的效率。

第一节　乡村振兴战略背景下构建农村公共服务高效供给支持系统的目标定位

乡村振兴战略与共同富裕等战略目标一脉相承，都是为了促进社会全面发展，不同的是，乡村振兴战略更加注重农村的发展。农村作为我国社会发展的短板，已经严重制约我国经济社会的协调发展，因此在当前的发展环境下振兴乡村任重而道远。与我国城市相比，农村的市场化程度不高，因此对于农村发展而言，政府的作用更加重要。公共服务由于本身具有与私人物品截然不同的属性，大多依靠政府提供，正因如此，提供公共服务成了政府的主要职能。此外，提供农村公共服务可以有效提高农民文化素质、加强农村环境治理等。当前，农民生活还未普遍达到富裕程度，无论是生产性公共服务还是非生产性公共服务，农村与城市仍有较大差距。在生产性公共服务方面，许多农村地区的基础设施与城市还存在较大差距；在非生产性公共服务方面，农村在教育、医疗、社保等方面的投入也远不及城市。一方面，可以通过均衡生产性公共服务来促进农村经济发展；另一方面，可以通过均衡非生产性公共服务来保障农村在教育、医疗和社保方面的资源投入,精准识别构建农村公共服务高效供给支持系统的制约因素,确保农村公共服务高效供给体系的建设稳步推进。

缩小城乡差距和贫富差距的关键是要实现城乡公共服务供给均等化,加大公共服务向农村倾斜的力度,改变农村基础设施落后和公共服务供给效率不高的现状,促进城乡融合发展。均衡城乡公共服务供给效率主要体现在两个方面:一是均衡城乡公共服务供给规模,二是均衡城乡公共服务供给结构。在数量上,应该提高农村地区的财政支出和公共服务供给规模,这是均衡公共服务供给效率的前提,"量变是质变的催化剂",达不到足够的供给量,谈何供给效率? 在结构上,应该结合农村发展现状,重点保证农村关键领域的公共服务供给,补齐农村发展的短板,循序渐进促进农村全面发展。借鉴乡村振兴战略远景目标的设定,本书认为提升农村公共服务供给效率的目标可以分为近期目标、中期目标和远期目标。

一、近期目标

从短时间来看,我国应该基于乡村振兴战略建立健全农村各项公共服务供给相关的规章制度,并根据与农村建设的贴近程度,将农村公共服务划分为三大类,短期内实现第一类公共服务供给效率的提高。制度是一切行为的准则,建立健全经济发展制度和财政制度是建立农村公共服务高效供给体系的重要因素。我国农村公共服务高效供给的近期目标应该基于现有规章制度和农村发展现状,围绕细化和实化农村公共服务供给制度,根据农村不同领域公共服务的性质和特点以及农村对公共服务的实际需求情况,制定每种公共服务的供给制度,初步提高农村公共服务供给效率。由于政府提供公共服务的能力有限,短时间内很难实现农村所有公共服务领域的高效供给,因此只能根据轻重缓急分批次提高公共服务供给效率。具体来讲,在推进农村公共服务高效供给的过程中,首先要选取农村居民重点关注的第一类项目，包括医疗、教育、社保、农业生产等在内的公共服务领域；其次根据农村发展需求来选取第二类项目，包括科技、环保等在内的公共服务领域；最后将剩余的公共服务领域界定为第三类公共服务，根据不同类型的公共服务分门别类地设立公共服务最低供给水平和标准，详细制定公共服务的投入规模、支出方式、责任主体、利用方式和效果评价等，通过制度规定初步保障农村人口享有较高的公共服务水平，使得农村公共服务水准向城市靠拢，争取在近期实现显著提高第一类公共服务供给效率以及初步提高第二类公共服务供给效率的目标。

二、中期目标

在发展的中期，我国应该实现第二类和第三类农村公共服务供给效率的提高，中央政府充分发挥宏观调控作用，确保地方政府财力充足，逐步引入市场供给机制，建立多元化供给体系。通过前期的制度建设，已经基本实现健全的农村公共服务供给体系，农民需求在很大程度上得到了满足，与城市公共服务水平越来越接近。在农村公共服务高效供给的过程中，农村发展现状已然发生新的变化，此时财政体制改革应该紧跟时代发展的潮流，一方面，应该继续提高第二类和第三类公共服务供给效率与水平，与当下的经济发展水平建立联动机制，实现农村公共服务供给效率全面提升；另一方面，应该调整财政支出体制，优化政府间不同领域公共服务供给的事权和支出责任，提高转移支付制度的合理性，加大上级政府向农村基层政府的转移支付力度，并加大地区之间的横向转移支付力度，保障发展落后农村地区政府公共服务供给能力，逐步缩小城乡之间和地区之间的公共服务供给差距。此外，随着农村市场化水平的提高和政府服务水平的提升，公共服务不应再以政府为唯一供给方，而应该逐步引入市场供给机制，实现多元化供给体系，增加公共服务的资金投入，建立农村公共服务供给的市场竞争机制，通过相互协调、相互配合来达到促进公共服务供给效率提升的目标。总之，在中期，城乡公共服务均等化已经取得较大进展,农村公共服务供给水平大步向城市看齐,城乡公共服务差距明显缩小。

三、远期目标

在远期,提供农村公共服务时要充分利用现代化科学技术,实现城乡基本公共服务均等化。届时,我国各项制度建设已经十分完善,不同级次政府间的事权和支出责任更加明晰,地方政府的财权与事权相匹配,城乡之间的差距基本消除,此时应该将城市与农村等同视之,构建相同的公共服务供给体系。为提供质量更高的基础设施和公共服务,可以利用现代化科学技术(如物联网、机器学习等)来实现高效生产,通过提高公共服务供给效率,提高农村的生产和生活水平,让农村居民与城市居民享有同样优质、便捷的公共服务。通过数字经济等新技术的应用,农村公共服务供给的水平与城市成熟的公共服务供给水平基本持平,因此远期目标是全面实现农村公共服务高效供给和城乡基本公共服务均等化。

第二节 面向乡村振兴的农村公共服务高效供给支持系统建设路径

一、提高基础设施建设的质量和覆盖面

(一)不断提高农村自来水的水质

1.确保自来水水源水质达标和水量充足

选择水源既要保证水量的基本承受能力,也要确保水质的安全,这是提高农村自来水供给质量最关键的环节。农村自来水水源主要有地下水(包括深层地下水、浅层地下水和泉水)和地表水(包括溪水、水库水、湖泊水和河水)。深层地下水上部有不透水层,不会受到地表污水的污染,因此水质好;浅层地下水容易受到地表污水的污染;泉水

可以节省抽水的能耗,从而降低自来水的成本。地表水最大的优点就是成本低,溪水水质比较好,水量大于泉水;水库水比较充沛,水质较好;河水和湖泊水的水质较差,特别是河水容易受到沿岸各种生产生活污染物的污染,如果是汛期,水质更差,净水工艺复杂而且成本高。如果自来水水源为地表水、浅层地下水和泉水,就要对水源周边环境的卫生安全隐患进行排查,特别是对化工、造纸、冶炼、医院、制药、畜禽养殖、农药、化肥、厕所、垃圾场、生活污水等风险源进行重点排查,按照《饮用水水源保护区污染防治管理规定》的要求划定水源保护区,实施水源地围网建设。定期对水源地进行巡查,及时清除水源地污染物,确保水源水质达标。根据水源地的地理位置合理布局自来水供水管道,推动城镇自来水供应向农村延伸,加快城乡供水一体化工程建设。

2. 因地制宜确定供水方式

农村自来水供水方式主要有两种:集中式供水和分散式供水,供水方式取决于农村居民点的分布状况、水源状况、地形地貌、农村经济状况等因素。集中式供水就是把水源地的水进行统一消毒和净化后,用管道输送到各家各户,集中式供水主要适用于居住较为密集的村庄。分散式供水就是指多个或单个农户用机井、压把井、引泉等方式解决用水问题,主要以浅层地下水为水源,水质没有保障。分散式供水主要适用于地处偏远的农户、居住非常分散的农户以及山区的村民。

3. 实施提质改造工程

第一,提升水质。一是定期监测,加强水质监管。县政府要委托有资质的第三方水质检测机构定期对水源、出厂水和管网末梢水进行水质检验和监测,一旦发现水质不合格,除了要求供水公司限期整改,还要对供水公司作出相应的处罚。对于分散供水工程,则要分区域定期进行水质监测。二是供水公司必须定期对供水设施进行冲洗、消毒、维护以及水质内检。冲洗可以去除泥浆等各种沉淀物,铲除细菌生长的"土壤",保证自来水的畅通。三是严厉打击破坏供水设施的行为。

第二,提升水压。农村自来水水压不足主要是受管道、水源和用水量等因素的影响。一是定期对供水管网及其附属设施进行巡查,加强对供水管网及其附属设施的维护与保养。二是对老化腐蚀漏水严重和管径偏小的供水管网及其附属设施进行升级改造。在村民比较集中的行政村采用环状供水;农村自来水主管道一定要用耐腐蚀、抗压能力与输送能力强的球墨铸铁管;进村管道选择塑料管道中的 PE(聚乙烯)、PPR(三丙聚丙烯)管道。自来水主管道和分支管道要合理设置检修阀,在自来水管道的末端和低洼的地方设置排污阀,末端要加装自来水供水加压装置,供水距离相对较远的地方在供水的过程中往往需要二次加压。农村自来水管道埋设位置要设置标志桩,特殊地段要增加标志桩的数量,防止因施工等原因被挖断。农村自来水管道要保持一定的埋设深度,防止车辆碾压和冰冻。三是全面提高供水工程建设标准。自来水厂提质扩容;增加自来水供水水源的数量和储备量。四是推行阶梯水价。由于高峰时段供水量大增,会出现水压明显不足的情况,推行阶梯水价可以引导村民用水尽量避开高峰期。

4. 安装智能水表

缴费供水,欠费自动停水,强化村民缴纳水费的意识,解决缴费难题。

5. 加大监管

公布自来水服务热线 24 小时投诉、报修、咨询电话,定期对自来水水质达标程度、供水保证率和村民满意度等方面进行考评。

(二)大力加强农村农贸市场硬件设施建设

农村农贸市场是农产品交易的主要场所和农村重要的基础设施,可以方便村民的生活,降低村民的生活成本,更为那些交通不便或者远离城镇的村民提供了便利。

1. 加强农村农贸市场硬件设施建设

农村农贸市场大多以农村主干道路为经营地点,晴天尘土飞扬,雨天泥水四溅,而且经常导致道路拥堵,存在着极大的安全隐患。如果碰到刮风下雨(雪)的天气,市场交易就会非常不方便。所以,非常有必要建造砖瓦结构的农村农贸市场,以满足遮风挡雨(雪)的基本要求。农村农贸市场应尽量建在交通便利、村民比较多的行政村或村与村之间的接合部,农贸市场不仅要修建水、电、摊位、垃圾收集、公共厕所(简称公厕)等各种硬件设施,还要设置车辆停放点。

2. 加强农村农贸市场监管

一是加强食品安全监管。农村农贸市场的农产品有的来自本地村民的自留地,有的来自批发市场。为了使产品保持较好的外观、口感或者延长存放时间,违规使用各种保鲜剂、染色剂等的现象非常普遍。在农产品的种植过程中,为了增加产量,生产者大量使用膨大剂、催熟剂、化肥、农药、兽药等,无疑会对广大村民的身体健康构成严重威胁。所以,一定要提高对食用农产品的抽检频次,抽检品种应涵盖蔬菜、水果、禽畜肉、水产品等;检验项目应包括农药残留、重金属、甲醛等。凡是抽检不合格的,要进行严厉处罚,如涉嫌违法犯罪则移送公安部门。凡是具有一定规模的农村农贸市场,都要建立食品安全快速检测室,并且配备专人负责对每天入场的产品进行抽查自检。二是做好农村农贸市场计量器具定点定期检定工作,严厉打击缺斤少两行为。三是营造令人放心的消费环境。要有专人负责农村农贸市场的卫生保洁工作,营造一个干净卫生的购物环境。四是加强农贸市场的消防安全工作,消除一切消防安全隐患。五是各地要尽快出台专门针对农村农贸市场的管理法规,如设立投诉和举报电话等。

3. 大力修建机耕道路,促进农业机械推广

农业机械化程度低是制约我国农业生产率提高的一个非常关键的因素。我国农村地区的地形大部分是丘陵和山区,要提高农业机械化程度,就必须大力修建机耕道路。机耕道路是指农业机械通往田间地块的道路,是通村路的延伸。机耕道路可以提高我国农业机械化水平,实现农业机械耕、种、收、运,实现农业生产经营专业化、标准化、规模化和集约化,实现农业增效、农民增收和农村发展,实现我国农业生产方式的现代化。

机耕道路可以实现秸秆机械化还田以及秸秆综合利用。长期以来,秸秆处理是一大难题,特别是在丘陵地带和山区。秸秆种类繁多,其中主要是玉米秸秆和水稻秸秆。问题在于,这些秸秆不能焚烧,否则就是违法、破坏环保;而若不进行焚烧处理,秸秆放在地里就会影响土地耕种。建了机耕道路以后,农户就可以购买小型农业机械将秸秆粉碎后作为农田的有机肥料。

2004 年 6 月 25 日,国家公布了《中华人民共和国农业机械化促进法》,广大村民购置农业机械的积极性空前高涨。但是我国农村农业机械的普及率差强人意,特别是在我国的丘陵地带和山区,农业机械数量非常少,原因何在? 一是有机无道。有机无路,农机止步。在我国的丘陵地带和山区,由于山高坡陡、道路崎岖狭窄,投入大、受益农田少,基本上看不到机耕道路,导致各种农业机械无法深入田间,即使是小型农业机械也只能抬着进去。二是机宽道窄。农业的根本出路在于机械化,在这一思想的指导下,机耕道路的建设在全国大规模铺开。但是,20 世纪六七十年代机耕道路的修建标准普遍偏低。为了节约成本和少占耕地,机耕道路都是依河沿渠修建,桥涵路堤和排水设施不配套、机耕道路宽度普遍低于 2.5 米,主要是方便人、畜力车的通行。随着农村家庭联产承包责任制的实施,稻田被不断地分割,一些村民为了一己私利,不断将田埂向机耕道路路面推进,导致机耕道路越来越窄,坑洼不平,甚至有些机耕道路被开垦成了农田和菜地。现如今,20 世纪六七十年代修建的机耕道路基本上消失不见,现存的机耕道路宽度普遍不达标。三是机多道少。随着我国农村经济的快速发展,农业机械拥有量逐年增多,但是机耕道路建设缓慢,很多农田的机耕道路并不相连,无法满足农业机械正常作业的需要。四是机耕道路不规范。20 世纪 80 年代以来,有些农村地区修建了一些机耕道路,但是在修建时没有采用统一的技术标准,也没有规范的验收制度和技术档案,导致机耕道路宽度、弯度、坡度和平整度达不到安全行驶的标准。五是机耕道路没有硬化。我国农村机耕道路没有硬化的现象非常普遍,导致农业机械运输不便,机耕道路本身也容易受到损坏。

目前,我国农业机械的普及受到机耕道路建设严重滞后的制约,大力修建机耕道路已刻不容缓。第一,加大宣传力度。通过广播、电视、报纸和自媒体等途径大力宣传修建机耕道路的重要性。第二,实现农业规模经营。引导村民通过转包、出租、互换、转让、入股等方式流转承包地,根据村民意愿统一连片整理耕地,尽量减少田埂数量、扩大耕地面积,从而提高机械化作业水平。第三,加快建设高标准农田。集中力量开展土地平整、农田水利、土壤改良和机耕道路建设工作。第四,根据"谁受益,谁负担"的原则,组织村民投工投劳出资建设机耕道路。第五,统筹规划,分步实施。由于机耕道路建设欠账较多,所以必须加强领导,统筹规划,按照轻重缓急分步实施。第六,因地制宜,保证质量。因地制宜是因为我国广大农村地区地形地貌各异;保证质量是为了确保农业机械作业安全。路宽不应低于 3.5 米(特殊情况下最窄应不低于 2.5 米),路基要结实,路面要平整,要有排水设施。机耕道路要设置必要的安全防护设施、指示牌和警告标志。机耕道路两旁最好种植树木,可以在稳固路基的同时美化环境,机耕道路也应定期进行维护和保养。第七,全国所有的机耕道路都要进行硬化处理,从而提高其质量、延长其寿命。第八,建立中央财政机耕道路建设专项资金,加大转移支付力度。

4. 农村公路提质扩面

公路是国民经济发展的重要基础设施。按照行政级别,我国的公路可以划分为国道、省道、县道、乡道和村道,农村公路包括县道、乡道和村道;根据技术等级,公路又可以划分为等级公路和等外公路,等级公路包括高速公路、一级公路、二级公路、三级公路和四级公路,农村公路一般为三级、四级公路。2021年我国农村公路里程达446.6万公里,占全国公路总里程的84.3%以上,建立了覆盖县乡村三级的"路长制",基本形成了以县城为中心、乡镇为节点、村组为网点的农村公路网络。农村公路是覆盖国土面积最广和服务人口最多的交通基础设施,在促进城乡物资流通、发展农村经济、提高农村生活水平、推进城镇化进程方面发挥了非常重要的作用。但是我国农村公路质量不高、路面破损严重、安保设施不完善的弊端也越来越突出。因此,为了配合乡村振兴战略的实施,需要全面推动农村公路路网结构优化升级。

第一,加快实施农村公路畅通工程。一是尽快解决"断头路""瓶颈路"。目前,农村还存在很多"断头路""瓶颈路",给农民的生产和生活带来了很大不便,要坚决打通镇街之间、村与村之间的"断头路"。二是推动农村公路向自然村延伸,进村入户。三是将村道与村道、村镇与周边国道、省道连通,构建内引外联、内通外畅、四通八达的县域农村公路网络,实现农村公路由"点"成"线"、由"线"成"网"、由"窄"变"宽"、由"通"向"好"的新格局。

第二,全面开展村镇公路拓宽改造工程。随着农村经济的迅猛发展及私家车的普及,农村公路技术等级低及路基路面宽度窄的弊端愈发凸显。所以要尽快对我国的农村公路进行升级改造,有序推进行政村双车道公路改造、窄路基路面拓宽改造或错车道建设,做到县乡公路等级化、村组道路标准化。等外公路要升格为等级公路,除车流量少、地形地貌地质构造复杂、拓宽难度非常大的特殊路段外,要尽快将现有农村公路的路面拓宽至5.5米以上,满足客运班车、镇村公交基本会车需要,缓解农村公路节假日拥堵问题,实现城乡交通一体化发展。

第三,大力推进农村公路硬化工程。当前,很多农村公路仍然是泥巴路,雨天泥泞难行,晴天尘土飞扬,所以农村公路全面硬化势在必行。农村公路硬化要因地制宜,制定科学的硬化方式及标准,合理选取硬化材料。经济条件好的农村可以采用水泥混凝土路面,经济实力差的农村可以就地取材,利用碎石、鹅卵石、天然沙砾、砾石、矿渣、炉渣、河沙等进行简易硬化。例如,加拿大因为农村人烟稀少,农村公路普遍采用沙砾石和碎石进行铺设。

第四,完善附属设施。随着我国农村经济的飞速发展,农村公路附属设施的重要性越来越突出。农村公路的附属设施主要包括公路防护、排水、养护、管理、服务、交通安全、渡运、监控、通信、收费等设施、设备以及专用建筑物、构筑物等。一是完善农村公路防排水设施。防排水设施对于农村公路来说非常重要,跨河架桥、逢沟设涵,农村公路一律要建排水边沟,而且要用水泥加固。总之,农村公路的防排水设施要做到应设尽设,这样才能扛得住暴雨的冲刷,农村公路的安全性和寿命才有保障。二是农村公路普遍缺乏防护栏、防撞设施、警示桩、警告标志、路标、指路牌等。农村自然条件复杂,特别是丘陵地带和山区,交通条件比较差,河流、悬崖、急弯、陡坡比较多,如果没有相应的安全防护措施,很容易车毁人亡。因此,一定要对农村道路桥梁、临水临崖和切坡填方路段的安全隐患进行重点排查治理。

第五,多渠道筹措资金。由于地方政府财力有限,农村公路建设常常面临资金不足的困境。因此,要建立财政资金为主、社会力量广泛参与的资金筹措机制。地方政府要充分利用各地商会以及在外地工作(经商)的乡贤,通过提供名牌中小学学位、立功德碑、写入乡史、道路命名等方式筹措资金。

第六,加强公路养护维修和监管。农村公路必须明确责任,进行属地管理,实行"县道县管、乡道乡管、村组道村管",对超限超载车辆进行严厉处罚。

第七,终身问责。一旦农村公路出现质量问题,就要对相关责任人及施工企业的负责人进行严厉问责。

5. 全面实施"村村通公交"工程

目前,全国大部分行政村都没有开通公交车,有的行政村只是开通了客运班车。长期以来,具有灵活、便利优势的中型客车在我国农村经济的发展过程中发挥着非常重要的作用。但中型客车基本上是私人经营,经营者以利润最大化为目标,票价高,服务质量差,无序竞争以及交通事故频发,受到较多的差评。公交车票价低、载客量大、安全性高,可以缓解交通拥堵、提高交通资源利用率、降低环境污染、节约土地资源和能源,具有其他交通工具无可比拟的优势,同时也是低收入群体出行最主要的交通工具。

随着乡村振兴战略的实施,公共交通向农村延伸,全面实施"村村通公交"有助于打造安全可靠、经济适用、舒适文明、便捷高效的农村公共交通服务体系,彻底结束城市公交和农村客运的二元制结构,实现城市公交、城乡公交、镇村公交、旅游公交无缝衔接和融合发展,实现城乡公交一体化发展和城乡公共交通服务均等化,意义非常重大。首先,我国农村已经具备"村村通公交"的基础条件,全国绝大部分行政村均已铺通水泥路。其次,由于撤点并校,大量的幼儿园、小学、中学集中到镇甚至县城。因此,全面实施"村村通公交"势在必行。最后,实现城乡基本公共服务均等化是统筹城乡发展、加快新型城镇化进程、服务乡村振兴战略和实现共同富裕的内在要求。我国大部分农村地区经济落后,村民收入低,公共交通可以大大减少农民的出行成本,让发展成果惠及广大的农村居民。

由于公交车服务是纯粹的公共产品,所以农村的公交车服务只能由政府提供。同时,既然公交车是纯粹的公共产品,就必须坚持农村公交车服务的公益性,以方便农村居民出行为宗旨,坚持农村公共交通发展优先,坚持农村公共交通设施用地优先、路权优先、公共财政补贴补偿优先。

"村村通公交"主要是以镇为中心,通过公交车将各行政村连为一体。农村公交线路应尽量向自然村延伸,各类学校、行政村和集市一定要有公交停靠站点。完善农村公交枢纽站、首末站、站亭、站牌等基础设施,公交停靠站点由属地负责建设和维护。此外,农村公路要尽快提档升级,以满足公交车运行的需要。

每天早上必须保证至少一辆公交车从各行政村开往镇上的各类学校和集市,然后再开往县城;每天下午必须保证至少一辆公交车从镇上的各类学校和集市开往各行政村;赶集日运行的公交车数量必须增加,以满足赶集村民的需要;每周五下午和周六早上为了满足中小学寄宿生回家的需求,必须保证一定数量的公交车从镇上的各类学校开往各行政村;每周日下午为了满足中小学寄宿生返校的需求,必须保证至少一辆公交车从各行政村开往镇上的各类学校。"村村通公交"的车辆应由县公交公司统一调配和管理。由于农村地域广阔,公交运行路线长,"村村通公交"应实行阶梯票价制,同时由于公交车是纯粹的公共品,所以农村公交车基础票价原则上不应超过3元/人,60岁及以上的农村老人和婴儿应免费乘坐。

由于我国不同地区农村经济发展水平、自然条件、收入水平等差异非常大,所以全面实施"村村通公交"必须因地制宜。对于经济发达地区,农村公交车可以酌情增加运行的线路和班次。"村村通公交"的资金来源可以这样解决:经济发达省份"村村通公交"的资金建议由县级财政解决,经济一般省份"村村通公交"的资金建议由省级财政和市级财政解决,经济落后省份"村村通公交"的资金建议由中央财政专项转移支付解决(见表8-1)。

表 8-1　全面实施"村村通公交"工程建议方案

序号	地区分类	资金来源	运行时间	服务对象	运行路线
1	经济发达省份	县级财政	每天	村民、学生	村→镇→县城;县城→镇→村
2	经济一般省份	省级财政、市级财政	每天	村民、学生	村→镇→县城;县城→镇→村
3	经济落后省份	中央财政专项转移支付	每天	村民、学生	村→镇→县城;县城→镇→村

二、加强养老和医疗等社会保障

(一)不断完善新型农村养老保险制度

我国农村社会养老保险制度的发展经历了农村社会养老保险阶段(1982—2002年)、新型农村社会养老保险阶段(2002—2013年)和城乡居民基本养老保险阶段(2014年至今),城乡居民基本养老保险制度是继我国政府取消农业税、实行九年制义务教育和建立新型农村合作医疗制度后的又一大惠农举措。

1.尽快实现省级统筹

党的十九大报告提出,要完善我国城乡居民基本养老保险制度,尽快实现养老保险全国统筹。全国统筹的前提是实现省级统筹,进一步缩小农村地区之间养老金待遇的差距。目前,我国城乡居民基本养老保险制度还处于县级统筹阶段,存在诸多问题。一是我国城乡居民基本养老保险基金由个人缴费、集体补助和政府补贴三个部分组成。集体补助是指行政村对参保人给予补助;政府补贴是指中央政府支付基础养老金,地方政府对参保人给予补助,同时地方政府还要帮重度残疾人等缴费困难群体代缴部分或全部最低标准的养老保险费。由此可见,县级财政压力较大。此外,中国东部、中部、西部地区的经济发展水平差异非常大,南方和北方的差异也很大。对于长三角、珠三角地区来说,地方政府和村集体经济给参保人提供补助是没有问题的。反观中部、西部地区,特别是对于中部、西部的一些县来说能否正常发放工资都已经成为问题,就更不必说向农村的参保人提供补助了,随着城乡居民基本养老保险的覆盖范围越来越广,补贴标准越来越高,县级财政更加难以为继。

从个人缴费的情况看,由于农产品利润本来就低,甚至会亏本,而且农业是靠天吃饭,如果碰上自然灾害,农民生存都无法保障,根本就没有钱缴纳养老保险,所以经常出现断缴现象也就不足为奇了。此外,随着我国社会老龄化进程加快,领取养老保险的人数将会大大超过缴纳养老保险的人数,养老保险的资金缺口将越来越大。

2. 大幅提高养老金待遇

无论是按照最低缴费标准还是最高缴费标准,60岁以后领取的养老金都较低,更何况一些经济困难的农民连最低的缴费标准都无法满足。所以养老金待遇要大幅提高,建议每个月不低于400元,并保持动态调整。

3. 积极发挥家庭养老的功能

尊老爱幼是中华民族的优良传统,父母为子女的成长呕心沥血,特别是在农村,尤其是在经济困难的情况下,养大子女真的是一件非常不容易的事情。因此,当父母年迈时,子女应主动承担起赡养父母的责任,提供经济上的支持和精神上的慰藉。

4. 充分发挥土地养老的作用

土地是农民最重要的生产资料。长期以来,我国农民都依赖土地生存。随着高校扩招和城镇化的推进,农村的年轻人纷纷进入城市谋求发展,有的是女儿嫁到外地,还有的是儿女对年迈的父母不闻不问。在这种情况下,农村老人可以把全部土地的流转收入用来缴纳养老保险,从而为自己的老年生活增加一份保障。

5. 延长缴费年限

根据规定,累计缴费满15年并且年龄满60岁的农村老人可以领取养老金。目前,个人账户养老金的月计发标准为个人账户全部储存额除以139,相当于13年7个月后,个人账户的全部储存额就归零了。也就是说,73岁以后,领取的养老金将全部来自政府。据报道,2020年我国公民人均寿命为77岁,而且随着医疗技术进步和生活水平改善,我国公民人均寿命呈不断上升的趋势,这无疑会增加政府的财政负担。所以,应当延长缴费年限。

6. 其他形式的补贴

例如,从烟酒税中拿出1‰的资金给农村70岁以上的老人发放生活补贴。

(二)进一步健全新型农村合作医疗制度

我国的新型农村合作医疗制度于 2003 年开始实施,2016 年进一步将新型农村合作医疗制度和城镇居民基本医疗保险制度整合为城乡居民基本医疗保险制度。新型农村合作医疗制度大大提高了参与者的健康水平,改变了参与者"有病不医"的局面,在稳定农村、防止农民因病致贫和因病返贫方面确实发挥了非常重要的作用。但新型农村合作医疗制度的缺陷也是客观存在的,需要加以克服和改进。

1. 降低缴费标准

新型农村合作医疗制度从成立之日起,就确定了政府财政补助和个人缴费相结合的定额筹资模式,并逐年调整。但是个人缴费标准提高幅度太大、调整频率太高、调整过于随意、费用不断增加等使其远远超出了农民的经济承受能力,导致很多农民选择不参加或者断缴。

最初实行新型农村合作医疗制度的时候,每人每年只需缴纳 10元,因此受到了广大农民的普遍欢迎。但是新农合个人缴费标准不断加码,现在即使是中西部地区的农民每人每年也要缴费 350 元,如果一家有四口人(两个老人加上两个大人),每年就需要缴费 1400 元,这对于中西部地区的农民来说是一笔很大的开支。虽然中国农村发生了很大变化,但是农民的收入变化并不大。新农合缴纳的费用从每人每年 10 元增加到每人每年 350 元,足足增加了 34 倍。而且大部分年轻人的身体本来就好,生大病的概率很低,如此一来便会导致其不参加新农合了;农村老人生大病的概率相对较高,但即便生了大病,新农合也无法从根本上解决问题,所以农村老人也会选择断缴。于是一些在城镇打工的农民选择参加城镇医疗保险,因为费用是由所在单位和个人共同缴纳的,而且城镇医疗保险的缴费金额是可以积累的,自己随时可以支配,但新农合的缴费无法积累。

实施新农合是为了降低农民的看病成本,给广大农民带来实实在在的利益,实现乡村振兴的战略目标,因此其不应该成为农民的负担。

2. 要逐渐提高报销范围和比例

新农合名义上可以报销 50％—70％，甚至更高，但是只能报销一部分普通药品，而检查、麻醉、器材、手术、护理、进口药、高价药和床位等的费用都不能够报销。此外，一些疑难杂症也不能报销，而且医院档次越高（还有外地医院），报销比例越低。目前报销范围窄和报销比例低的问题依旧存在，因此需要逐渐提高报销范围和比例。

3. 要严厉打击过度医疗行为，建立定点医疗机构退出机制

由于医患之间存在严重的信息不对称，于是部分定点医疗机构存在检查项目过多、多开药、开贵药的行为。

4. 取消起付线，提高封顶线

不同地区、不同能力农民的经济能力有很大的差异，城乡居民基本医疗保险费用的支付能力也有很大的不同。经济能力较好的农民愿意支付的保险费更高，而经济能力较弱的农民的支付能力也比较低。起付线对于经济能力弱的农民来说是门槛，若他们不能支付就不能纳入医保范畴，无法享受最基本的医疗保障；封顶线对于相对富裕的农民而言也是一种限制，封顶线意味着想要得到更多保障的需求无法实现。因此，取消起付线，提高封顶线更能满足不同经济能力农民的需求。

三、加强基础教育及其配套师资力量和设施

(一)不断规范和发展农村学前教育

表 8-2 归纳了国家关于农村学前教育的政策，学前教育是启蒙教育，关系到千千万万儿童的健康成长，关系到千家万户的切身利益，关系到国家和民族的未来。国家对农村学前教育历来非常重视，并颁布了一系列相关的政策和文件。目前，我国农村幼儿园大部分是民办的，并且普遍都是用简陋的民房或者商用门面房经简易装修而成的。幼儿园教室普遍一室多用（宿舍、活动室），儿童吃饭、睡觉、玩耍都在教室里，而且教室往往存在通风、采光条件差的问题。有些农村幼儿

园根本就没有户外活动场地和图书室，没有保安、视频监控、消防设施、厕所、饮水设备、洗漱设施、玩具教具、活动器械和多媒体等，只有破旧的教室和破旧的桌椅。这些农村幼儿园要么是只有十几名儿童的"作坊式"幼儿园，要么是几十个孩子挤在小房子里、食堂卫生条件很差、"大班额"现象突出的幼儿园。而在后者中，有的班级规模达到60—70人，且往往存在幼师及工作人员普通话不标准、接送制度不严格、校车普遍超载等问题。民办幼儿园的职工基本上都是文化程度不高的农村妇女，根本没有受过专业训练，她们没有编制，既不是民办教师，也不是代课教师，通常工作辛苦，而且工资很低。

表 8-2　国家关于农村学前教育的政策

时间	文件名称	主要内容
2010 年 6 月	《国家中长期教育改革和发展规划纲要（2010—2020 年）》	重点发展农村学前教育。努力提高农村学前教育普及程度。着力保证留守儿童入园。采取多种形式扩大农村学前教育资源，新建、扩建幼儿园，充分利用中小学布局调整富余的校舍和教师举办幼儿园（班）。发挥乡镇中心幼儿园对村幼儿园的示范指导作用。支持贫困地区发展学前教育。对农村幼儿园园长和骨干教师进行培训
2010 年 11 月	《国务院关于当前发展学前教育的若干意见》	努力扩大农村学前教育资源。各地要把发展学前教育作为社会主义新农村建设的重要内容，将幼儿园作为新农村公共服务设施统一规划，优先建设，加快发展。各级政府要加大对农村学前教育的投入，从 2010 年开始，国家实施推进农村学前教育项目，重点支持中西部地区；地方各级政府要安排专门资金，重点建设农村幼儿园。乡镇和大村独立建园，小村设分园或联合办园，人口分散地区举办流动幼儿园、季节班等，配备专职巡回指导教师，逐步完善县、乡、村学前教育网络。改善农村幼儿园保教条件，配备基本的保教设施、玩教具、幼儿读物等。创造更多条件，着力保障留守儿童入园。发展农村学前教育要充分考虑农村人口分布和流动趋势，合理布局，有效使用资源

续表

时间	文件名称	主要内容
2014 年 11 月	《关于实施第二期学前教育三年行动计划的意见》	1. 城镇和经济发达地区的农村全面普及学前三年教育,其他农村地区特别是集中连片特困地区学前三年毛入园率有较大增长。初步建成以公办园和普惠性民办园为主体的学前教育服务网络。逐步建立起以公共财政投入为主的农村学前教育成本分担机制。幼儿园办园水平和保教质量显著提高 2. 着力扩大农村学前教育资源,重点解决好连片特困地区、少数民族地区、留守儿童集中地区学前教育资源短缺问题 3. 鼓励地方建立完善学前教育师范生免费教育制度,为农村幼儿园培养一批学前教育专业专科层次教师。各地可聘任优秀的幼儿园退休教师,到教师资源短缺的农村地区任教或开展巡回支教。建立满足不同层次和需求的培训体系
2015 年 12 月	《中共中央 国务院关于落实发展新理念加快农业现代化实现全面小康目标的若干意见》	提高农村公共服务水平。把社会事业发展的重点放在农村和接纳农业转移人口较多的城镇,加快推动城镇公共服务向农村延伸。加快发展农村学前教育,坚持公办民办并举,扩大农村普惠性学前教育资源
2016 年 5 月	《国务院办公厅关于加快中西部教育发展的指导意见》	1. 通过举办托儿所、幼儿园等,构建农村学前教育体系,逐步提高农村入园率,基本普及学前教育。国家继续支持学前教育发展,重点向中西部革命老区、民族地区、边疆地区、贫困地区农村倾斜,因地制宜加强园舍建设、师资培训和玩教具配备,加快推进农村学前教育发展 2. 扩充公办幼儿园资源。各地要根据人口规模及分布情况,完善县、乡、村三级学前教育网络,合理规划农村公办幼儿园布局。推进乡镇中心园建设,实现每个乡镇至少有一所公办中心幼儿园。合理利用村小学校舍资源,发展村小学附设幼儿园。根据实际需求改善教学点校舍条件,举办附设幼儿班。支持村集体利用公共资源建设幼儿园,人口集中的大村独立建园,小村设分园或联合办园。按标准配备玩教具,提供基本保教条件。制定和落实公办园生均公用经费标准,保障公办园正常运转。支持企事业单位所办幼儿园面向社会招生,提供普惠性服务

续表

时间	文件名称	主要内容
2016年5月	《国务院办公厅关于加快中西部教育发展的指导意见》	3.支持普惠性民办幼儿园发展。各地要制定普惠性民办园认定管理办法,出台普惠性民办园扶持措施,鼓励社会力量办园,增加农村普惠性民办园数量。通过提供合理用地、减免租金等方式,支持农村普惠性民办园建设。通过派驻公办教师、纳入巡回支教范围、支持教师培训、开展教研指导等方式,提升办园水平和保教质量。采取政府购买服务等措施,对收费合理、管理规范的普惠性民办园进行扶持,提高普惠性民办园保障能力 4.配齐农村公办幼儿园教职工,落实每班"两教一保"要求。鼓励各地因地制宜实施地方特岗计划,引进优秀毕业生到农村幼儿园任教。鼓励地方高校扩大免费师范生招生规模,办好中等幼儿师范学校和高等师范专科学校学前教育专业,为农村学前教育培养更多的合格教师。开展对农村幼儿园教师的全员培训,提高教师专业水平。通过生均财政拨款、专项补助等方式,支持解决好公办园非在编教师、集体办幼儿园教师工资待遇问题,逐步实现同工同酬。对长期在农村幼儿园工作的教师,在职务(职称)评聘等方面给予倾斜。采取"政府组织、中心园实施、志愿服务"模式,开展教师巡回支教,缓解当前师资紧缺状况 5.制定农村学前教育办园(班)基本标准,严格执行登记注册制度。着力保证农村留守儿童入园
2018年1月	《中共中央国务院关于实施乡村振兴战略的意见》	发展农村学前教育
2018年11月	《中共中央国务院关于学前教育深化改革规范发展的若干意见》	大力发展农村学前教育,每个乡镇原则上至少办好一所公办中心园,大村独立建园或设分园,小村联合办园,人口分散地区根据实际情况可举办流动幼儿园、季节班等,配备专职巡回指导教师,完善县乡村三级学前教育公共服务网络

　　鉴于以上情况,地方政府要采取有力措施,规范和发展农村学前教育。

　　第一,要加强对幼儿园(特别是民办幼儿园)的监管。对于那些质量不合格、设施不达标和硬件不齐全的幼儿园必须限期整改,整改后仍然不符合要求的要坚决予以取缔。

第二，农村幼儿园要科学布局。要坚持就近入学的原则，就近入学可以减轻农民负担和降低学生上学风险。每个行政村原则上都要建一所幼儿园，或者大村独立建园、小村联合办园，比较偏僻的建教学点或者分园，乡镇建中心幼儿园，尽量依托中小学设置附属幼儿园，或者利用中小学或教学点的闲置校舍改建幼儿园，每个乡镇要保证至少有一所公办中心园。此外，针对边远山区，还可以采用开办巡回辅导站、幼儿活动站、季节班、游戏小组和大篷车等灵活多样的非常规学前教育方式，从而形成以乡镇中心幼儿园为核心、公办与民办并举的农村学前教育发展格局。

第三，规范收费标准。农村学前教育要坚持普及普惠优先、政府公共财政主导和费用合理分担的原则。由于学前教育尚未列入义务教育，自然也就没有列入财政预算，幼儿园主要靠收费维持生存和发展。目前，各地农村幼儿园收费标准不一，但普遍较高，特别是民办幼儿园。

第四，加强农村幼师队伍建设。《中华人民共和国教师法》第十一条明确规定："取得幼儿园教师资格，应当具备幼儿师范学校毕业及其以上学历。"幼师必须取得幼儿教师资格证书才能上岗。要提高农村幼儿园的教学质量，就必须建立一支高素质的农村幼师队伍，还要提高农村幼师的待遇。

第五，农村幼儿园去"小学化"。农村家长文化程度普遍低，这些家长认为读幼儿园就是为了学算术和识字。农村幼儿园为了迎合家长的需求，大多采取"教师讲，小孩听；教师念，小孩读"的教学模式，而且教学的重点是语文和数学，儿童的课外活动时间被大量压缩。儿童上幼儿园不是为了认识几个字，会多少位数的加减乘除，而是要开发智力，提高学习兴趣。对小学与幼儿园的教学侧重要有清晰的认识。

第六，关爱留守儿童。农村学前教育面临的最大挑战就是要面对大量的留守儿童。这些儿童由于长期见不到父母，安全感缺失严重，心理健康问题往往比较突出,需要全社会的关心和帮助。

第七,要杜绝大班。班级人数太多会导致很多的管理盲区和安全隐患。

第八,大力发展公办幼儿园,同时积极引导和支持社会力量举办普惠性幼儿园。

(二)尽快解决农村中小学教师荒问题

长期以来,广大农村中小学教师一直严重短缺,经过撤点并校,农村中小学教师荒问题有所缓解。但是这一问题仍然比较突出,如华中某县,中小学代课教师多达600人。农村中小学教师荒问题的根源在于地方财政捉襟见肘,即使有编制也不招聘教师,有的县甚至十年都没有招聘一个正式教师。因此,一方面是非常普遍的农村中小学教师荒现象,另一方面则是大量师范毕业生找不到工作的情况。虽然可以通过招聘代课教师和特岗教师来缓解农村中小学教师荒问题,但这样做的结果就是广大农村中小学教学质量下降,完全违背了城乡基本公共服务均等化政策制定的初衷。无论地方政府财政如何紧张,也要想方设法尽快解决农村中小学教师荒这一问题。

第一,大量招募城乡退休教师。退休教师不但教学经验丰富,教学质量有保障,而且可以减轻地方政府的财政压力。对于退休教师个人来说,不但可以增加收入,而且可以重新融入集体生活,有利于身心健康。

第二,加大撤点并校的力度。随着城镇化的不断推进,农村的学生数量不断减少,导致农村存在大量的教学点。教学点的特征就是规模小、师生数量少、班额小,于是教学点的教师都成了全科教师,教学质量更是无从谈起。同时,很多农村中小学干脆停开音乐、美术、体育、计算机等"小学科"科目。虽然不排除教学点有优秀的教师,但是教学点绝对不可能成为优质的学校。也就是说,教学点的教学质量绝对是没有保障的。此外,对当地的农村学生来说也是不公平的,因为他们无法享受优质的义务教育。所以农村的教学点原则上都会撤销,从而优化教育资源,并减轻地方政府的财政压力。

第三,纳入教师编制的在岗人员。无论是主任、团委书记、工会主席,还是校长(包括高级职称教师),都必须站在教学第一线,完成普通教师一样的教学工作量(校长正职的教学工作量可以减半)。对于不能从事一线教学而又占据教师编制超过一年时间的,一律取消教师编制。

第四,加大支教力度。支教形式主要包括城市教师去农村中小学支教和应届大学毕业生去中西部农村中小学支教两类。延长城市教师去农村中小学支教的年限:如果是评中级职称,在农村中小学支教的时间应不低于两年;如果是评高级职称,在农村中小学支教的时间应不低于三年。同时,积极鼓励优秀应届大学毕业生(特别是应届师范生)去中西部农村中小学支教。

第五,师范生顶岗实习优先派往经济不发达地区的农村中小学。这样做不但可以缓解教师荒,还可以减轻地方财政负担。

第六,农村中小学教师自愿延迟退休。中西部(包括东三省)农村中小学教师可以自愿延迟到 70 岁退休,60 岁以后的工资发放由中央财政负责。

第七,对于需要长期病休的教师(包括不能正常从事教学的教师)一律办理病退。这样做一方面可以减轻地方财政负担,另一方面可以腾出教师编制,同时还可以消除人浮于事的不良现象。

第八,农村中小学后勤社会化。建立中小学后勤服务社会化保障体系,对现有的教学辅助人员和工勤人员实行"只出不进",逐步退出事业编制。

第九,城乡中小学建立对口帮扶机制。农村中小学严重缺乏音乐、体育、美术、科学、信息技术等"小学科"专业教师,建议城乡中小学建立对口帮扶机制,通过支教、走教等方式来解决这一问题。

(三)进一步完善农村寄宿制小学

1. 每个镇至少建一所功能齐全的寄宿制小学

大部分农村寄宿制小学都是为了满足撤点并校的需要而临时拼凑的,宿舍要么是破旧的教室和办公室,要么就是租用附近的民房。宿舍非常简陋、拥挤,床分上下铺,有的甚至是用木板搭建的,三人两铺、两人一床的现象非常普遍,宿舍的灯光也很暗。宿舍通常没有厕所、浴室和洗漱室,晚上上厕所还要走很远的夜路,早晚是洗漱的高峰,如果动作慢一点就会轮不上,像洗澡、洗头发和洗衣服就只有等周末回家了。此外,农村寄宿制小学大多没有配备消防设施、专职生活教师、专职校医和专职保安,校车更是无从谈起。

虽然我国地方政府财力有限,但至少要保证每一个镇建一所功能齐全的寄宿制小学。一是建造单独的学生宿舍楼,每间宿舍要配备平板床(因为上下铺不适合小学生)、电风扇、储物柜,每层楼要配备厕所、浴室、洗漱室、洗涤设备。二是建造独立的食堂,餐厅内要配备就餐桌椅、洗手池和消毒设施等,能够容纳所有的寄宿生同时就餐。三是宿舍楼要配备消防设施和专职保安,向学生普及火灾自救逃生知识和技能。四是配备专职生活教师。寄宿制小学生的年龄范围一般在6—12岁,独立生活能力普遍不强。特别是一年级小学生,之前一切生活起居均由家长负责,缺乏必要的生活自理能力,寄宿后往往难以适应,情绪易波动,甚至对上学产生抵触心理。所以,为寄宿制小学配备专职生活教师就势在必行。专职生活教师需要教小学生一些基本的生活技能和常识直到他们能够自理,使学生养成良好的生活习惯;专职生活教师也需要管理小学生的日常生活,让学生可以专心学习。专职生活教师与学生同吃同住,可以及时处理突发事件,因此学生的安全就有了保障。只要学校在学生起床、做早操、上下课、午睡、课外活动、三餐、就寝等各个环节严格把关,并且落实责任到人,就能彻底消除安全隐患。此外,在配备专职生活教师后,任课教师和班主任就可以专心从事教学了。五是取消上下铺。无论是6岁还是12岁,睡上铺都非常不方便,而且非常危险。所以,为了学生的人身安全,建议取消上下铺,配备双人床。六是配备医务室和专职校医。寄宿制小学几乎每天都会有学生生病,而大部分农村寄宿制小学没有配备医务室和专职校医。生病的学生大多由教师负责护送到附近的医院就诊,为了就医有时甚至要走几十里山路。还存在教师擅作主张,凭个人经验买药给学生吃的现象,这更是严重的安全隐患。农村的小学生大多内向,即使生病了也不会告诉老师,能撑就撑,等周末回家再告诉家长,这常常会使病情延误。由于没有配备医务室和专职校医,有的学生会装病,然后溜出去上网或者打游戏,严重影响了正常的教学秩序,而且存在安全隐患。若是没有专职的校医,一旦学生突发疾病,往往会错过最佳的救治时机。七是配备校车。由于农村地广人稀、地形地貌复杂,为了保证学生的人身安全,有条件的寄宿制小学应尽量配备校车,周末用校车接送学生。

2. 强化家校合作,确保学生心理健康

对于 6—12 岁的小学生来说,非常需要父母的陪伴和关心。然而,由于农村收入低,很多农民迫于生活压力选择去外地打工,所以农村寄宿制小学学生中的留守儿童特别多,有些地方甚至高达 50%,而且经济越落后的地方,留守儿童的占比就越高。农民工在外主要从事一些体力劳动工作,由于劳动强度大、劳动时间长,很少有时间和精力过问自己小孩的学习与生活情况,更不用说来学校看望了。有的家长几年时间都没有来学校看过小孩,大部分小学生只有在春节的时候才能见到自己的父母;而有些家长即便没有外出打工,也很少来看望自己的小孩。农村小学生普遍家庭经济拮据,本来就胆小、自卑、内向,加之长期不能和父母生活在一起,还要面对枯燥的学习,没有地方诉说自己的心里话,负面情绪不能得到及时的宣泄,就会出现焦虑、孤僻、冷漠、偏激、敏感、冲动、抑郁等心理问题。同时,学校和家长片面强调孩子的学习成绩,忽视情感关怀,使得寄宿制农村小学学生的心理健康问题愈加严重。

为了解决农村寄宿制小学学生的心理健康问题,要做到以下几点:一是学校要专门设置单独的亲情电话室和亲情联络屋,房间配备电脑和网络,为学生和家长联系创造条件;二是家长除了关心小孩的学习,更应该关心小孩的情感和思想动向,身心健康比成绩更重要;三是家长应至少每周和小孩视频一次;四是外出打工的家长可以每个学期专门去学校看望一次小孩,没有外出的家长可以多探视下小孩;五是教职员工特别是班主任要多关心学生,让他们感受到集体生活的温暖;六是有条件的家庭可以每周给小孩送一些家常菜;七是组建家长管委会,协助学校共同管理寄宿学生。

3. 丰富寄宿制小学生的课外生活

学校为了方便管理学生,往往会给他们布置很多课外作业,这会影响学生的个性发展和身心健康,并且会使学生对学习产生厌倦心理。6—12岁正是学生长身体的黄金时间,而且小学阶段应当培养学生的兴趣和爱好。所以,应该尽量减少课外作业,开展丰富多彩的课外活动,如乒乓球、羽毛球、象棋、围棋、书法、跳绳、画画、唱歌、舞蹈、朗诵、跳高、跳远和跑步等,并配备专职教师指导。这样不仅可以拓宽农村学生的视野和知识面,培养学生的学习兴趣,还可以促进学生身心的全面发展。

4. 加大经济不发达地区农村撤点并校的力度

对于经济不发达地区的农村(特别是偏远地区的农村)来说,地方财力有限,教师数量也非常有限,所以每个镇应尽量减少中小学的数量,特别是要减少寄宿制小学的数量,该撤就撤,该并就并,以便充分整合教学资源,从而实现农村中小学教育教学质量的提高。对于那些经济不发达地区的农村,每个镇建议只建一所农村寄宿制小学。

5. 拓宽学校资金来源

为了缓解地方政府的财政压力,要拓宽学校的资金来源。一是争取广大校友的支持;二是争取企业的资助;三是争取社会的支持,对家庭特别困难的学生进行一对一帮扶;四是努力提高教学质量,以教学质量来争取地方政府及社会各界的支持。

6. 加强对农村寄宿制小学的监管

县教育局要加强对农村寄宿制小学的监管,每个学期至少实地检查一次,设置并公布电话号码、电子邮箱等举报途径。

7. 建立农村小学留守儿童全年监护制度

从图 8-1 中可以看出,农村小学留守儿童一直是学校管理的重点,也是难点。借鉴韩国弱势群体全年监护学校的经验,再结合我国留守儿童的实际情况,建议建立农村小学留守儿童全年监护制度,并实行校长负责制。在留守儿童父母回家以外的其他时间,由学校负责看护和管理留守儿童,由中央财政专项转移支付提供资金。给节假日期间负责看护留守儿童的教师发放的津贴,以及留守儿童与父母视频通话的电脑等费用从中央财政专项转移支付中支出。这个制度可以先试点,然后在全国农村小学推广,并在推广的过程中不断加以完善。

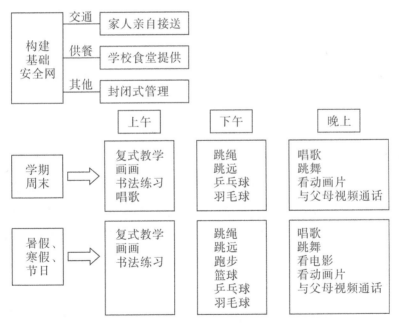

图 8-1　农村小学留守儿童全年监护制度

(四)农村中小学全面实施评聘分离制度

大多数国家对专业技术人员进行管理时一般采用专业技术职务

聘任制：一种是评聘结合，评上即聘上；另一种是评聘分离，评上不一定代表聘上。目前，我国中小学教师专业技术职务基本上采用评聘结合的形式。如图8-2所示，2015年我国中小学教师职称改革增加了正高级教师职称，并且中小学教师职称晋升向农村学校倾斜。

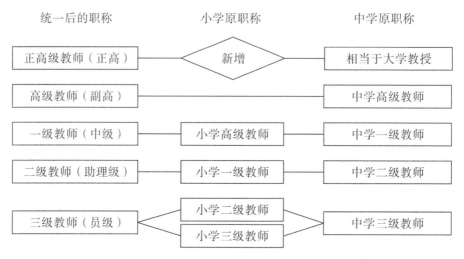

图 8-2　2015 年我国中小学教师职称改革"并轨"后的职称结构

资料来源：芮秀萍.教师评聘分离背景下职务晋升问题研究——以溧阳市 G 校教师为研究对象[D].南京：南京师范大学，2017。

中小学教师的工资收入（包括退休金）取决于专业技术职务（即职称）的高低，也就是说，专业技术职务的晋升可以带来一系列的好处，如工资增加、社会地位上升、各种福利增加等。制定农村中小学教师专业技术职务（即职称）制度的初衷就是激励广大中小学教师努力工作。但是我国现行的中小学教师专业技术职务晋升制度仍然存在弊端。由于目前实行评聘结合制，其弊端主要有：第一，退出机制缺乏。只要评上了职称，就可以享受相应的工资福利待遇，不管你干多干少、干好干坏，工资一分钱也不会少。只要评上了职称就意味着一劳永逸，就可以"躺在功劳簿上睡大觉"，这助长了不思进取的思想。这种只上不下、只进不出的管理机制更是阻碍了年轻人前进的道路。第二，激励机制缺乏。一方面，由于中高级职称名额长期被老教师占用，年轻教师就评不了中高级职称。另一方面,年轻教师长年奋斗在教学第一线,拿着低工资却干着最苦最累的活,年轻教师的工资和工作量严重不对称,而具有中高级职称的老教师工资高、工作量少,长此以往,年轻教师的工作热情就会受到严重打击,整个学校将变成"一潭死水"。中小学教师职称(职务)资格名称等级对照表如表 8-3 所示。

表 8-3 中小学教师职称(职务)资格名称等级对照

过渡前			过渡后		
级别		对应等级	级别		对应等级
高级	中学高级	5、6、7	高级	正高级教师	1、2、3、4
				高级教师	5、6、7
中级	中学一级	8、9、10	中级	一级教师	8、9、10
	小学高级				
初级	中学二级	11、12	助理级	二级教师	11、12
	小学一级				
	中学三级	13	员级	三级教师	13
	小学二级				
	小学三级				

资料来源:芮秀萍.教师评聘分离背景下职务晋升问题研究——以溧阳市 G 校教师为研究对象[D].南京:南京师范大学,2017。

鉴于以上原因,我国农村中小学专业技术职务全面实施评聘分离制度势在必行,其优点如下:第一,打破农村中小学教师专业技术职务终身制。评聘分离就是说评职称是一回事,岗位聘用又是另外一回事,工资待遇取决于所聘用的职称(与评上的职称无关)。这样就可以有效地转变"多干不如少干,少干不如光看"的不利局面,也可以有效地消除"熬时间,拼论文,一朝评上,终身受用"的我国中小学教师专业技术职务评聘的弊端,还可以有效地解决"职称能上不能下,工资能上不能下,教师能进不能出"的问题,消除"人浮于事、相互扯皮、文人相轻"的怪象。第二,将建立能上能下、能进能出的人才激励机制。实施评聘分离,评上职称后,如果没有完成规定的工作量,也会高职低聘(工资相应降低),督促评上职称特别是中高级职称的教师在工作上继续努力。对于那些没有评上职称的年轻教师,只要工作突出,就可以低职高聘(工资相应增加),从而使年轻教师得到的工资待遇和他所作出的贡献相一致。对于一直完不成规定工作量的教师,怠职严重者会被解除聘用,从而打造出一个"能者上,平者让,庸者下"的竞争舞台,增强中小学教师的危机感,形成一种大家主动干、抢着干、比教学、比科研、比业绩的良好氛围,极大地激发广大农村中小学教师的工作潜能。

(五)我国经济欠发达地区农村率先实施十二年制义务教育

目前,世界上实行十二年制义务教育的有韩国、美国、德国等发达国家。自1986年我国开始实施九年制义务教育,至今已经三十多年,其间取得了非常显著的成效。随着我国乡村振兴战略的实施,建议我国经济欠发达地区农村率先实施十二年制义务教育,理由如下。

第一,降低农村学生成为未成年工的概率。在完成九年义务教育以后,我国农村有很多学生选择直接进入社会,根据《中华人民共和国劳动法》中的规定,"年满十六周岁未满十八周岁的劳动者"是"未成年工",若不积极引导,极易成为社会不稳定因素。

第二,产业结构升级的需要。随着我国产业结构升级和智能制造技术的普及,初中毕业进入中职的模式已经不能满足高端产业发展对技术工人的需求。

第三,减轻农村学生家庭的经济负担。目前,我国普通高中的学费还是偏高,而且高中阶段又不能申请助学贷款。实行十二年制义务教育可以极大地减轻农村学生家庭的经济负担,降低农村高中的辍学率和流失率,提高农村学生的平均受教育年限。选择在农村而不是城镇率先实施十二年制义务教育是因为农村经济相对落后,这样做可以缩小城乡差距,早日实现城乡公共服务均等化、城乡一体化和共同富裕。

第四，实施乡村振兴战略的需要。如果农村学生能够接受良好的教育，乡村振兴战略的实施将更加顺利。

第五，条件已经成熟。目前职业高中已经实现学费全免，那么普通高中也应该免除学费，特别是在经济落后的农村。十二年制义务教育可以先从经济欠发达地区农村开始实施，然后推广到全国。

四、加强环境保护

（一）大力加强农村环境保护

第一，大力开展农村环境综合整治。一是大力推行农村垃圾分类处理制度。二是关闭严重污染环境的企业。三是大力推广农村沼气建设。四是推广"煤改电"。五是推广使用太阳能等清洁能源。六是加强村庄规划管理。七是限制包装材料过度使用。八是推进厕所革命。九是限制使用一次性用品。十是严禁乱砍滥伐，鼓励植树造林。十一是鼓励生态养殖，对畜禽养殖废弃物和水产养殖排水进行资源化利用。十二是建立健全农村生态补偿机制。十三是丘陵地区和山区农村由县政府统一购置秸秆粉碎机，推广秸秆粉碎还田。十四是推行网格化管理，实行"谁污染谁治理"。十五是推广使用生物农药、低毒低残留农药，逐渐减少高毒高残留农药的生产和使用；推广可降解农膜。十六是严禁炸山开矿、挖河取沙。十七是对农村饲养实行分区管理，设立禁养区、限养区和宜养区。

第二，加强污水处理。一是经济发达地区要实施城乡污水处理一体化建设，不断推动城镇污水管网向周边村庄延伸覆盖。二是因地制宜地开发人工湿地，大力种植湿地植被。三是通过建立小型污水处理厂、污水净化池、沼气池、化粪池、沟塘等设施处理各种农村生活污水。四是鼓励使用有机肥，减少农药、化肥使用量。五是在河流、溪流、沟渠沿岸大量种植保水量高的植物，并适当投放鱼苗。六是循环利用生活污水，如用洗菜水冲洗厕所等。七是尽量从源头上减少各种污水的排放。八是建立河长制、湖长制、塘长制等管理制度。

第三,将农村环保纳入村规民约。在村规民约中强调保护环境的重要性和破坏环境的危害性,规定村民保护环境的义务,要求村民保持房前屋后清洁卫生,组织农户开展清洁卫生评比活动。

第四,对破坏环境的行为进行严厉处罚。公布环保投诉举报电话,鼓励村民相互监督,对破坏环境的村民进行批评教育,对性质恶劣者进行处罚或者移送司法机关,严惩随意丢弃农药瓶、化肥袋、农用薄膜的行为。

第五,建立严格的环保问责制度。把环保工作作为镇、村干部绩效考核的一个重要指标,对那些在环境保护中玩忽职守、不作为的干部进行追责。

第六,建立乡镇环保管理机构。建立乡镇环保所并配备专职人员,加强对农村环境的监测和监管。

第七,加大宣传力度。通过电视、广播、标语、村民微信群等渠道大力宣传环境保护的重要性和破坏环境的危害性,在村民微信群通过视频、图片等普及环境保护的常识,培养广大村民的环保意识和生态意识,逐步改变村民随地吐痰、乱丢垃圾的陋习。

第八,加快城乡一体化的环境基础设施网络、环境监测和环境监管体系建设。

第九,建立健全以地方为主、中央补助、村民参与、企业支持的资金筹措机制。

第十,加快农村自然生态环境保护立法。

(二)因地制宜,逐渐推行农村生活垃圾分类

随着我国城镇化的快速发展,农村生活垃圾数量越来越多,并且成分越来越复杂。农村生活垃圾不仅会破坏村容村貌、污染环境,还会渗透到河流和地下水,威胁着人民群众的身体健康,这一现象已经引起了国家的高度重视。相关文件中关于农村生活垃圾分类的论述如表 8-4 所示。

表8-4　相关文件中关于农村生活垃圾分类的论述

序号	文件名	关于农村生活垃圾分类的论述
1	《中共中央 国务院关于深入推进农业供给侧结构性改革 加快培育农业农村发展新动能的若干意见》	推进农村生活垃圾治理专项行动,促进垃圾分类和资源化利用
2	《中共中央 国务院关于抓好"三农"领域重点工作确保如期实现全面小康的意见》	全面推进农村生活垃圾治理,开展就地分类、源头减量试点
3	《中共中央 国务院关于全面推进乡村振兴加快农业农村现代化的意见》	健全农村生活垃圾收运处置体系,推进源头分类减量、资源化处理利用,建设一批有机废弃物综合处置利用设施
4	《中华人民共和国国民经济和社会发展第十四个五年规划和2035年远景目标纲要》	开展农村人居环境整治提升行动,稳步解决"垃圾围村"和乡村黑臭水体等突出环境问题。推进农村生活垃圾就地分类和资源化利用,以乡镇政府驻地和中心村为重点梯次推进农村生活污水治理

由表8-5可知,我国只有经济发达地区的农村已经开始实行生活垃圾分类处理,大部分农村还没有实行生活垃圾分类处理。

表8-5　经济发达地区农村及城郊农村生活垃圾分类

序号	类别	内容	要求
1	易腐垃圾	易腐垃圾是指家庭生活和生活性服务业等产生的可生物降解的有机固体废弃物,如:1.家庭生活产生的厨余垃圾;2.乡村酒店、民宿、农家乐、餐饮店、单位食堂等集中供餐单位产生的餐厨垃圾;3.农贸(批)市场、村庄集市、村庄超市产生的蔬菜瓜果垃圾、腐肉、肉碎骨、蛋壳、畜禽产品内脏等有机垃圾;4.村民自带回家的农作物秸秆、枯枝烂叶、谷壳、笋壳和庭院饲养动物粪便等可生物降解的有机垃圾	易腐垃圾应沥干水分后投放,盖好垃圾桶。集中供餐单位的餐厨垃圾应单独投放。易腐垃圾应每日定时收运,由生活垃圾收运单位直接运输至易腐垃圾处理站。并及时清理作业过程中产生的废水、废渣,保持餐厨垃圾转运设施和周边环境整洁

续表

序号	类别	内容	要求
2	可回收物	可回收物是指可循环使用或再生利用的废弃物品,如:1.打印废纸、报纸、期刊、图书、烟花爆竹包装筒及各种包装纸等废弃纸制品;2.泡沫塑料、塑料瓶、硬塑料等废塑料制品;3.废金属器材、易拉罐、罐头盒等废金属物;4.用于包装的桶、箱、瓶、坛、筐、罐、袋等废包装物;5.干净的旧纺织衣物及各类纺织纤维废料等废旧纺织物;6.电视机、冰箱、洗衣机、空调、电脑、微波炉、音响、收音机、计算器、手机、打印机、电话机等废弃电器电子产品;7.各种玻璃瓶罐、碎玻璃片、镜子、暖瓶等废玻璃;8.牛奶饮料纸包装、泡沫塑料泡罩包装、牙膏软管、烟箔纸、方便面碗和纸杯等废弃纸塑铝复合包装物;9.旧轮胎、旧密封圈和橡胶手套等废弃橡胶及橡胶制品;10.桌、椅、沙发、床、柜等废旧家具	可回收物应尽量保持清洁,清空内容物,避免污染。体积大、整体性强或需要拆分再处理的废弃家具、电器电子产品等大件垃圾,应预约再生资源回收服务单位上门收集,或投放至指定的废弃物投放点。可回收物运输至资源回收处理单位
3	有害垃圾	有害垃圾是指对人体健康或生态环境造成直接危害或潜在危害的家庭源危险废物,如:1.家庭日常生活中产生的废弃药品及其包装物;2.废弃的生活用杀虫剂和消毒剂及其包装物;3.废油漆和溶剂及其包装物、废矿物油及其包装物、废胶片、废像纸、废荧光灯管、废温度计及血压计、废镍镉电池和氧化汞电池、电子类危险废物等	有害垃圾应投放到有害垃圾收集容器或有害垃圾独立贮存点。有害垃圾由生活垃圾收运单位收集后,委托具有相应危险废物经营许可证的单位进行运输
4	其他垃圾	其他垃圾是指除易腐垃圾、可回收物、有害垃圾以外的生活垃圾,如:不可降解一次性用品、塑料袋、卫生间废纸(卫生巾、纸尿裤)、餐巾纸、普通无汞电池、烟蒂、庭院清扫渣土等生活垃圾	其他垃圾投放至户分类垃圾容器或村分类垃圾投放点。其他垃圾应每日定时收运,转运至所属区域的垃圾处理终端

资料来源:根据浙江省《农村生活垃圾分类处理规范》整理。

1.因地制宜建立农村生活垃圾分类制度

我国农村地区地域广阔,不同地区差异极大,所以农村生活垃圾分类要因地制宜。对于经济发达地区农村及城郊农村,其生活垃圾可以纳入城市生活垃圾分类和集中收集处理系统,并在这些行政村全面推行农村生活垃圾分类处理。

如图 8-3 所示,对于经济欠发达地区农村来说,由于大多数村民文化程度低,所以生活垃圾分类必须易于操作、经济可行。

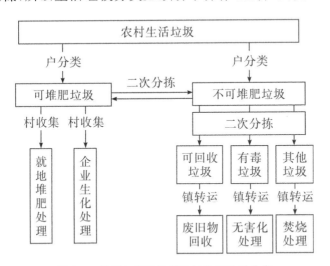

图 8-3 经济欠发达地区农村生活垃圾分类

资料来源:祝蓬希.基于绿色发展理念的农村生活垃圾分类治理研究[D].舟山:浙江海洋大学,2019。

农村生活垃圾中大多为可用作畜禽饲料的厨余垃圾,有的作为肥料被还田,可回收的生活垃圾就卖给废品站。所以最终需要进行分类处理的生活垃圾相对较少,从而极大地节约了运输费用,减轻了生活垃圾分类的工作量,实现农村生活垃圾的减量化和资源化。有害垃圾则委托给有相应危险废物处理经营许可证的单位进行无害化处置。表 8-6 展示了易腐垃圾及其他垃圾的主要处理方式。

表 8-6　易腐垃圾及其他垃圾的主要处理方式

序号	垃圾类型	处理方式	技术要求	适用范围
1	易腐垃圾	机器成肥	采用机械成肥设备,经破碎预处理、好氧堆肥发酵和除杂,处理易腐垃圾。设备应明确主体工艺、比能耗、发酵周期等运行技术参数以及菌种来源要求,堆肥发酵过程符合《生活垃圾堆肥处理技术规范》无害化要求	人口密度高,有机肥需求量较大的农村地区
		太阳能辅助堆肥	利用太阳能辅助堆肥方式处理易腐垃圾,应符合《生活垃圾堆肥处理技术规范》的要求。堆肥设备(阳光房)应根据垃圾日处理量合理设置单室体积,具备密封性、保温性,配备污水收集或废水和恶臭污染物达标排放处理系统	人口密度不高,日人均生活垃圾量也相对稳定的农村地区
		厌氧产沼发酵	利用微生物厌氧发酵技术将易腐垃圾转化为清洁燃料沼气进行资源化利用的处理方式。设施选址应符合沼气工程安全防护要求,容积在 50 立方米以下的农村户用沼气池应符合《农村户用沼气发酵工艺规程》的要求,农村沼气集中供气工程应符合《农村沼气集中供气工程技术规范》的要求,沼渣和沼液也应有合理消纳途径	人口密度较高、易腐垃圾量相对较大、易腐垃圾纯度高、有沼渣沼液消纳利用途径和一定沼气池使用经验的农村地区
2	其他垃圾	卫生填埋	处理技术应符合《生活垃圾卫生填埋处理技术规范》的要求,污染控制应符合《生活垃圾填埋场污染控制标准》要求	所属区域建有生活垃圾卫生填埋场的建制村
		焚烧处理	处理技术应符合《生活垃圾焚烧处理工程技术规范》的要求,垃圾焚烧炉焚烧尾气应达标排放。飞灰、炉渣得到有效处置,污染控制应符合《生活垃圾焚烧污染控制标准》的要求	所属区域建有生活垃圾焚烧厂的建制村

资料来源:根据浙江省《农村生活垃圾分类处理规范》整理。

2. 经济欠发达地区农村每个镇选择一个示范村实行生活垃圾分类

目前,全国绝大部分县城的居民都没有生活垃圾分类的意识和习惯,生活垃圾没有分类就直接丢进垃圾箱,农村就更不用说了。首先,绝大部分村庄位于经济欠发达地区,村民居住比较分散,交通不便,运输成本高;其次,村民生活习惯根深蒂固;最后,地方财政普遍拮据。综上所述,在全国所有农村地区统一全面推行生活垃圾分类制度基本上很难实现,最优选择是在每个镇选择一个交通便利的行政村示范推行生活垃圾分类制度,组织各村前来观摩学习,然后再有计划、有步骤地推广生活垃圾分类制度。

3. 网格化管理

每个行政村的生活垃圾分类都实行网格化管理,每个村民小组(包括自然村)为一个网格,由村民小组长担任网格员,网格员的主要职责就是负责监督和督促村民遵守生活垃圾分类处理制度。给每个村民小组提供垃圾分类箱,在垃圾箱旁张贴生活垃圾分类标识及分类方法的海报,平时对村民加强垃圾分类培训,网格员要亲自上门指导村民关于生活垃圾分类的操作。

4. 充分发挥村规民约的作用

制定符合各地农村实际情况的村规民约,制定相应的奖惩措施,使农村生活垃圾分类逐渐演变为每一个村民的自觉行动,逐渐摒弃乱扔垃圾、乱吐痰、乱贴乱画的陋习,并将农村环境卫生、古树名木保护等纳入村规民约。

5. 加大考核监督力度

一是制定符合农村实际的评估指标,由于我国不同地区的农村之间差异很大,所以评估指标的构建必须切合实际;二是建立县、镇、村三级纵向考核评估体系,建议考核每年进行一次,平时进行不定期的抽查,对于发现问题的村镇要督促其及时整改,并且考核结果也应及时向社会公示;三是要公布举报途径,如相关热线电话、电子邮箱、联系部门和地址等。

6. 逐步建立健全农村生活垃圾分类的地方性法律法规

相对于城镇来说,我国农村地区比较落后,居住地相对分散,村民文化程度低、生活习惯根深蒂固,基层政府财政紧张,而且不同地区的农村差异非常大。因此,各地应逐步建立健全农村垃圾分类的地方性法律法规。

7. 采用多元化手段解决农村生活垃圾分类资金缺口

农村生活垃圾分类具有很强的正外部性,所以政府应该承担主要责任。经济发达地区的农村生活垃圾分类经费原则上应由县财政统筹;经济不发达地区的农村生活垃圾分类经费原则上应由省财政统筹;经济贫困地区的农村生活垃圾分类经费原则上应由中央财政转移支付统筹。此外,还要充分利用社会资本参与农村生活垃圾分类。

8. 加大农村生活垃圾分类常识宣传力度

通过广播、电视、宣传标语、墙画、村民微信群、发放宣传小册子等方式对村民加强垃圾分类公益宣传,使垃圾分类常识广泛传播。要让村民意识到垃圾污染严重影响身体健康,特别是影响青少年儿童的身心健康,实行垃圾分类关系到子孙后代的幸福生活。

9. 农村学校(幼儿园、小学、初中)普及生活垃圾分类处理常识

《中华人民共和国固体废物污染环境防治法》(2020年修订)第十一条第二款规定:"学校应当开展生活垃圾分类以及其他固体废物污染环境防治知识普及和教育。"农村幼儿园和中小学要把农村生活垃圾源头减量、分类、资源回收利用和无害化处理等知识作为学校教育和社会实践内容的一部分,让垃圾分类的观念入脑入心;要组织学生参加社会的环境保护活动,从我做起、从小事做起,逐渐使垃圾分类成为一种习惯。

农村垃圾分类要充分发挥村"两委"干部、村民小组长、驻村干部、村医、村妇女主任、村网格员、党员、复员军人、群众代表、农村教育工作者等的示范带头作用。

10. 给每个行政村配备充足的垃圾桶

根据村民的居住情况配备大型垃圾桶,垃圾桶的设置要以方便村民为原则,垃圾桶的数量要以满足村民的需求为原则,每个自然村都要配备大型垃圾桶。镇政府要安排专人负责运送村民的生活垃圾,运送的频率取决于垃圾的数量及季节:生活垃圾数量越多,运送频率就越高;夏天要做到每个行政村每天至少运送一次,并且要彻底清空垃圾桶内的生活垃圾。

(三)全面推进农村公厕服务大提升行动

农村公共厕所已经成为现代农村公共服务基础设施不可或缺的重要组成部分,成为改善农村人居环境的重要推手,成为展示农村社会发展和乡村文明程度的一扇窗口。

农村公厕主要包括公共厕所、学校厕所和旅游景点厕所三种,大部分地区一般是按照三格化粪池式、完整上下水道式建造水冲厕所。在缺水地区或高寒地区,也可以建造免水冲厕所。农村公厕又可以分为独立式公厕和附属式公厕:如果公厕单独设置,则称为独立式公厕,如大街上的公共厕所;而有的公厕只是某类建筑物的一个组成部分,这种就称为附属式公厕,如教学楼、办公楼内的卫生间等。附属式公厕可以与村委会、镇政府、卫生院、车站等设施结合建设,鼓励村办公大楼、驻村企事业单位通过捐赠厕所、共享厕所等方式向社会提供公厕。每个行政村应至少建造一间独立式公厕,并优先考虑建设在村入口、农贸市场、农村社区综合服务中心、文化活动广场、村民聚居密集区域、基层综合性文化活动中心、乡村旅游景区(点)、城乡接合部、人流物流集聚区等位置,对于人口规模大和外来人员多的行政村应相应地增加独立式公厕的数量和提高建设标准。建设农村独立式公厕要示范先行、有序推进,因地制宜、分类指导,宜水则水、宜旱则旱,统一标准、统一规划、统一设计。农村公厕分类及设置要求如表 8-7 所示。

表 8-7　农村公厕分类及设置要求

序号	项目	类别及要求		
		一类	二类	三类
1	平面设置	大便间、小便间、洗手间应分区设置	大便间、小便间、洗手间宜分区设置,男女可共用洗手间	大便间、小便间宜分区设置,男女共用洗手间
2	管理间/m²	>12	8—12	<8(视条件设置)
3	第三卫生间	有	视条件设置	无
4	工具间/m²	2	1—2	1—2(视条件设置)

续表

序号	项目	类别及要求		
		一类	二类	三类
5	厕位建筑指标/（m²/位）	5—10	3—4.9	2—2.9
6	照度/lx	≥150	≥100	≥75
7	室内顶棚	防潮耐腐蚀材料吊顶	涂料或吊顶	涂料
8	室内墙面	贴面砖到顶	贴面砖到顶	贴面砖到1.5m或水泥抹面
9	大便厕位/（mm×mm）	（900—1200）×（1300—1500）	（900—1200）×（1200—1500）	850×（1000—1200）
10	坐便器或蹲便器	普通	普通	普通
11	小便器	半挂	半挂	不锈钢或瓷砖小便槽
12	便器冲水设备	自动感应或非接触式人工冲便装置	自动感应或非接触式人工冲便装置	手动阀、脚踏阀、集中水箱自控冲水
13	无障碍通道	有	有	有
14	马桶扶手	有	有	视条件定
15	洗手盆	有	有	视条件定
16	除臭设备	有	有	视条件定

资料来源：陕西省地方标准《农村人居环境 厕所要求》。

注：除臭设备是指对公厕臭味有处理效果并形成合力气流组织的通风设备或系统。

农村公共厕所的保洁工作应指定专人负责，并在农村公厕明显区域公示负责人、保洁人员信息及投诉举报方式。县政府要定期开展农村公厕检查工作。各镇、行政村要制定农村公共厕所清洁卫生管理制度，并纳入村规民约，引导村民养成讲卫生、爱护环境的良好习惯。修建和管理农村公共厕所的资金可由多元主体共同提供。

五、提高公共就业服务品质并丰富就业服务方式

（一）提供农村公共就业优质服务

改革开放以来，我国的公共就业服务体系在农民脱贫致富的过程

中发挥了非常积极的作用。解决农村人口的就业问题不仅可以增加他们的收入、提高农民的消费水平和生活品质,而且可以促进我国农村社会的和谐稳定,因此,进一步完善我国的农村公共就业服务体系就具有非常重要的现实意义。

第一,建立健全县、镇(乡)、村三级农村公共就业服务体系,为农村劳动力就业提供组织保障。一方面,城镇(特别是经济发达地区城镇)的建筑业、制造业、家政服务、母婴服务、运输业、餐饮业、安保业等存在巨大的劳务需求;另一方面,很多农村居民有外出务工的强烈愿望,但是缺乏实时、准确的市场劳务需求信息,所以需要农村公共就业服务部门通过村(居)委会、微信群、政府网站、微信公众号、宣传栏、宣传单、短信、电视、广播、报刊等渠道发布相关信息。

第二,与长三角和珠三角等地区的人力资源部门合作,组织长三角和珠三角的大型企业来镇、村现场招聘。

第三,加强农村劳动力职业技能培训。为了提高农村公共就业服务的针对性,农村公共就业服务部门应积极收集市场劳务需求信息,并根据市场需求组织相应的职业培训,提高农村劳动力的竞争力和工资收入。培训内容主要包括法律法规普及、求职技巧、安全生产知识、创业培训、职业引导及规划、计算机操作、家电维修、汽车修理、家政服务、美容美发等。

第四,在长三角和珠三角设立办事处。办事处的主要任务就是努力做好外出务工人员的后续跟踪服务工作,帮助他们解决实际困难、维护合法权益,消除他们的后顾之忧。定期组织外出务工人员开展座谈会和联谊活动,交流务工经验和劳务需求信息。鼓励务工人员介绍亲朋好友外出务工,对劳务输出作出贡献的典型要利用媒体进行宣传报道。广泛了解用工单位的信息,将那些不讲诚信、存在坑蒙拐骗行为、经济效益差的企业拉入黑名单,并及时将黑名单反馈给农村公共就业服务机构和外出务工人员。

第五,其他形式。如大力发展劳务输出组织,鼓励外出务工人员回乡创业等。

(二)大力加强农村技术培训

第一,实现培训方式多样化。一是课堂讲授,就是在市、县、乡镇或村举办培训班;二是远程教育,就是通过广播、电视、音像视频等形式传授农业技术;三是现场指导,就是面对面开展培训、学习活动;四是参观考察,就是组织参观考察科技示范基地、示范园、示范乡镇、示范村与示范户等;五是专栏培训,就是在人们经常聚集的公共场所利用墙板、黑板等固定专栏宣传农业技术。此外,还可以通过科技下乡、专家讲座、项目扶贫、结对帮扶、师傅带徒弟等形式传授农业技术。

第二,提高培训针对性和实效性。一是要结合各地的支柱(特色)产业及培训对象的需求来确定培训的内容;二是培训主要针对以下对象:科技示范户、专业户、专业农民(动物防疫员、植保员、农机手、沼气工)、农村经纪人、村干部、龙头企业员工、返乡的毕业生等。

第三,加强劳务输出技术培训。农村劳务输出可以增加农民收入,服务我国的城镇化和工业化。将有外出务工意向的农民和就近就地转移的农民作为培训对象,并根据市场需求确定培训内容,如家电维修、机动车维修、家政服务、电焊等。

第四,组建一支专职、兼职结合的教师队伍。队伍中的专职教师可以是来自农业广播电视学校、农业科技教育培训中心、农业技术推广机构、行业协会、农技站等的工作人员;兼职教师可以是来自农业院校和农业科研机构的研究员、科技示范户、种养能手、农村专业大户等。

第五,加强跟踪反馈。在培训工作结束后,每年更新一次培训学员的联系方式并定期向培训学员发放调查问卷,以便了解培训效果和市场需求。此外,培训时间应相对集中,尽量安排在农闲时期;培训地点的距离越近越好,尽量安排在县、镇或村一级。

(三)大力发展农村职业教育

随着城镇化的快速发展和乡村振兴战略的实施,我国农村需要各种各样的专业技术人才,而农村职业学校就是培养农村专业技术人才的摇篮。

第一,服务地方经济。一是要实现专业与产业对接,明确专业定位。地方支柱产业或特色产业的发展需要大量的专业技术人才,而农村职业学校就是培养这些专业技术人才的摇篮。因此,要结合地方经济发展,以市场需求为导向,以服务地方经济为己任,精准把握当地产业的发展方向,围绕地方支柱产业设置专业,打造专业品牌,服务地方经济发展。二是要实现课程内容与职业标准对接,科学设置课程体系。三是要实现教学过程与生产过程对接、理论教学与实践教学相结合,加强实践基地建设。四是要实现学历证书与职业资格证书对接,加强专业技能的培养。五是实现专业群建设与产业集群对接。专业群一般是由农村职业学校依托某一学科基础比较强的专业逐步发展形成的,各专业间的理论基础课程相同、师资力量相近,且可以共用大部分实验实训设施和设备。六是企业参与课程评价和质量监控。七是要加强课程建设,搭建线上优质课程共享平台,实现优质师资和课程资源共享。

第二,加强"双师型"教师队伍建设。师资既是农村职业教育发展的重要支撑,同时也是农村职业教育发展的瓶颈。从事农村职业教育的教师不但要有理论知识,还要有丰富的实践经验。然而,由于农村职业学校普遍基础理论课教师偏多,严重缺乏技术类专业课和实习实训指导老师,缺少实训设备,学生缺少实习的机会。还有一些农村职业学校享受了国家职业教育的优惠政策却不以就业为导向,而是追求升学率,导致我国农村职业教育普教化现象严重。因此,建立一支既能讲授基础文化知识和专业理论知识,又能对学生进行实践指导的"双师型"教师队伍已刻不容缓。可以通过以下方式构建"双师型"教师队伍:一是从事农村职业教育的教师必须先去企业或者农村工作至少一年,然后才能走上讲台;二是从事农村职业教育的教师晋升必须有企业(包括农村)实践经验和职业资格证书;三是把职业资格证书作为应聘农村职业教育教师的必要条件;四是安排教师定期到企业(包括农村)研修和实践锻炼;五是将行业能手和能工巧匠聘为兼职教师。

第三,鼓励社会办学。在发达国家,举办农村职业教育的办学主体不仅有政府,还有企业及个人。例如,在澳大利亚,只要办学条件得到政府批准,无论申办主体是政府部门,还是企业或者个人,国家一律给予同等条件的经费支持。农村职业教育、政府和企业之间的关系如图 8-4 所示。

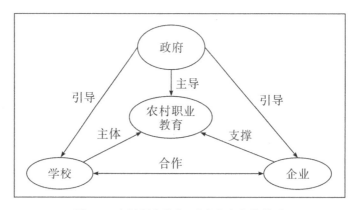

图 8-4　农村职业教育、政府和企业的关系

资料来源:文康.新型城镇化进程中农村职业教育发展研究[D].南昌:东华理工大学,2016。

第四,面向社会举办技术培训班。农村职业学校可以利用自己的资源和优势面向社会举办技术培训班,如培训幼师、家政服务人员、水电工、月嫂等,并收取合理费用,这一方面可以增加收入,另一方面可以服务社会。

第五,加强学风建设。农村职业学校的社会认可度之所以差,有很大一部分原因是学风太差,因此一定要加强学风建设,严厉整顿学校秩序,严抓课堂纪律。

第六,建立健全职业资格证书制度。健全的职业资格证书制度是发达国家促进农村职业教育非常宝贵的经验。德国规定,要成为一名合格的农业工人需要接受三年的农村职业教育,其中包括一年的理论学习和两年的实践学习,还要通过职业资格考试。我国的新型职业农民是一种职业而非一种身份,这就要求农民必须具备一定的专业知识和技能。衡量专业知识和技能的一个重要标准就是职业资格证书,也就是说,要成为新型职业农民就要取得职业资格证书。因此,我国应进一步建立健全职业资格制度,促进农村职业教育的健康发展。

第七,加大宣传力度。在中国老百姓的观念里,职业教育就是差生的代名词,就是没有出息,这种观念根深蒂固。学生选择农村职业学校往往是没有其他选择的无奈之举,好在自 2009 年开始农村职业学校学生可以免除学费和书本费,减轻了许多农村家庭的负担。此外,农村职业高中的学生除了可以参加普通高考,也可以参加高职院校单独招生,以后一样可以报考硕士研究生和博士研究生,优势还是非常明显的。所以,政府要通过电视、广播、报纸、网络社交平台、自媒体等加强宣传,特别是要宣传职业教育的发展现状和前景,同时引入一些成功的案例,逐渐改变人们的偏见。

第八,建立健全法律法规。为了促进农村职业教育的发展,发达国家出台了一系列法律法规。例如,美国出台了《莫雷尔法案》(1862年)、《史密斯—休斯法案》(1917 年)等,为美国职业教育的健康发展提供了法律保障。反观我国,有关农村职业教育的法律至今只出台了《中华人民共和国职业教育法》,此外,尽管出台了一系列政策性文件,但是时间跨度短、权威性差,不利于长期执行。因此,我国应加快完善有关农村职业教育的法律体系构建,增强法律的可操作性。

六、不断健全农村公共安全防控体系

安全稳定的社会秩序是发展的前提。我国是农业大国,农村地域辽阔,所以维护我国农村的安全稳定对于贯彻落实乡村振兴战略具有非常重要的意义。

(一)全面实施全体村民参与村干部的年度民主测评

村干部在维护我国农村社会的安全稳定方面起着至关重要的作

用。目前,村干部中存在的问题还是比较多的。因此,要思考如何进一步健全村务公开制度和民主决策机制,切实保障村民的知情权,对村干部的权力进行有效的监督和制约。此外,要进一步完善村干部的民主测评制度。目前对村干部的年度测评主要由党员代表和村民代表做出,测评结果缺乏说服力,无法服众。笔者认为,每个行政村的村民都应该参加对村干部的年度测评,年度测评可以采取通过微信向村民发放调查问卷并收集意见的形式进行。这样做不但效率高、成本低,而且测评结果具有说服力。对村干部的年度测评最好由县委组织部负责,并且对参与测评的人员信息务必保密,这样村民才会说真话(敢于反映真实意见),测评结果可以作为任免村干部及确定村干部工资福利待遇的重要参考依据。

(二)严厉打击赌博及各种恶性刑事犯罪活动

加大打击农村违法犯罪活动的力度。农村的违法犯罪活动主要有盗窃、抢劫、侵害鱼塘、盗伐林木、毁青苗、割大棚、砍果树、点草垛、赌博、制售伪劣产品以及家庭暴力等。其中盗窃犯罪最常见,如盗窃粮食、家禽牲畜、林木、农用车辆、摩托车、自行车、电力通信设备和铁路设施等。要严厉打击赌博及抢劫、贩卖人口、投毒等恶性刑事犯罪活动。

(三)全面建立健全110出警回访制度

本书认为,建立健全110出警回访制度有利于形成良好的警民关系。110出警回访制度是指在派出所出警处理完案件后,县(市)公安局110报警中心通过电话联系报警当事人进行回访,回访内容主要包括:第一,对110出警的处理结果是否满意?第二,如果不满意,哪些方面需要改进?并把这些回访记录作为其年终考核及职务晋升的主要依据。

(四)加强农村公路交通安全巡逻

一方面,我国农村大部分地区是丘陵或者山区,农村公路路况较差,坡多、弯多、悬崖多、路面窄、长期缺乏保养,而且缺乏交通安全标识。另一方面,农村居民普遍缺乏交通安全意识,机动车辆超载、超员、客货混装现象非常严重,车辆无牌照、驾驶员无证驾驶的现象屡见不鲜。由于一些农村中小学没有运动场地,部分学生就在公路上跑步锻炼。随着私家车的普及,农村交通状况更加不容乐观,行人、机动车、非机动车在农村公路上横冲直撞,如果碰到赶集日,交通状况将更加糟糕。所以建立健全农村公路巡逻和卡口检查制度势在必行。同时,农村公路岔路口及关键路段应尽可能安装各种交通监控摄像头。

(五)不断加强视频监控网络系统建设

视频监控系统具有直观、实时、信息量大等优势,并且对犯罪分子具有极大的震慑作用,而且可以在一定程度上弥补农村警力不足的缺陷,在我国农村公共安全治理中发挥着非常重要的作用。

视频监控系统应优先安装在学校、金融机构、商业场所、医院、酒店、人口密集区、养老院、主干道路、进出乡村主要路段、城乡接合部等重点区域。同时,鼓励农户、商户积极安装防盗报警器、视频监控系统等技防设施,警方在技术层面提供指导和支持。私人安装的视频监控设施一定要保证质量以及视频的清晰度,并且将私人视频监控系统接入派出所视频巡控平台,这样可以极大地压缩犯罪分子的作案空间。当然,安装视频监控系统一定要重视保护老百姓的隐私,避免被不法分子利用。

(六)建立全社会关心爱护留守儿童的机制

现在大部分农村的青壮年都选择外出务工,有的是迫于生计,有的是为了改善自己的生活条件,留在农村的基本上是老人和小孩。如此一来,农村留守儿童的教育就是一个大问题。农村老人文化程度普遍低,很多甚至是文盲,在学习上根本无法指导小孩。由于存在隔代亲,老人对小孩的要求往往是有求必应,对小孩的一些不良习惯不会加以制止。留守儿童由于长期缺少父爱和母爱,容易存在心理问题和性格缺陷,主要表现为行为孤僻、行为偏激、容易冲动。因此,农村的留守儿童需要得到更多的关心和爱护：一是学校要切实负起责任，在生活和学习上关心与帮助留守儿童，并与他们的父母保持联系；二是家长要时常和孩子通话，让小孩感受到父爱和母爱；三是村干部要经常去看望留守儿童；四是派出所民警要定期去各个村向留守儿童宣传安全防护常识。

(七)加强管控

加强对农村猎枪、管制刀具、爆炸品、燃油、农药等危险物品的管理，加强对旧货业、公章刻制业、机动车改装业、废品收购业、邮政、快递、物流等行业的管控。

(八)加强公共安全知识教育和宣传

村民文化程度普遍较低，更加缺乏安全常识，所以对村民加强安全常识的教育和宣传尤为必要。一是通过宣传栏、广播等宣传安全常识和法律常识；二是通过村民微信群、自媒体等现代传播媒介宣传安全常识，将有关安全常识和法律常识的短视频、微电影、案例发到村民微信群；三是通过巡回法庭的方式在农村开庭调解判决各种纠纷案件，尽量公开审理造成非常大的社会影响的案件，并要求每个行政村都派代表参加。

(九)建立警民联动治安巡防动态防控体系

一是组建治安巡逻队，到每个行政村进行机动巡逻，这样可以震慑有犯罪倾向的人，降低犯罪率；二是在人口规模特别大或者社会治安差的行政村设立警务室，24小时值班，由驻村民警兼任村委会副主任；三是建立健全农村治安情报信息系统；四是在交通要道设置治安岗亭。

(十)进一步完善村民合法信访、申诉的渠道

随着市场经济和城镇化的快速推进，农村社会矛盾越来越多，如赡养老人、医疗事故、债务纠纷、交通事故等，如果村民的利益诉求得不到及时的解决，村民之间的矛盾得不到及时的妥善处理就有可能发

展成刑事案件甚至群体性事件。信访是政府与村民联系的桥梁和纽带,是反映社情民意的渠道之一。由于村民文化程度普遍比较低,碰到困难时往往不知道向谁求助。此时,政府就应告知所有村民,当其对一些矛盾解决方式有意见时可以采用书信、电话等方式向镇政府信访办或者上级政府信访办进行申诉;同时,要求各级政府信访办必须依法依规及时妥善处理,对于处理不当导致严重后果的,必须追究相关责任人的责任。基层政府应尽力把矛盾化解在萌芽状态,解决在基层,筑牢维护我国农村社会公共安全的第一道防线。

（十一）加强农村学校安全管理

一是每所农村学校（包括幼儿园）必须配备门卫保安,由于门卫保安是保卫农村学校安全的第一道防线,所以门卫保安的首选应当是青壮年男子。目前,农村学校（包括幼儿园）的门卫保安大多为老人和妇女,学校的第一道防线若有似无;二是要加强对学生的安全教育;三是加强对农村学校周围商店和食品店的监管;四是农村寄宿制学校应建立家长接送小孩制度。

（十二）加强农村食品安全监管

农民由于收入低,平时非常节俭,因此对食品价格特别敏感。农民往往会购买价格最低的食品,而那些廉价的食品大多质量有问题,存在如食品过期、食材劣质、添加剂和防腐剂过量等情况。为了保障农民的健康安全,必须加强农村食品安全监管。

七、不断健全农村三级卫生服务网络

我国农村三级卫生服务网络就是指以县级医疗卫生机构为龙头、乡镇卫生院为主体、村卫生室为基础的卫生服务体系。

第一,医疗卫生资源重心下移。村民对村卫生室和乡镇卫生院普遍缺乏信任,因为其医疗技术水平太低。村民看病往往都是去县级及县级以上的卫生机构,这一方面增加了农民的经济负担,另一方面也使得上级医疗卫生机构不堪重负。由于乡镇卫生院工作环境和工资

福利差,医疗专业技术人员不但数量不足,而且素质也不高,乡镇卫生院的医疗技术人员大部分为大专学历,其次为中专学历,大学本科及以上学历极少,甚至还有一些人员无正规学历。乡镇卫生院水平高一点的骨干都流失了,而其余的医生医疗技术不过硬、缺乏临床经验,很多疾病不敢看、不愿看、不能看、不想看,只能看一些轻微的、不严重的小病。很多医疗设备因为没有人会操作而被迫闲置,很多小手术也无法正常进行。因此,医疗卫生资源重心必须尽量下移,使突发疾病的村民能够及时就医,保障村民的健康安全。

第二,大幅提高村医待遇。村卫生室是我国农村三级卫生服务网络最基层的医疗卫生机构,条件非常艰苦,因此必须提高村医的待遇。一是建立村医社会养老保险制度和医疗保险制度。通过"村医交一点、县里补一点"的方式解决资金来源问题,让村医病有所医、老有所养,消除其后顾之忧;二是村医的工资收入应不低于村干部。

第三,建立对口帮扶机制。一是县级及县级以上医院的医生要定期来乡镇卫生院和村卫生室义诊;二是为村医和乡镇卫生院的医生配备县级以上医院的医生(通过微信、电子邮件、电话等方式)进行业务方面的指导。

第四,建立村医定期去县级以上医院进修的制度。现在的以会代培方式对村医的业务提高意义不大,建议村医每年去县级以上医院跟班进修至少一个月的时间,不断提高村医的业务水平。

第五,乡镇卫生院打造特色科室。乡镇卫生院可以利用自己的优势和特长打造特色科室,如建立中医馆发展中医药适宜技术——中药饮片、刮痧、针灸、拔罐、推拿、贴敷等,也可以发展其他方面的特色专科,如妇科、儿科、骨科、皮肤科、口腔科等。

第六,改善村卫生室和乡镇卫生院工作人员的服务态度。村民普遍反映村卫生室和乡镇卫生院不但工作人员服务态度差,而且存在一定的道德风险;对于一些病情稍微严重或复杂的病人,村医和乡镇卫生院医生常常推诿病人、劝病人转院。因此,应该将群众的满意度作为医护人员的重要考核指标,必须加强对他们的监督,县卫生监督局应当公布对村医和乡镇卫生院医生的举报方式(微信小程序、电子邮箱、电话号码等),每年底由县卫生监督局向村民发放调查问卷,根据了解到的真实情况确定其工资及各种福利的发放标准。

第七,加大公费医学生的招生规模。公费医学生可被派往乡镇卫生院服务,服务期满后,自愿决定去留,这样既能满足乡镇村民的医疗需求,也不会给地方政府增加负担。

第八,将性价比高的常用药品纳入国家基本药物采购目录。自从实施国家基本药物制度以后,病人普遍反映,很多性价比高的常用药物丧失了购买途径。

第九,将乡镇卫生院改制为县人民医院的分院。这样做一是可以提高乡镇卫生院的医疗服务水平,二是可以解决村民买药难问题。

第十,扩大村卫生室和乡镇卫生院的药物采购范围。根据调查,很多村民都表示卫生室和乡镇卫生院的药品范围太窄,很多药买不到。为满足村民的需求,应当扩大村卫生室和乡镇卫生院的药物采购范围。

八、农村公共文化服务必须接地气

文化是一个国家和民族的精神支柱。农村公共文化是对一定时期内农民的生活习俗、价值观念和精神面貌的抽象表达。在中国传统社会中,农村是典型的熟人社会,一般以血缘和宗族为纽带,宗祠、房前屋后、大树下、晒谷场、戏台等常常是农民生产、生活和娱乐的主要场所。随着改革开放的不断深入,我国农村社会发生了非常大的变化,冰箱、彩电、手机、互联网、电脑、私家车等都在农村得到普及。农民在物质生活越来越丰富的同时,也对农村公共文化提出了更高的要求。

长期以来,农村公共文化服务的主要供给者是地方政府。为了政绩和晋升机会,地方政府倾向于选择那种立竿见影、凸显政绩的"文化形象工程",如乡镇综合文化站、文化大院、农村电影放映、农家书屋、送戏下乡、流动图书室等,更重视文化设施的建筑面积、藏书量、电脑数量、活动器材种类(数量)等显性指标,而对文化设施(活动)的使用率以及农村居民的满意度置之不理,其效果自然就很差。建议通过以下几个方面来改变现状。

第一,完善农村公共文化服务需求表达机制。农村居民是农村公共文化服务的对象,他们对农村公共文化服务最有话语权。顺畅的农村公共文化服务需求表达机制是提高农村公共文化服务有效性的前提。一是对农村居民发放调查问卷。现在农村基本上普及了智能手机,所以对农村居民进行线上问卷调查的效率较高。而对于那些没有智能手机或者不会操作智能手机的农村居民(主要是老人),可以由村干部上门服务,代为填写纸质问卷,然后由村干部统一寄给上级管理部门。二是组织座谈会。上级管理部门深入农村,通过举办座谈会了解农村居民对农村公共服务的真实诉求。三是建立健全农村公共文化服务公众满意度测评机制。农村公共服务应该以农村居民的文化需求为导向,以农村居民的满意度为衡量标准,每年通过调查问卷和座谈会了解农村公共服务的效果,以便上级管理部门及时改进服务,从而为农村公共服务的供给者提供一种纠错机制。

第二,建造文化广场。自 1999 年高校扩招以来,我国城镇化进程不断加快,农村的青壮年劳动力纷纷去城市及沿海经济发达地区务工,留在农村的基本上都是老人、小孩和妇女。为了让小孩远离手机、平板电脑、电视机、游戏机等电子产品,以及减轻农村留守儿童的孤独感,每个自然村非常有必要在人口密集区建造一个文化广场,并安装路灯、篮球架、羽毛球网、儿童游乐设施、室外体育健身设施、公共阅报栏等,为老人和小孩娱乐、玩耍(包括广场舞)提供场所。

第三,建立文化活动中心。每个自然村建一个文化活动中心,配备象棋、围棋、电视机、无线网络、儿童书刊等,同时应设立读报栏和图书角,无论何时,老人、小孩都可以去文化活动中心消磨时光。要将文化活动中心打造成农村最热闹的文化娱乐中心。

第四，建立视频号与公众号。现在农村居民一般喜欢刷短视频，所以建议每个行政村均注册官方视频号与公众号，并指定村干部负责管理。村民可以把有趣的见闻、作品以及外地的招工信息（包括职业技能培训）发给指定的村干部，经村主任（村支书）审核同意后发布在该村的视频号与公众号上；平时村委负责收集村里的趣人趣事以及国家的惠农政策信息并发布在该村的视频号与公众号上。

第五，升级改造电影院。每个镇建一个现代化的电影院（也可以对现有的电影院进行改造升级），放映一些年轻人喜欢的电影。

此外，乡镇每年可以组织广场舞大赛、舞龙舞狮、扭秧歌等活动。

第九章 结论与展望

第一节 结 论

本书立足乡村振兴战略背景,首先阐述乡村振兴战略与公共服务有效供给的内在逻辑并构建公共服务有效供给的理论框架,其次对农村公共服务的需求和供给现状展开分析,然后从宏观层面和微观层面进行供给效率的评价,最后基于宏观和微观效率评价的实证分析和国际经验构建我国农村公共服务高效供给的支持系统。通过各个部分的分析,本书有以下结论。

第一,从农村公共服务的需求现状来看,农村公共服务需求类型呈现多样化趋势,且需求程度在不断上升。农村教育服务、养老保险、医疗保险和基础设施需求依然是重点:我国农村人口基数大,教育水平低,农村教育服务需求较大;农村留守儿童问题突出,且地域分布失衡,对农村基础教育提出了更高的要求;劳动力市场对用工技能的要求提升,农民工培训教育需求明显增加。农村人口老龄化程度加剧,服务机构能力较弱,养老保险需求量大;传统农村养老保险存在制度性不足、覆盖面有限的问题,制约了农村养老保险需求扩张;对比传统农村养老保险,新农保在集资渠道、参保要求及缴费标准等方面更加灵活,这在一定程度上激活了农村养老保险需求。农村居民医疗保险参保人数增长显著,基金收支增长不平衡,农村医保需求总量有待调节;农村医疗保险服务覆盖面急需扩大;农村医疗保险空间分布不均衡,地域差异显著,各地居民对于新农合的需求情况不一。由于自然灾害对农业生产造成不利影响,人员财产损失严重,所以抗灾能力急需提升;随着农村居民生活水平的提高,农村居住条件有待改善,农村住宅及公共设施需求旺盛。此外,随着文明乡村建设的不断推进,对生态环境保护、公共文化和公共安全提出了更高的需求。随着就业形式多样化和自主化的提高,对农村职业技能培训、农村信息推广、基础电信和农村普惠金融的需求逐步加强。因此,需要厘清农村公共服务的重点和新增需求,解决当前农村公共服务存在的瓶颈问题,探索满足需求的途径是当务之急。

第二,从农村公共服务供给现状来看,总体供给力度在稳步提升,但少数公共服务供给还存在缺陷和不足。针对教育、养老、医疗和基础设施四大重点需求,当前的供给基本能够满足需求,且逐步得到改善。在农村教育服务的供给方面:重视义务教育的普及,追求公平且有质量的农村教育发展,以促进城乡教育一体化;农村义务教育规模缩减,班级规模下降,生师比稳定;在财政投入方面,2010年以来财政预算中各级各类学校的经费占比都有明显提高,城乡教育经费的差距明显缩小;乡村教育质量明显提升,农村人口的受教育程度稳步提高。在农村养老保险的供给方面:农村居民在养老保险的选择上一般会选择较低的缴费标准,因此保障水平依然较低;农村居民基础性养老金发放标准的地区差距比较大。在农村医疗保险服务的供给方面:从新农合到城乡居民基本医疗保险,农村医疗保险制度的改革以城乡并轨为目标,基本上实现了全面覆盖的发展目标;农村卫生医疗资源的集中程度和供给水平都在稳步提高,但与城市的医疗水平仍有明显差距。在农村基础设施的供给方面:当前乡村建设资金主要来自各级财政,存在基础设施投资主体单一的问题;国家财政的农村专项资金增长平稳,农村电网、公路等农村基础设施都实现了提档升级,农村人居环境得到改善,但基础设施的长效管理机制还需要进一步健全和完善。除教育、养老、医疗和基础设施四大类公共服务的供给稳步提升外,农村职业技能培训的多元化供给还存在缺陷,对村庄规划和建筑规划的管理还不到位,对信息推广和公共文化的供给还停留在供给的初步阶段,供给质量仍有待提高。

第三,从宏观层面对全国农村公共服务进行了效率评价。根据采用 DEA-CCR 和 DEA-Malmquist 模型得到的效率测算结果,可知全国农村公共服务供给效率较低,并且呈现出 U 形的趋势:2009 年到 2011 年保持不变,2012 年到 2013 年递减,2013 年到 2019 年递增;对各省份的供给效率进行横向和纵向比较可以发现,各省份的供给效率有显著差异,但总体上的全要素生产率随时间的推移先呈现出微弱增长态势,继而出现衰退态势。从生产技术进步来看,多数中西部地区的省份没有技术进步,而东部沿海地区的省份则有较大的技术进步;从技术效率来看,趋势与全要素生产率保持一致可能是因为多数省份的技术进步较小,而全要素生产率主要受到技术效率的影响。

第四,从微观层面通过六省六镇的问卷调查对村民展开公共服务评价分析。一是通过对六省六镇 43 个村实地展开村民对公共服务供给评价的调研:六省六镇村民总体评价满意度较高,总体均值是 3.66,但不同镇之间的村民满意度差异较大,浙江省屠甸镇和陕西省三合镇的满意度均在 4.00 以上,而湖南省荷香桥镇、黑龙江省古龙镇和河北省马厂镇的满意度均在 3.50 以下。二是实证分析显示八个方面的公共服务供给都对村民的总体满意度有显著影响,但是这八个公共服务类型对不同村镇影响的显著性和程度差异巨大。这进一步说明,农村公共服务的供给过程既要注重农村的共同之处,又要考虑村镇之间的差异性。

第五,基于宏观和微观的实证分析,借鉴国际经验,构建高效供给支持系统。一是为了实现乡村振兴和公共服务均等化的目标,我国可以借鉴美国社会组织参与公共服务供给的经验,在准入制度、资金支持、引导监督等方面为民间组织参与公共服务供给创造空间;还可以参考日本政府对农村公共服务供给投入充足资金,实现财政资金和民间资本双管齐下,保障公共建设的资金投入的做法;对比韩国政府改善农村公共基础设施的做法,对我国农村的居住、医疗卫生及教育环境进行改善;学习荷兰在农业生产方面重视科学技术对农业生产的指导作用,发挥农民协会和农村合作社的服务作用,积极探索适合我国农业的发展路径。二是提出提高基础设施建设的质量和覆盖面、加强养老和医疗等社会保障、加强基础教育及其配套师资力量和设施、加强环境保护、提高公共就业服务品质并丰富服务方式,不断健全农村公共安全防控体系、不断健全农村三级医疗卫生服务网络,以及农村公共文化服务必须接地气等建设路径。

第二节 展 望

从乡村振兴战略的提出,到《中华人民共和国乡村振兴促进法》的出台,农村公共服务供给在乡村振兴中取得了明显成效。党的十九大报告中六次提及共同富裕,而推动共同富裕的路径之一就是促进基本公共服务均等化。党的二十大报告中进一步指出,要实现"基本公共服务均等化水平明显提升,多层次社会保障体系更加健全"。未来,在推进乡村振兴战略、实现共同富裕的道路上,农民收入将进一步提高、城乡收入差距将进一步缩小、基本公共服务均等化水平将显著提高。农村公共服务的内涵也将得到拓展和丰富,农村公共服务除了包括基础设施、社会保障、基础教育、医疗卫生、公共安全、公共文化、环境保护等基本的公共服务类型,还将包括职业技能培训、农村产业生态化、农村信息化等。

随着人工智能、数字技术的广泛应用,在机器学习、云计算等技术的加持下,未来农村的自然条件(土壤、水文、空气等)和经济特征(民俗文化、产业发展等)能得到更好的监测,捕捉生态环境状况和经济特征的能力将得到显著提升,与农村自然条件、历史文化、发展现状、区位条件、资源禀赋、产业基础等相契合的农村公共服务供给系统将应运而生,农村公共服务供给效率的评价体系也将更加科学和合理。

　　未来,在高度发达的农村公共服务供给系统的支持下,农村不再是贫穷落后的代名词,也不再是农民想要逃离之地,而是农民安居乐业之地。农村经济不再是单一的农产品种植经济,而是涵盖了生物种业、绿色农业、智慧农业等的创新型生态体系农业经济。农村生活方式不再是交通不便、脏乱差、品质低下的,而是居住设施完善、风光宜人、卫生文明的,农村将成为城市居民向往的世外桃源。

参考文献

[1] Cherchye L，De Witte K，Ooghe E，et al. Efficiency and Equity in Private and Public Education：A Nonparametric Comparison [J]. European Journal of Operational Research，2010（2）：563-573.

[2] Mallikarjun S，Lewis H F，Sexton T R. Operational Performance of US Public Rail Transit and Implications for Public Policy[J]. Socio-Economic Planning Sciences，2014（1）：74-88.

[3] Norton Jr J W，Weber Jr W J. Water Utility Efficiency Assessment Using a Data Envelopment Analysis Procedure[J]. Journal of Infrastructure Systems，2009（2）：80-87.

[4] Prior D，Surroca J. Performance Measurement and Achievable Targets for Public Hospitals［J］. Journal of Accounting，Auditing and Finance，2010（4）：749-765.

[5] Samuelson P A. The Pure Theory of Public Expenditure[J]. Review of Economics and Statistics，1954（36）：56-60.

[6] Worthington A. Performance Indicators and Efficiency Measurement in Public Libraries［J］. Australian Economic Review，1999（1）：312-342.

[7] 艾医卫,屈双湖.建立和完善农村公共服务多元供给机制[J].中国行政管理,2008(10):69-71.

[8] 陈昌盛,蔡跃洲.中国政府公共服务:基本价值取向与综合绩效评

估[J].财政研究,2007(6):20-24.

[9] 陈朋,郭为力.二元农地产权:农民失地问题的解构与前瞻[J].贵州社会科学,2006(6):14-18.

[10] 陈文胜.乡村振兴战略目标下农业供给侧结构性改革研究[J].江西社会科学,2019(12):208-215.

[11] 陈锡文.乡村振兴应重在功能[J].上海农村经济,2021(3):16-18.

[12] 陈怡俊,黄海峰.社会影响力债券:社会公共服务供给机制的创新[J].治理研究,2019(6):98-107.

[13] 崔冬梅.服务型政府视角下农村公共服务有效供给路径选择[J].内蒙古农业大学学报(社会科学版),2009(2):49-50,62.

[14] 调研组.韩国、日本义务教育学校标准化建设情况调研报告[J].教育研究,2015(10):136-141.

[15] 丁奕升.农村公共物品供给效率及满意度影响因素研究——以山东省为例[D].北京:北京林业大学,2018.

[16] 郭晋.农村公共物品多元供给中政府供给路径浅析——基于新公共服务理论的视角[J].经济研究导刊,2020(2):31-32.

[17] 韩俊.关于实施乡村振兴战略的八个关键性问题[J].中国乡村发现,2018(4):4-11.

[18] 贺雪峰,谭林丽.内生性利益密集型农村地区的治理——以东南H镇调查为例[J].政治学研究,2015(3):67-79.

[19] 侯慧丽.乡村振兴背景下农村健康公共服务供给转变[J].浙江工商大学学报,2022(2):137-146.

[20] 侯圣伟.韩国的农村医疗保险制度[J].国际资料信息,2007(2):23-25,7.

[21] 胡培兆.有效供给论[M].北京:经济科学出版社,2004.

[22] 黄祖辉.乡村振兴战略中的适度规模经营问题[J].中国合作经济,2017(10):17-19.

[23] 黄祖辉.准确把握中国乡村振兴战略[J].中国农村经济,2018(4):2-12.

[24] 江明融.公共服务均等化论[J].中南财经政法大学学报,2006(5):33-35.

[25] 姜长云.实施乡村振兴战略:关于总抓手和中国特色道路的讨论[J].南京农业大学学报(社会科学版),2018(4):1-7.

[26] 姜长云.实施乡村振兴战略需努力规避几种倾向[J].农业经济问题,2018(1):8-13.

[27] 孔祥智.全面小康视域下的农村公共产品供给[J].中国人民大学学报,2020(6):14-28.

[28] 冷哲,黄佳民,仲昭朋.我国农村公共产品供给效率区域差异研究[J].农业技术经济,2016(5):80-91.

[29] 冷忠燕,靳永翥.乡村振兴背景下农村公共服务供给机制的创新及实现路径研究——基于内生性供给的理论视角[J].中共福建省委党校学报,2018(12):61-70.

[30] 李少惠,韩慧.西部农村公共文化服务供给效率及收敛性分析[J].深圳大学学报(人文社会科学版),2020(6):54-63.

[31] 李周.乡村振兴战略的主要含义、实施策略和预期变化[J].求索,2018(2):44-50.

[32] 厉为民.荷兰的农业奇迹:一个中国经济学家眼中的荷兰农业[M].北京:中国农业科学技术出版社,2003.

[33] 梁满艳.新农村公共服务供给:问题与对策[J].湖南商学院学报,2006(6):22-25.

[34] 刘保平,秦国民.试论农村公共产品供给体制:现状、问题与改革[J].甘肃社会科学,2003(2):76-78,89.

[35] 刘海英,纪红军.中国农村地区公共卫生资源投入比城市地区更无效吗[J].农业技术经济,2011(1):102-110.

[36] 刘红.乡村文化振兴进程中对公共图书馆参与民俗文化建设的

思考[J].文化产业,2022(20):142-144.

[37] 刘诗白.我国转轨期经济过剩运行研究[M].成都:西南财经大学出版社,2000.

[38] 刘书明.农村公共服务多元供给体系与农民需求表达机制:基于西北民族地区的实证研究[M].北京:中国财政经济出版社,2018.

[39] 刘天军,唐娟莉,霍学喜,等.农村公共物品供给效率测度及影响因素研究——基于陕西省的面板数据[J].农业技术经济,2012(2):63-73.

[40] 刘玮琳,夏英.我国农村基本公共服务供给效率研究——基于三阶段 DEA 模型和三阶段 Malmquist 模型[J].现代经济探讨,2018(3):123-132.

[41] 刘阳.论乡村"三治融合"治理体系中的民主、规则与人伦[J].西部学刊,2022(14):46-49.

[42] 卢阳春,石砥.四省藏区乡村振兴与公共服务耦合协调度的时空分异研究[J].原生态民族文化学刊,2021(4):35-47,153-154.

[43] 罗定华.试析农村公共服务供给主体多元化的参与机制[J].商业时代,2013(3):22-23.

[44] 马井彪.基于乡村振兴战略的农村公共服务供给侧改革研究[J].延边党校学报,2020(1):54-57.

[45] 马克思,恩格斯.马克思恩格斯全集(第五卷)[M].中共中央马克思恩格斯列宁斯大林著作编译局,译.北京:人民出版社,1958.

[46] 马克思,恩格斯.马克思恩格斯选集[M].中共中央马克思恩格斯列宁斯大林著作编译局,译.北京:人民出版社,1966.

[47] 芮秀萍.教师评聘分离背景下职务晋升问题研究——以溧阳市 G 校教师为研究对象[D].南京:南京师范大学,2017.

[48] 尚杰,任跃旺.西藏地区农村公共服务资源配置效率分析——基于 DEA 模型的实证检验[J].西藏大学学报(社会科学版),2017

(1):155-160.

[49] 盛荣.关于农村公共产品与服务研究现状的思考[J].中国农业大学学报(社会科学版),2004(3):32-35.

[50] 唐娟莉.农村公共服务投资技术效率测算及其影响因素分析[J].统计与信息论坛,2014(2):45-51.

[51] 王方秀.我国政府在基本公共服务体系建设中的作用分析[D].北京:中共中央党校,2013.

[52] 王彦.农村公共服务供给中的村民参与:供给过程与服务类型的二元分析[J].求实,2017(1):77-86.

[53] 王瑜,应瑞瑶,张耀钢.江苏省种植业农户的农技服务需求优先序研究[J].中国科技论坛,2007(11):123-126.

[54] 魏后凯.如何走好新时代乡村振兴之路[J].人民论坛·学术前沿,2018(3):14-18.

[55] 魏后凯.实施乡村振兴战略的关键与难题[J].山东经济战略研究,2018(11):34-35.

[56] 魏后凯.实施乡村振兴战略的目标及难点[J].社会发展研究,2018(1):2-8.

[57] 魏后凯.实施乡村振兴战略和区域协调战略 推进中国特色社会主义现代化建设[J].财经智库,2017(6):28-32.

[58] 魏涛.论新农村公共服务设施的多中心供给模式[J].攀登,2007(1):35-38.

[59] 文康.新型城镇化进程中农村职业教育发展研究[D].南昌:东华理工大学,2016.

[60] 谢桂平.中国教育资源有效供给问题研究[D].长沙:湖南大学,2015.

[61] 徐小青.中国农村公共服务[M].北京:中国发展出版社,2002.

[62] 颜佳华,何植民.新农村建设中的公共物品有效供给的路径选择——一种基于新公共服务理论的视角[J].社会科学家,2007

(3):142-144,147.

[63] 杨莉,张雪磊.长三角地区环境基本公共服务绩效评价及影响因素研究[J].现代经济探讨,2019(11):21-29,49.

[64] 杨玉明.多中心治理理论视野下农村公共服务供给模式创新路径研究[J].云南行政学院学报,2014(3):124-126.

[65] 张鸣鸣.农村公共产品效率的参与式评估研究[J].中州学刊,2010(2):135-137.

[66] 张新文,詹国辉.整体性治理框架下农村公共服务的有效供给[J].西北农林科技大学学报(社会科学版),2016(3):40-50.

[67] 张旭.政府和市场关系中的管制主义[J].经济学家,2016(3):16-23.

[68] 赵继海,竺海康,陈益君.农村信息需求的调查分析及其对网络建设的若干思考[J].农业图书情报学刊,2000(5):1-5.

[69] 赵靖宜.论农村公共服务有效供给的政府层级体制改革[J].思想战线,2013(S2):125-127.

[70] 周佳.留守儿童社会联结的多重断裂与积极建构[J].中国教育学刊,2017(11):24-27.

[71] 周铭扬,谢正阳,张樱,等.乡村振兴战略下我国农村公共体育服务效能提升研究[J].成都体育学院学报,2022(1):79-84.

[72] 朱玉春,唐娟莉,刘春梅.基于DEA方法的中国农村公共服务效率评价[J].软科学,2010(3):37-43.

[73] 朱玉春,唐娟莉,罗丹.农村公共品供给效果评估:来自农户收入差距的响应[J].管理世界,2011(9):74-80.

[74] 祝蓬希.基于绿色发展理念的农村生活垃圾分类治理研究[D].舟山:浙江海洋大学,2019.

附录 调查问卷

(一)基础信息

A1.您家居住在哪里？哪个镇/哪个村？

_____镇_____村

A2.您是家庭户主吗？

· 是　　· 否

A3.您的性别：

· 男　　· 女

A4.您的年龄：

· 20 岁以下　· 20—29 岁　· 30—39 岁　· 40—49 岁

· 50—59 岁　· 60 岁及以上

A5.您的文化程度：

· 小学及以下　· 初中　· 高中或中专　· 大专及以上

A6.您的职业：

· 学生　· 务农　· 务工　· 经商

· 机关事业单位工作人员　· 村"两委"干部　· 其他

A7.您的家庭年总收入：

· 1 万元以下　· 1 万—3 万元　· 3 万—5 万元

· 5 万—10 万元　· 10 万元以上

(二)农村公共服务的供给和满意度

B1.您现在缴纳的城乡居民养老保险保费(或领取的养老金)是每
年多少钱？

B2. 您认为养老保险足够养老吗？

　　·远远不够　·不够　·基本够　·足够　·其他

B3. 您的新型农村合作医疗（新农合）保险费每年缴纳多少钱？

　　B3-1 您对新农合满意吗？

　　　　·满意　·基本满意　·不满意

　　B3-2 如果不满意，原因是（可多选）：

　　　　·报销比例太低　·只管治大病，不管治小病

　　　　·报销手续麻烦　·其他

B4. 您对当地政府提供的社会保障（如养老、医疗等）的满意度：

　　·非常满意　·比较满意　·一般　·不太满意

　　·非常不满意

B5. 您家的自来水使用情况如何？

　　·没有自来水　·自来水经常浑浊　·自来水偶尔浑浊

　　·自来水干净

B6. 您家的生活用电情况如何？

　　·经常停电　·偶尔停电　·不停电

B7. 您对当地政府提供的基础设施（如自来水、电力、交通等）的满意度：

　　·非常满意　·比较满意　·一般　·不太满意

　　·非常不满意

B8. 您或者您的子女是否有小学或初中辍学的经历？

　　·是　　·否

B9. 除义务教育外，当地政府还提供了哪些教育服务？（可多选）

　　·没有　·农业技术推广　·职业技能培训（理发、家政等）

　　·网络运用、信息技术普及教育（如上网、开网店等）　·其他

B10. 您对当地政府提供的公共教育服务的满意度：

　　·非常满意　·比较满意　·一般　·不太满意

　　·非常不满意

B11. 您一般是去哪里看病？（可多选）

　　·村卫生室　·镇卫生院　·县医院　·省市医院

　　·私人诊所　·其他

B12. 您对当地政府提供的公共卫生医疗服务的满意度：

　　·非常满意　·比较满意　·一般　·不太满意

　　·非常不满意

B13. 当地政府提供的就业服务有哪些？（可多选）

　　·提供就业信息　·职业技能培训　·推荐工作

　　·技能认证　·其他

B14. 您对当地政府提供的就业服务（如提供就业信息、培训等）的

　　满意度：

　　·非常满意　·比较满意　·一般　·不太满意

　　·非常不满意

B15. 当地政府提供的文化设施有哪些？（可多选）

　　·公共图书馆　·老年活动室　·健身设施　·有线广播

　　·阅报栏　·戏台/戏楼　·电影放映室/电影院

　　·以上都没有　·其他

B16. 当地政府提供的集体文化活动有哪些？（可多选）

　　·放电影　·演地方戏　·节日传统活动（如龙灯、舞狮子等）

　　·体育活动　·文艺活动（如歌唱、舞蹈等）

　　·地方特色活动（如祭祀等）　·其他　·以上都没有

B17. 您对当地政府提供的公共文化服务的满意度：

　　·非常满意　·比较满意　·一般　·不太满意

　　·非常不满意

B18. 当地政府提供的环境保护措施有哪些？（可多选）

　　·上门收垃圾　·垃圾定点处理　·宣传环保

　　·监管当地的污染企业　·其他　·以上都没有

B19.您对当地政府提供的环境保护措施的满意度：

　　・非常满意　　・比较满意　　・一般　　・不太满意

　　・非常不满意

B20.当地政府提供的公共安全服务有哪些？（可多选）

　　・安装监控摄像头　　・宣传反诈骗　　・宣传安全保护措施

　　・解决村民纠纷　　・治安巡逻　　・其他　　・以上都没有

B21.您对当地政府提供的公共安全服务的满意度：

　　・非常满意　　・比较满意　　・一般　　・不太满意

　　・非常不满意

B22.您对当地政府提供的公共服务整体的满意度：

　　・非常满意　　・比较满意　　・一般　　・不太满意

　　・非常不满意

（三）农村公共服务的需求与支持系统

C1.按照您的个人需求，请选择您认为重要的公共服务类型（可多选）：

　　・基础设施　　・社会保障　　・医疗卫生　　・农村教育

　　・就业服务　　・公共文化　　・环境保护　　・公共安全

　　・其他

C2.针对您需要的公共服务，您会主动向谁反映需求？（可多选）

　　・不会反映　　・村干部　　・镇干部　　・拨打热线电话

　　・其他方式

C3.您认为更好的公共服务需要得到哪些支持？（可多选）

　　・中央政府的政策　　・地方政府的执行　　・资金支持

　　・农村人才支持　　・村民自发组织　　・其他

C4.您对改善农村公共服务有什么建议？

后 记

我的著作终于要出版了,确实很高兴!因为农村公共服务涉及的范围太大,这无疑大大增加了课题的工作量,加之还要在浙江、湖南、贵州、陕西、河北、黑龙江六个省份进行农户问卷调查,难度可想而知。本书的题目本来为"乡村振兴战略背景下农村公共服务供给效率评价与支持系统研究",应浙江大学出版社的要求,将题目改为"我国农村公共服务供给效率研究"。

首先,非常感谢南京大学洪银兴教授百忙之中抽空为本书作序。

其次,非常感谢湖南省隆回县教育局的刘德清老师(我的初二班主任)和孙奕晨同学。他们顶着烈日,冒着酷暑,走村串户分发调查问卷,让我非常感动。

感谢我的学生李若新、曾冰、潘丽群、沈书权、丁蕊、姜晓佳、胡琛雨、陈述、黄毅炜、肖毅博、周静、范嘉炜、杨倩、刘乾、马越、潘吟笛、牟宇琪、周陈曦、黄西蒙、燕存睿,他们为本书查阅资料、制作图表,做了大量工作。特别要感谢曾冰和李若新为本书撰写文献综述、校对书稿。

感谢黑龙江大学乔榛教授、河北师范大学张广兴教授。感谢我的初中同学周洁、胡德智、向建文、周伟。感谢我的学生张宇、庞勇、谢定光。感谢我的弟弟妹妹。感谢他们为本书的入户问卷调查所做的大量工作。

最后,非常感谢嘉兴大学中国共同富裕研究院的资助。感谢浙江大学出版社的编校人员为本书出版所做的大量工作。

范方志

2024 年 1 月 9 日